邁向圓滿

邁向圓滿

邁向圓滿

邁向圓滿

Flourish

暢銷新版

邁向圓滿

從快樂到圓滿的科學方法 & 練習

馬汀・塞利格曼 Martin E. P. Seligman 著

洪蘭 譯

大眾心理學叢書

出版緣起

王榮文

一九八四年，在當時一般讀者眼中，心理學還不是一個日常生活的閱讀類型，它還只是學院門牆內一個神祕的學科，就在歐威爾立下預言的一九八四年，我們大膽推出《大眾心理學全集》的系列叢書，企圖雄大地編輯各種心理學普及讀物，迄今已出版達三百多種。

《大眾心理學全集》的出版，立刻就在臺灣、香港得到旋風式的歡迎，翌年，論者更以「大眾心理學現象」為名，對這個社會反應多所論列。這個閱讀現象，一方面使遠流出版公司後來與大眾心理學有著密不可分的聯結印象，一方面也解釋了臺灣社會在群體生活日趨複雜的背景下，人們如何透過心理學知識掌握發展的自我改良動機。

但多三十年過去，時代變了，出版任務也變了。儘管心理學的閱讀需求持續不衰，我們仍要虛心探問：今日中文世界讀者所要的心理學書籍，有沒有另一層次的發展？

在我們的想法裡，「大眾心理學」一詞其實包含了兩個內容：一是「心理學」，指出叢書的範圍，但我們採取了更寬廣的解釋，不僅包括西方學術主流的各種心理科學，也包括規範性的東方心性之學。二是「大眾」，我們用它來描述這個叢書的「閱讀介面」，大眾，是一種語調，也是一種承諾（一種想為「共通讀者」服務的承諾）。

經過三十年和三百多種書，我們發現這兩個概念經得起考驗，甚至看來加倍清晰。但叢書要打交道的讀者組成變了，叢書內容取擇的理念也變了。

從讀者面來說，如今我們面對的讀者更加廣大、也更加精細（sophisticated）；這個叢書同時要了解高度都市化的香港、日趨多元的臺灣，以及面臨巨大社會衝擊的中國沿海城市，顯然編輯工作是需要梳理更多更細微的層次，以滿足不同的社會情境。

從內容面來說，過去《大眾心理學全集》強調建立「自助諮詢系統」，並揭櫫「每冊都解決一個或幾個你面臨的問題」。如今「實用」這個概念必須有新的態度，一切知識終極都是實用的，而一切實用的卻都是有限的。這個叢書將在未來，使「實用的」能夠與時俱進（update），卻要容納更多「知識的」，使讀者可以在自身得到解決問題的力量。新的承諾因而改寫為「每冊都包含你可以面對一切問題的根本知識」。

在自助諮詢系統的建立，在編輯組織與學界連繫，我們更將求深、求廣，不改初衷。

這些想法，不一定明顯地表現在「新叢書」的外在，但它是編輯人與出版人的內在更新，叢書的精神也因而有了階段性的反省與更新，從更長的時間裡，請看我們的努力。

邁向圓滿

目錄

《大眾心理學叢書》出版緣起
推薦文　從快樂到圓滿　陳怡蓁　8
推薦文　活力自足，滿意達陣　曾志朗　11
媒體名人推薦　15
譯序　正向教育：幸福的基石　洪蘭　21
前言　26

PART 1 新的正向心理學

第1章　什麼是幸福　31
我以前一直認為正向心理學的主題就是快樂，它的測量標準就是生活的滿意度，正向心理學的目標就是增加生活的滿意度。我現在則認為正向心理學的主題是幸福，它測量的標準是生命的圓滿，正向心理學的目標是增進生命的圓滿。

第2章　創造你的快樂：有效的正向心理學練習　65
我們總是在想生活中有什麼不滿意的地方，卻很少花時間去想生活中有多少福賜。為了克服大腦天生偏好災難的傾向，我們必須練習去想美好的事情。

PART 2

生命圓滿的方法

推薦文1

從快樂到圓滿

陳怡蓁

我與精神科醫師王浩威十年前一起成立「華人心理治療研究發展基金會」，那時塞利格曼博士剛剛出版《真實的快樂》一書，而我們正在努力引進各學派的心理治療理論，尤其致力於佛洛伊德與榮格的理論教學，比起憂鬱、創傷、精神分裂、強迫症、阿尼姆（anima）、阿尼瑪斯（animus）等等，「快樂」實在太膚淺，因此並未認真對待「正向心理學」，也不認為「生活滿意度」能夠解決人類內心說不清的痛苦。

後來認識了洪蘭老師，知道她鍥而不捨地翻譯並推薦塞利格曼關於正向心理學的書，包括《學習樂觀・樂觀學習》、《一生受用的快樂技巧》和《改變》等書，開始覺得像洪蘭老師這樣治學嚴謹、講求實證的人都認為快樂可以學習，可以教育，也許箇中有真義，值得去研究。

我認識許多心理諮商師，身邊周圍也有不少為憂鬱症所苦的親友，我知道除非是事件引起的一時沮喪，再優秀的心療師也很難真正治癒憂鬱症的病人，通常總是求助於安眠藥與百憂解，而同樣的低潮一再重演，自我放棄的案例所在多有。憂鬱的起因千百種，結果卻大同小異：對生活不滿意。

我一向被認為是個樂觀的人，過去常有人問我：「你為什麼總是這麼快樂？」我就順口答：「因為我膚淺，不識人間愁滋味。」被問多了，開始想：「快樂很難嗎？為什麼這麼多人求而不得？」「保持樂觀也是一種特殊才能嗎？」

我回頭去讀塞利格曼的書，開始明白快樂的深度，原來凡人純粹的「感覺」，是可以被科學家解析成三個不同元素的：正向的情緒、全心投入和意義。「生活滿意度」可以用精準的問卷測量出來，而正向心理學的目標就是增加生活的滿意度。

正當我好不容易有點領悟「真實的快樂」，洪蘭老師卻又遞過一本新譯作《邁向圓滿》。啊！快樂畢竟還不夠嗎？現在我們要追求的是幸福（well being）與圓滿（flourish）。我唯恐追不上進度，趕緊拜讀。

「這本書會使你的人生邁向圓滿。」前言開宗明義第一句話就使人震撼，接著第一章始於反省並批判自己的「真實的快樂」理論，終於引導出新的「幸福圓滿」理論，「幸福是一個概念，而快樂是一個事實。」除了重新定義原有的「正向情緒」、「全心投入」與「意義」之外，又加入多年觀察研究所得，而總結出另兩項幸福的要素：「人際關係」與「成就」，完整建構出圓滿的藍圖。

我最佩服的是在理論之外，塞利格曼正面迎戰人生不圓滿的本質，那無時無刻侵襲我們的負面思考。他甚且發展出確切的實行方針，千錘百鍊的問卷，以及簡單容易的治療步驟。不只是理論，也不只是實驗室裡的實證，而是確實經過大量而普遍的施行之後，得到正面的，可以量化，可以被驗證的科學方法。看他舉例如何長期應用在美國軍隊與學校，提升學員在受創之後的「回彈力」，而得到可以被測量的進步成果，的確令人振奮而充滿了希望。

一個早已成名的科學家、學者與名作家，如此勇於反省，承認自己的錯誤和缺點，並且繼續追求更深入、更實際的方法論，塞利格曼果然是正向心理學的奉行者。

我做完這本書最後所附的個人強項測驗，更了解自己的長處，也準備好應用在日常行事中。過去我是不明所以的樂觀主義者，現在我是明心見性的領悟者。幸福是可以學習的，圓滿是可以追求的。「華人心理治療研究發展基金會」也將開始推廣正向心理學的治療法，以幸福圓滿取代憂鬱創傷。

感謝洪蘭老師信雅達的翻譯，我尤其愛讀她的「譯註」，總如醍醐灌頂，教人更上一層樓，偶而流露出來的率真本性更令人莞爾。她當然也是正向心理學的實行者，更是教導「幸福圓滿」最有力的說服者。

（本文作者為趨勢科技文化長／華人心理治療研究發展基金會董事長）

推薦文2

活力自足，滿意達陣

曾志朗

馬汀・塞利格曼（Martin Seligman）在我們心理學界是一位公認的奇才，不但研究做得好，而且書也教得棒，在賓夕法尼亞大學（University of Pennsylvania）數十年的教研生涯中，一言一行都會撼動那個知名常春藤盟校師生的心靈。尤其最近二十多年來，他由嚴謹的實驗證據中所建立的「正向心理之行為發展學說」，引導心理學研究者走出「病態心理」的迷失，強化「樂觀學習」的成效，對個人、社區、學校，和企業經營的模式，都產生了巨大的影響。他一直是我心目中最敬佩的典範教授之一。

塞利格曼教授不但學問好（這一點我以下會再細說），而且很能把他的理念和其實踐的含義，闡述得清清楚楚，不只口齒清晰，修辭美妙，更重要的是所說的話「句句令人心動」。你若讀過近代心理學的發展，而且有點心得，一定會同意我的評語。但讓我舉個最近他在TED（Technology, Enter-tainment, Design）演講的一個實例，就可以知道他是個多麼好的老師。

TED是近幾年來最受歡迎的「創新知識」的推介平台，由一群專精於不同領域卻有著非常前衛思想的審議人，從眾多的創新提案中，選出該年度最富潛力的新科技、新思維或新的設計，其應用和推展可以改變生活的環境，更可以豐富生命的內涵。被邀請去做那十八分鐘演說的多媒體展示者，皆是一時之選，很多設計和新的科技理念也吸引了企業的眼光，而成為影響生活的產品。透過Youtube，這些TED影片更「教育」了千千萬萬的網路人。

塞利格曼的TED影片真的很精彩，他在介紹他最近一本新書的內容，書名是Flourish（即這本《邁向圓滿》）。影片一開始，他講了一段一九九八年擔任美國心理學會（APA）主席上CNN的小故事做為引子，CNN要問他一個問題，而因為時間關係，他「只能回答一個字」。什麼問題？攝影機啟動了，CNN提問：「塞利格曼教授，你認為心理學的現況如何？」塞利格曼回答：「Good」。製作人連忙喊卡，說：「這個回答太模糊了，能不能再清楚一些？看來我們得讓你多講一點，再給你多加一個字好了，可以回答兩個字。」塞利格曼就說：「兩個字嗎？Not good!」

製作人一聽，再度喊卡，說：「還是不清楚，能不能說得更精細一些？可能你對媒體不是很習慣，這樣好了，再加一個字，請好好用三個字回答。」塞利格曼想了一下，答：「Not good enough!」所有在場的聽眾都笑出聲來，顯現出對塞利格曼如何詮釋三個回答充滿了期待。塞利格曼慢條斯理的解釋，Good，因為心理學終於走向科學，以實證來檢驗理論，確有進步；但一進科學之門，卻專門研究不正常人的行為，把病態變成常態的反面，錯了，所以 Not good；還好這些年，心理學研究者覺醒了，開始尋求生命的正面元素，但很多面向都沒釐清，所以 Not good enough。

這段話真的很有意思，但讓我把它說得更明白一些。第一個 Good，指的是心理學在百年來以科學的方法測量行為的各項指標，建立了相當優秀的社會行為模式及基本學習歷程的認知理論，也對腦神經的運作系統有了初步的了解，這些成就以 Good 形容，當之無愧；但是心理學研究行為常常以「行為產生問題」為核心主軸，來考量這些問題的源由和變態的適應方式，令人感到人人都有問題，而社會就是問題的集合體，以這種消極的觀點看人生，其實是基於一種「疾病模式」（disease model）的想法，這當然是 Not good！

至於他第三個回答的詮釋，那就是這本書內容的精義了。他認為他十幾年前看到了「疾病模式」做為行為研究的災難，於是分析其成因，也謀求解決之道，因而主張拋棄「問題行為」的概念，提出「正向心理學」的研究途徑，同時發展了許多建立「學習樂觀，樂觀學習」的妙方，對一般人有相當的激勵作用，更在憂鬱症病人的治療上，產生意想不到的優異成效。他認為從這些積極的發展上，心理學終於走對了方向，意即關心「正常」的行為，不再去強調病態的指標了。然而這只是走出「疾病模式」陰影的第一步，拋開 Not good，回到 Good，但還有很多正向行為的證據要收集，更多的研究待進行，更好的理論要建立，所以說 Not good enough！

我必須在此肯定塞利格曼的學問，這樣的一字、二字、三字（Good, Not good, Not good enough）言簡意賅，卻能畫龍點睛，道盡心理學研究的滄桑發展史，怎能不讓人由衷感佩！

這本新著以Flourish為書名，在內容上對如何「邁向圓滿」做了相當精闢的說明。如何才能尋找自我正向的活力？如何改變自己？如何迎接挑戰？如何建立抗拒失敗的毅力？如何在團隊中架起相互學習的網絡關係？這些主題在書中都已詳述，此處就不再重複。我想說的是，這不是一本尋求快速解決人生問題的「成功寶鑑」之類的書，也不是一本在心智上容易消化的書。它所提的各項「策略」都來自實際的例子，證據的檢視和理論的分析都需要經過深思，才能欣賞「活力」的泉源和步步為營的自我建設。每個實例都值得仔細閱讀，因為從一個又一個的案例中，你會發現為什麼生命是那麼值得活下去，而這些值得活下去的元素，就在我們的態度和意志力裡。要生命圓滿，不但要正向，要積極，要樂觀，更要廣結良善的社群網絡，有了永續的活力，才能達陣！

最後，我也要為塞利格曼的三字真言再加一個字：「Not good enough yet!」也就是說，心理學的研究終於走對了，但在方法的精進以及生命正向元素的界定和分析上，都還未臻完善，同志仍需更加努力。我加上的第四個字yet，這最後一個字是警惕，也是希望！

（本文作者為中央研究院院士／中央研究院語言學研究所特聘研究員／陽明大學神經科學研究所特聘講座教授）

媒體名人推薦

這是到目前為止塞利格曼最個人化且大膽的書。這本書是應用科學的讚歌，是如何將實驗室觀察所得的證據轉換至真實世界的藍圖……。和別的作者不同，他提供了詳細且經過檢驗的解答，以及令人信服的論據，社會可以聚焦於提高人們的正向情緒、意義、良好的人際關係及成就……每個人都可以從他的倡議中獲益。如果人們快樂、茁壯圓滿或享有幸福感，就不會在乎研究人員把他們貼上感覺良好的標籤。

——《自然》期刊（*Nature*）

為真正的快樂重新鋪一條道路，在發現並獲致個人的幸福這方面是本鍥而不捨的樂觀指南。

——《柯克斯書評》（*Kirkus*）

塞利格曼這本改變觀念的書，不再那麼學術或偏重療效，而是一場改變遊戲規則的聖戰。

——《新科學人》（*New Scientist*）

塞利格曼倡導正向心理學運動已經十多年，他的方法吸引了全球的跟隨者，包括英國前首相卡麥隆。正向心理學的崛起勢如破竹，過去人們追捧塞利格曼那本《真實的快樂》……現在則是信奉這本《邁向圓滿》——快樂已經過時，而幸福喜樂（或者說圓滿富足）正夯。

——**《心理學》雜誌**（*Psychologies*）

西方決策者之所以對塞利格曼提出的方法如此趨之若鶩，是因為他顯然找到了一個方向，將舊有的人生課題扭轉成有據可證的科學。

——**《旁觀者》**（*Spectator*）

塞利格曼這本有關正向心理學的書超越其過往的著作，書中闡釋如何以掌控關鍵要素來贏得幸福——正向情緒、全心投入、人際關係、意義與目的，以及成就。塞利格曼詳述其對個人的快樂所開的處方，並說明如何教導在軍隊中及職場中的年輕人擁有回彈的能力，幫助他們克服創傷、在他們所處的環境中茁壯成長。這本書對想知道如何學習樂觀態度，以及在不同立場上創造雙贏的人，特別有幫助。

——**《圖書館期刊》**（*Library Journal*）

非常重要。

——**《出版家週刊》**（*Publishers Weekly*）

塞利格曼的看法令人欽佩且振奮人心。他充滿使命感，將心理學從傳統上減輕痛苦的角色擴大至正向心理學——以完全不同的方法，教導我們如何更明智、更強壯、對別人更寬容、更能律己、更有能力應付危難和逆境……。關於正向的態度為什麼有幫助，這本書充滿珍貴的至理名言。

——**《星期日泰晤士報》**（*The Sunday Times*）

塞利格曼以他專業上的關注為世界做了貢獻，讓人們遠離負面情緒，增進正面態度……。圓滿富足是令人愉快的。

——**《金融時報》**（*Financial Times*）

總體而言技藝高超……他的某些洞見的確可以替我們的社會贏得更多的幸福。

——**《哈芬登郵報》**（*Huffington Post*）

塞利格曼是正向心理學的創始者，也是幸福運動的重要人物，這令他在世界文化舉足輕重……這個發展中的非凡冒險充滿了迷人的細節。

——**理查．萊亞德**（Richard Layard），**英國《觀察家報》**（*Observer*）

世界上最頂尖的心理學家運用他的智慧與經驗，致力於增強每個人的健康、回復力與快樂。他也向國家的政策制定者提出了一個藍圖，以提升教室、軍隊的心理健康，並指出醫學實務上的方向。塞利格曼這本書清晰易懂，是正向心理學的里程碑。

——**貝克醫師**（Aaron T. Beck），**認知治療**（Cognitive Therapy）學派創始人

我非常欣賞這本書！這是正向心理學的經典！

——**雅科夫·史默諾夫**（Yakov Smirnoff），**烏克蘭喜劇演員**

對於個人、公司及國家來說，在正向的人類未來這方面展現出令人欽佩的觀點。

——**謝家華，全美最大網路鞋店Zappos.com執行長，《傳遞幸福》**（*Delivering Happiness*）**作者**

這本書引領我們達致確切的圓滿富足，發揮個人最大的潛力，以獲取生命的甜美愉悅，這正是我們對於他人及我們自己的自我照護努力的方向。《邁向圓滿》可以幫你獲得生命中最美好的東西。這是本偉大的書——每個書架上都必須有它的一席之地。

——**約翰·瑞提**（John J. Ratey, MD），**《運動改造大腦》《人人有怪癖》作者**

在世界文化中，正向心理學的普及是個重要的發展。這本書告訴我們包括發生在軍隊中的一些卓越的故事，不容錯過。

——**理查．萊亞德**（Richard Layard），**《快樂經濟學》**作者

傑出、完美、實用且真實，如果你閱讀本書並遵從它穩健、睿智、開創性的建議，一定可以找到讓你的人生喜樂且圓滿的道路。快樂地閱讀吧！

——**愛德華．哈洛威爾**（Edward Hallowell），**《分心不是我的錯》《在童年播下5顆快樂種子》**作者

從來沒有心理學家像塞利格曼這般找到生命茁壯圓滿的關鍵，並將其推廣至全世界。《邁向圓滿》充滿了改變你自己、你的人際關係及團體的特殊技巧，更重要的是，塞利格曼教導你如何看待人生，超越極限，並找出其潛在價值。無論你是領導他人、與人共事或想了解別人，一定要讀這本書。

——**強納森．海德特**（Jonathan Haidt），**《象與騎象人》**作者

你也許認為你已經了解幸福及正向心理學，但你會在《邁向圓滿》中學到更多。耀目的才華、嚴謹的研究以及引人入勝的故事讓你愛不釋手，塞利格曼這本新書含括其畢生的智慧。這本書統合了知識的來源以及振奮人心的事物，如果你喜歡《真實的快樂》，會更喜歡《邁向圓滿》。

——索妮亞．柳波莫斯基（Sonja Lyubomirsky），**《快樂之道》**（*The How of Happiness*）**作者**

譯序

正向教育：幸福的基石

最近因為燒炭自殺的人太多，竟然有地方政府下令店家把木炭上鎖。看了這則新聞令人啼笑皆非，這就跟以前要學生簽不自殺的切結書一樣，它是治標，不是治本。一個人如果對人生感到絕望，覺得活的沒有意思，很不快樂時，什麼圍堵式的防範方法都沒有用，學生可以一邊簽切結書，一邊往樓下跳；前總統陳水扁不是說「太平洋沒有加蓋」嗎？就算太平洋加了蓋，決心尋死的人還是有方法，沒有任何工具時，也可「嚼舌自盡」。

防止自殺的根本應該從教導年輕人如何發掘生命的意義，找到自己存在的價值做起，從心中的快樂為起點，去感受生命的幸福圓滿。因此這本書的出版，對台灣來說正是時候。當自殺防不勝防時，我們只有面對現實，正本清源，徹底從演化和大腦來看人為什麼會憂鬱、為什麼會鑽牛角尖，以及如何從源頭（大腦）去改正它。

人的大腦比較偏向悲觀，因為演化要你未雨綢繆，事先防範，它不要你船到橋頭自然直，因為萬一不直，人就死了，而大自然往往不會給你第二次的機會。沉醉在美好回憶中，沒有準備好面對災難的祖先，是沒有辦法活過冰河時期的，因此我們身上都有祖先傾向悲觀的基因：悲觀的人比較務實，務實的人才存活下來。

大腦比較偏向悲觀的一個生活中的例子，就是早上起床，無緣無故，心情不好。相信很多人都有這個所謂「下床下錯邊」（get out of bed on the wrong side）的經驗，下床哪有分什麼左右？這就是大腦故意讓你不安，人在不安時，會想到不好的事，它驅使你去檢查門窗、屋頂、豬圈等等。因此為了克服大腦天生偏好憂鬱的傾向，我們必須練習去想美好的事情，學習感恩。

美國的哲學家和心理學家威廉・詹姆斯（William James）說：「人類可以因為心態的轉變而使人生轉變，只要改變心態就能改變生命。」既然演化使人偏向悲觀，那麼就得學習樂觀，用自己的意念去抗衡演化的影響。所以本書作者塞利格曼建議你每天晚上睡覺前，寫下三件當天很順利的事，以及為什麼它們會很順利的原因，練習一陣子以後，你的思緒會越來越正向，對別人會越來越感恩。感恩使你不會得到憂鬱症，而人們喜歡幫助知道感恩的人，這正回饋循環下去，你的朋友就越來越多，你也就越來越快樂了。書中第5章〈正向教育：教年輕人幸福〉是所有輔導人員應該要讀的，他舉了實驗的例子證明教孩子幸福對防範自殺是有用的，它絕對比木炭上鎖或太平洋加蓋來得有效。

追求圓滿是我們人生的目的，亞里斯多德認為人類的行為都是為了要達到快樂，所以人要盡量用他的強項和天賦的能力去達到快樂的狀態。那麼如何學習使自己快樂呢？塞利格曼告訴我們：快樂要長久，它必須有意義。當我使別人快樂時，我會快樂；而沒有意義的快樂，如身體感官和口腹之慾，就像藥物可以暫時解除痛苦，但不久就會造成對藥物的依賴和需求，成為一個惡性循環。孔子說：「獨樂樂不如眾樂樂。」快樂是有傳染性的，當大家都快樂時，快樂才會持久。很多人去印度覺得食不下嚥，就是因為你沒有辦法在旅館中吃大餐，而窗戶外面都是飢餓的眼睛在看著你。同理心是人生而有之的本能，因此民胞物與、人溺己溺的同理心，其實是演化出來在我們大腦中為群居而存在的本能（這次雪隧大火，有人奮不顧身去救人，就是一例）。

經過幾次重大的天災後，人類已經感受到「人定勝天」是錯的，人必須與大自然共生，與其他人和平共存，才能保有快樂。美國總統傑佛遜（Thomas Jefferson）說得好，當蠟燭點燃另一根蠟燭時，它本身沒有任何的損失，但房間卻變得更亮了。所以作者在書中舉了一個例子，說明人其實很容易使自己快樂：他去郵局排隊等著買一分錢的郵票來補郵資調漲後的差額，（這是我在美國生活最痛苦的一件事，美國所有帳單都用郵寄，而郵局效率奇差，有時真的很懷疑郵局的人是蠟做的，或全都有關節炎，不然怎麼都不動？）排了四十五分鐘的隊還沒輪到他，實在很痛苦，他明顯感到每個人的火氣都在往上升，所以輪到他時，他買了一千張一分錢的郵票，分送給排在後面的人。這時，大家都圍著他，鼓掌拍手，他說他只花了十元美金，卻享受到這輩子最滿足的幾分鐘之一。

這是一個很好的例子，我們的確隨時隨地可以使自己快樂，因為生命的力量來自被愛，人際關係就是幸福的基石。當正向心理學的發起人之一彼得森（Christopher Peterson）被問到：「請用兩個字來告訴我，正向心理學是什麼？」時，他回答：「他人。」他人就是人際關係，快樂沒有與人分享，就如錦衣夜行，快樂會少一半。古人為什麼要衣錦還鄉？因為別人才看得見，當你的驕傲和快樂能和別人分享時，你才覺得快樂。「他人」是生命低潮時最好的解藥，也是最能使你東山再起的力量，我們看到很多自殺、情殺的人，都是因為不會處理人際關係。

研究也發現做善事助人是所有測試過的各種可能性中，最有效、最能增加幸福感的方法。既然如此，請帶孩子去做志工，從服務別人身上讓他看到自己的價值，解除青少年的迷惘和失落。美國名作家瑪莎・葛林姆斯（Martha Grimes）說：「We don't know who we are until we see what we can do.」當我們去服務別人時，我們就看到我們的能力所在，我們就知道自己存在的價值了。

塞利格曼綜合了他二十年研究正向心理學的心得，寫出這本集大成的書，告訴我們幸福圓滿操之在己。塞利格曼的書我一共翻譯了四本，包括《改變》（告訴父母孩子的行為哪些是可以改的、哪些是不可以改的，對無法改變的行為〔如同性戀〕要接受它）、《學習樂觀・樂觀學習》、《真實的快樂》和這本《邁向圓滿》，他的研究和寫作一直集中在找出快樂的方法，改變對事情的解釋型態來對抗憂鬱症，並開創了對現代人非常有幫助的正向心理學領域。這本書也是我所翻譯的第五十本書，從一九九二年回國看到國內對大腦研究的陌生，開始透過翻譯書籍介紹大腦科學與行為的關係，匆匆過了二十年，竟然也累積了五十本書。

回首前塵，的確有留下痕跡，使一些年輕學子願意走入認知神經科學領域，從科學上去探討心智疾病、教學或學習方式的改變。很遺憾的是有媽媽在看到大腦證據之後仍舊不相信，堅持孩子算皮紋的結果，這一點我們還需要多努力才能撥亂反正。整體來說，台灣父母目前的焦慮是不必要的，只要認清教育的真諦，不必逼到孩子想自殺，大人的觀念正確，孩子自然快樂。

英國的格林爵士說，學校教育的目的不是在學到什麼有用的東西，因為知識會過時，原理會被推翻，但是不論是什麼樣的社會，農業的、工業的、商業的、科技的，只要是人的社會，基本的核心價值觀：忠誠、正直、公平、正義，不會改變。所以學生在學校中，主要的目的應該是學習正確的價值觀和交到好朋友——有沒有交到好朋友關係著人生的路走得快不快樂，人格和情操關係著事業和婚姻會不會成功。

其實我們在台灣是很幸福的，我留美的同學們在國外工作了一輩子後，最後都決定落葉歸根，回到台灣來退休。這世界不缺少美，只缺少看到美的眼睛。這本書會打開你的眼界，讓你看到你周邊的美，讓你感恩原來自己一直生活在幸福中。

前言

這本書會使你的人生邁向圓滿。

好，我終於把這句話說出來了。

我的整個學術生涯都花在避免講像上面這種沒有防備的諾言。我是研究科學家，而且是相當保守的一個，我敢講上面那句話是因為它有很仔細的科學實驗基礎：統計測驗，有效問卷，仔細的研究設計，很大、有代表性的樣本群。它跟通俗的心理學和外面那堆自我改進的書很不一樣，你可以相信我的書，因為它有科學的根據為基礎。

心理學的目標是什麼，自從我出版上一本書《真實的快樂》（*Authentic Happiness*，中譯本遠流出版）後，改變了很多，更好的消息是，心理學本身也改變了很多。我絕大部分的學術生命是花在改變心理學是一個負向的、研究不幸事件對人生不可避免影響的學問，我致力於正向心理學的研究，人生不必是悲慘的、無能的概念。坦白說，一路以來做得很辛苦，談到憂鬱症、酗酒、精神分裂症、創傷以及其他構成傳統心理學主要成份那把大傘下面的各種精神痛苦，可以說是靈魂的折磨。當我們用盡全力去增加病人的幸福感時，傳統的心理學並沒有對我們這些治療師有什麼幫助。假如治療師有所改變的話，即是他的人格更傾向到憂鬱症那一端去了。

我曾是正向心理學（Positive Psychology）這個科學和專業運動的一分子。在一九九八年，身為美國心理學會（American Psychological Association, APA）的主席，我鼓勵心理學應該朝新的目標前進，以彌補過去為人垢病的只談病態的、不正常人的心理問題的這個缺陷。（譯註：美國心理學會是美國最大的心理學組織，現已分裂成幾個小的專業領域，如主要成員為認知神經心理學家的美國心理學協會0American Psychological Society, APS0，及其他人格、社會心理學的協會，不過美國心理學會的會員還是最多的，因此仍然很有影響力；而正向心理學是在作者擔任學會主席時，才正式發展成為心理學的一個領域。）心理學應該探索是什麼使生命值得活下去，找出值得活下去的生命基本元素。了解幸福是什麼、建構一個值得活的生命，絕對跟了解悲傷是什麼、把人從無望的生活中解救出來的傳統心理學目標不一樣；也就是說，正向心理學的目標不是傳統心理學目標的反面。此時此刻，全世界有數以千計的研究者在努力朝著人生幸福的方向推進，這本書就是在講他們的故事，至少是他們故事可以公開的那個層面。

私下的層面當然也應該提出來，正向心理學使人快樂，無論是教正向心理學，研究正向心理學，把正向心理學當作治療工具，在十年級的教室中用正向心理學作練習，教導小孩子正向心理學，指導軍隊的士官長如何去教創傷後的成長，跟其他的正向心理學家聚會，甚至只是讀正向心理學的文章都會使人比較快樂，在正向心理學領域工作的人是我所見過幸福感最高的人。

這內容本身——快樂、滿足感、有意義、愛、感恩、成就、成長、更好的人際關係——建構出幸福圓滿的人生。學習如何使自己擁有更多這些生命中重要的事，會改變你的生活；能夠看到人類未來的欣欣向榮，也會使你的生活改變。

所以這本書會增加你的幸福感——它會使你的人生圓滿。

PART 1

新的正向心理學

第1章 什麼是幸福

我以前一直認為正向心理學的主題就是快樂，
它的測量標準就是生活的滿意度，正向心理學的目標就是增加生活的滿意度。
我現在認為正向心理學的主題是幸福，
它測量的標準是生命的圓滿，正向心理學的目標是增進生命的圓滿。
真實的快樂理論跟亞里斯多德的一元論非常接近，
因為快樂是用生活滿意度來界定的；
而幸福有好幾個構成的元素，使它遠離一元論的危險邊緣。
主要是幸福理論有非強制性的選擇，
它的五個元素構成人們為選擇而選擇的行為，
這五個元素是：正向情緒、全心投入、意義、正向人際關係和成就。

正向心理學怎麼開始的，一直是個祕密，直到現在我決定公開。當我在一九九七年被選為美國心理學會主席後，我的電子信箱郵件增加了三倍，我很少接電話，也不再郵寄信件，但是因為在網路上有個二十四小時的橋牌比賽，這時候我會快速勤勞的回我的電子郵件。我回信的長度配合我的夥伴在打牌而我在做夢家（dummy，譯註：橋牌規則為二人一組，叫到牌的一人在打，另一人攤牌休息，即為夢家）的空閒時刻，我的電子郵件信箱是seligman@psych.upenn.edu，你可以寫信給我，假如你不介意我的回信只有一句話的話。

一九九七年尾，我接到一封令人困惑的電子郵件，我把它放入「啊？」的檔案中。信上簡短的寫著：「你何不來紐約市跟我見上一面？」署名只有縮寫字母。兩個禮拜之後，我在一個雞尾酒會中碰到羅汀（Judy Rodin），當時她是賓州大學（University of Pennsylvania）的校長，而我在賓州大學教了四十年的書。羅汀現在是洛克菲勒基金會（Rockefeller Foundation）的董事長，我在賓州大學做第一年研究生時她念大四，我們兩人都在實驗心理學的泰斗所羅門教授（Richard Solomon）的動物實驗室工作。我們很快就成為好朋友，我既驚嘆又羨慕的看著羅汀很年輕就成為東部心理學會（Eastern Psychological Association, EPA）的主席，從耶魯大學（Yale University）的心理系系主任到院長到教務長，然後變成賓州大學的校長。這些年間我們合作過一些研究，尋找老年人樂觀和免疫系統之間的相關，羅汀是麥克阿瑟基金會（MacArthur Foundation）心理神經免疫學計畫（Psycho-neuro-immunology

Project）這個大型計畫的主持人，是研究心理事件如何影響神經、又如何影響我們的免疫系統這中間關係的一門新領域。

「你知不知道有哪一個姓名縮寫為PT的人，可能會寫信給我邀請我去紐約？」我問羅汀，因為她認識所有應該認識的人。

「去找他！」她倒吸一口氣說。

所以兩個禮拜以後，我發現自己站在曼哈頓下城一間小辦公室八樓一個沒有門牌的門前面。我被帶領到一個沒有裝潢、沒有窗戶的房間，裡面坐著兩個有著灰色頭髮、穿灰色西裝的人，以及一個麥克風。

「我們是某個匿名基金會的律師，」灰色西裝中的一位介紹他自己為「PT」：「我們負責挑選贏家，而你就是贏家。我們想知道你想做什麼研究、研究什麼，但是我們不做小案子。我們把話說在前面，假如你透露了我們是誰的訊息，我們給你的錢就馬上停止。」

我簡短的對律師和麥克風解釋我在美國心理學會所啟動的戰爭（很確定不是任何種的正向心理學），然後說：「我想舉辦一個研討會，邀請世界上研究種族滅絕（genocide）最有名的四十位專家來參加，我想知道在什麼情況下，這樣的滅種行為會發生，我想把二十世紀發生的十二個滅種事件和五十個本來應該會發生，因為環境充滿了恨，但是後來卻沒有發生的情況做比較，我想編一本有關於在二十一世紀如何避免種族屠殺的書。」

「謝謝你告訴我們這些，」他們在我講完不到五分鐘就這樣跟我說：「當你回到辦公室後，請你送一頁有關這個計畫的簡報給我好嗎？不要忘記附上預算。」

兩個禮拜之後，一張十二萬美元的支票出現在我的桌上。這真令人驚喜，因為絕大多數的學術研究費都要很辛苦的寫計畫申請書，還要經過同儕審訂、挑毛病、被批評，再經過一堆官僚作業，苦等結果、望穿秋水後，最後卻被拒絕，即使通過，預算也被刪得一塌糊塗，欲哭無淚。

我選擇在北愛爾蘭的德里（Derry）開了一週的會議，因為德里的地理位置有其特殊的意義（譯註：北愛爾蘭為了要爭取獨立，與英國有很長一段時間的衝突，期間綁架、爆炸等恐怖攻擊的手段曾經使世界不安，一直到他們簽訂停火協定），四十位精於種族暴力研究的學術界人士參與此次會議。全體參與者只有兩個人是彼此認識的，一位是我的岳父麥卡錫（Dennis McCarthy），退休的英國工業家，另一個是匿名基金會的財務長，他是康乃爾大學（Cornell University）退休的工程學教授。後來，我岳父跟我說，他從來不曾受過如此的禮遇。那本厚厚的《種族政治戰爭》（*Ethnopolitical Warfare*）經過我與柴洛特（Daniel Chirot）的編輯後，終於在二〇〇二年出版。這本書很值得看，但是這不是本書所要談的。

我幾乎忘記這個慷慨的基金會，也一直不知道它的名字，直到六個月之後，我接到基金會財務長的電話。

「馬帝（編按：馬汀的小名），你在德里舉辦的那個會議真是棒極了，我在那裡遇見了兩位絕頂聰明的人，醫學人類學家康納（Mel Konner）和那個叫麥卡錫的傢伙。他是幹什麼的？順便問一下。還有，你下面預備做什麼？」

「下面？」我囁嚅的說，完全沒有想到跟他們要更多的錢。「嗯，我在想一個我稱之為正向心理學的東西。」一分鐘以後，我跟他解釋。

「你要不要再來紐約一趟？」他說。

那天早上，我太太曼蒂叫我穿上我最好的白襯衫，「我想我應該穿那件領口磨破的。」我說。我想到他們在曼哈頓下城那間簡陋的辦公室。不過，這次辦公室已經換到曼哈頓最高級的頂樓去了，會議室又大又明亮，四面都是玻璃窗，不過裡面坐的仍是上次那兩位律師，外加那個麥克風，門上還是沒有招牌。

「什麼叫正向心理學？」他們問。在我說明十分鐘之後，他們送我出去時說：「當你回到辦公室後，請你送三頁簡報給我們，不要忘記附上預算。」

一個月以後，一張面額一百五十萬美金的支票出現在我桌上。

這個故事的結局跟它的開始一樣神奇。正向心理學在這筆經費支持之下，茁壯成長了，這個匿名的基金會一定注意到了這個現象，因為兩年之後，我又接到一封只有一行字的電子郵件，是PT送來的。

「曼德拉——米洛塞維奇（Mandela-Milosevic）的向度是一個連續的向度嗎？」（譯註：米洛塞維奇曾任南斯拉夫的總統，因為屠殺波士尼亞人而被海牙的國際法庭以戰犯身份審判，二〇〇六年死於獄中）這個簡訊這樣寫著。

「哼嗯……這是什麼意思？」我在想，不過這次我知道它不是惡作劇了。我盡我的力給PT一個很長的學術性回覆，勾畫出科學到現在為止對於聖人和惡魔、先天和後天的理解。

他的回答是：「你何不再來紐約一趟？」

這一次，我穿了我最好的白襯衫去赴約。這一次門上有招牌了，上面寫著「大西洋慈善事業」（Atlantic Philanthropies）。這個基金會是經營免稅商店（duty-free shops）起家的費尼（Charles Feeney）捐贈五十億美元成立的非營利組織，美國法律規定它必須有個公開的名字。

「我們希望你能再把世界上最有名的科學家和學者聚集在一起，從科學的角度來回答曼德拉——米洛塞維奇這個問題，從基因一直到政治學和社會學的層次來釐清什麼是善、什麼是惡，」他們說：「我們打算給你兩千萬美元去研究它。」

這是很多的錢，遠超過我的薪水等級，所以我勇敢的答應下來。接下來的六個月裡，兩位律師和我跟許多學者開會，草擬出提案書來讓一週後的董事會通過。這裡面包含了一些非常好的科學領域在內。

「我們覺得很抱歉，馬帝，」PT在電話中說：「董事會拒絕我們的提案了，這是這麼多年來第一次，破天荒頭一遭。他們不喜歡基因的部分，他們認為政治性太強了。」在一年之內，這兩位出色的研究工作的守護者都辭職了，他們兩人就像從我小時候的電視節目《百萬富翁》（*The Millionaire*，在一九五〇年代很紅的節目，我從小看它長大，每一集都有一個人手上拿著一張一百萬美元的支票來到你家門口，幫助你圓夢）中走出來的主持人一樣。

我在接下去的三年裡追蹤大西洋慈善基金會所做的公益事業，他們支助非洲、老年、愛爾蘭和學校的研究，於是我決定給他們的新總裁打個電話。他接了電話，我幾乎可以感受到他在強迫自己接聽又一個推銷電話。

「我打這個電話只是來向您道謝，並請您把我最深的謝意轉達給費尼先生，」我這樣開頭。「你們的錢來的正是時候，對非主流的心理學做了最對的投資，讓我們研究是什麼讓生命值得活下去。您在我們剛剛起步時，扶了我們一把，現在正向心理學已經可以自給自足，我們已經不需要任何的經費了，但是假如當初沒有大西洋慈善基金會的幫助，這一切都是不可能的。」

「我從來沒有接過這種電話。」總裁回答道，他的聲音透露著困惑與不解。

新理論的誕生

我跟這個匿名基金會的接觸是正向心理學過去十年來的最高峰，而這本書便是這一切如何開始的故事。要解釋正向心理學已經演變成怎樣，我要從革命性的重新思考什麼是正向和圓滿（flourishing）開始。最重要的是，我要告訴你我對快樂的新看法是什麼。

泰勒斯（Thales, 624-546 B.C.，譯註：西方哲學的創始人，比蘇格拉底更早的希臘哲學家）認為萬物始於水。

亞里斯多德（Aristotle, 384-322 B.C.）認為人類的行為都是要達到快樂。

尼采（Friedrich Wilhelm Nietzsche, 1844-1900）認為人類的行為都是為爭權奪利。

佛洛伊德（Sigmund Freud, 1856-1939）認為人類的行為都是為了避免焦慮。

上面這些巨人都犯了一元論（monism）的大錯。一元論把所有人類的動機化約到只有一個，因為它把所有東西都簡化到最少的變項（variables），所以它符合哲學的教條最簡單化（parsimony，譯註：一個東西可以用最簡單的方式去解釋它，就不要用複雜的解釋，它也是科學的教條），認為最簡單的答案就是最正確的答案。但是最簡單化也有個下限：當用太少的變項去解釋一個複雜的現象時，你就什麼都沒有解釋到。一元論是這四位巨人理論的致命傷。

在這些二元論中，我最初的看法跟亞里斯多德最接近——我們所做的每一件事都是為了使我們快樂。但是我很不喜歡「快樂」（happiness）這個字，因為它已經被濫用到可以說是沒有意義了。對科學來說，它是一個無法進行研究的名詞，或是說，對任何有實際目標的領域，如教育、治療、公共政策，甚至只是改變你的私人生活，它都沒有辦法好好被界定。正向心理學的第一步便是把快樂這個一元論分解成可研究的名詞。快樂的意義其實比它字面意義來的深，要了解快樂需要理論，這一章就是我的快樂新理論。

* * *

「你二〇〇二年提出的理論不可能是對的。」梅明（Senia Maymin）於二〇〇五年，我在應用正向心理學碩士班第一堂課中介紹什麼是正向心理學時，這樣對我說。梅明是一位三十二歲的哈佛數學天才，講了一口流利的俄文和日文，而且有自己的避險基金（hedge fund）。她是正向心理學海報的最佳廣告人選，她的笑容可以暖化被賓州大學華頓商學院（Wharton School of Business）的學生稱之為「死星」（Death-Star）的亨茲曼大樓（Huntsman Hall）的教室。這個碩士班的三十五名學生很特別：他們都是在各個領域很成功的精英，一個月飛到費城來上三天的課，學習最新的正向心理學及如何把它應用到他們自己的領域上。

「在《真實的快樂》一書中的理論應該是人們選擇的理論，但是它有個大破洞，它忽略了成功和精熟，人們只是為了成功而成功。」梅明說。

就是在那時，我開始重新思考快樂。

* * *

十年前當我著手寫《真實的快樂》時，我想把書名定為《正向心理學》，但是出版社不肯，他們認為書名上有「快樂」兩個字可以賣得比較好。在書名上，我跟編輯的爭執從來沒有贏過，我發現我自己為了書名的「快樂」而感到不快樂，我也很討厭真實（authentic）這個字，這個字跟已經被濫用的「自我」（self）走的太近了，在一個過度膨脹的自我世界裡，到處都是自我。這本書書名用快樂最大的問題是它削弱了我們選擇的意義，對現代人來說，一聽到快樂這兩個字，他們腦海中浮現的就是心情愉悅、喧鬧、狂歡派對、微笑的樣子，就像封面上那個微笑的臉；每一次正向心理學上報時，他們就用那個明黃色兩個眼睛一張嘴巴微笑的臉，讓我看了很不舒服。

在歷史上，「快樂」並沒有跟享樂（hedonics）主義走的很近，它跟《獨立宣言》的起草人傑佛遜（Thomas Jefferson）所宣稱的「人們有追求快樂的權利」中的快樂差了很遠，它甚至跟我心目中的正向心理學差得更遠。

原始的理論：真實的快樂

我心中的正向心理學是我們所選擇的本身。我最近在明尼亞波里（Minneapolis）機場選擇背部按摩，因為它使我感到很舒服。我選擇去按摩背就是因為我想要，而不是它給了我生活比較多的意義或有其他什麼原因。我們常常選擇會使我們感到舒服、愉快的事，但很重要的一點是當我們做選擇時，並不是因為我們會感覺怎樣；我昨晚選擇去聽我六歲孩子的鋼琴演奏會，並不是因為它會使我感覺舒服，而是那是我做為父親的責任，而且它會帶給我生活的意義。

《真實的快樂》中的理論是快樂可以被解析成三個不同的元素：正向的情緒、全心投入和意義，我們因為這些元素本身的緣故而去選擇它。每一個元素都比快樂定義得更好，也更能被測量。第一個是正向的情緒，那就是我們的感覺，愉悅、高興、極樂、溫暖、舒服等等。能夠成功的引領到這種元素的生活，我稱之為「愉悅的生活」（Pleasant Life）。

第二個元素全心投入（engagement）和「福樂」（flow）有關：聽到喜歡的音樂時，全神貫注在欣賞，時間停頓了，你完全被它所吸引，沒有自我意識。我把達到這種境界的生活叫做「全心投入的生活」（Engaged Life）。它和正向情緒不同，甚至是相反的，因為假如你問一個在福樂境界的人，他在想什麼，他感覺怎樣，他會告訴你「什麼都沒有」

（nothing）。在福樂境界中，我們跟目標對象融為一體了。我認為全心投入至福樂境界所需要的專注力，花光了我們思考和感覺所需要用的認知和情緒資源，所以才會回答「什麼都沒有」。

到達福樂境界沒有任何的捷徑，你需要動用到你的強項和天賦能力，才能達到福樂的狀態；相反的，到達正向情緒的感覺有輕鬆的捷徑可走，這也是正向情緒和全心投入的差別。所以重點在找到你的強項，學習常常去用它，使它達到福樂的境界（請參考www.authentichappiness.org）。

快樂的第三個元素是意義。我很喜歡打橋牌，它帶給我充滿福樂的滿足感，但是在參加一個很長的競賽後，我看到鏡子中的自己，我擔心我會坐立難安直到生命結束。追求全心投

真實的快樂理論	幸福理論
主題：快樂	主題：幸福
測量：生活滿意度	測量：正向情緒、全心投入、意義、正向人際關係和成就
目標：增加生活滿意度	目標：用增加正向情緒、全心投入、意義、正向人際關係和成就來增進生命的圓滿

入的忘我和快樂，通常是很單獨的、唯我主義的行為。人類不可避免的需要生活的意義和目的，所謂有意義的生活包括歸屬感，去從事一件你認為比它實際還更高、更大的事；人類文明創造出各種正向的機構提供你這個機會，宗教參與、政黨聚會、環保行動、參加童子軍或家庭活動，使你的生活有意義。

這就是真實的快樂理論：正向心理學就是在正向情緒、全心投入和意義這三個外表下所得的快樂。梅明的挑戰使我對十年來的教學、思考和測試這個理論明朗化，迫使我去做更進一步的思考。從十月亨茲曼大樓那一堂課開始，我改變了對**正向心理學**的看法，我同時也改變了對**正向心理學三個元素**的看法，以及什麼是**正向心理學的目標**。

從真實的快樂理論到幸福理論

我以前一直認為正向心理學的主題就是快樂，它的測量標準就是生活的滿意度，正向心理學的目標就是增加生活的滿意度。我現在認為正向心理學的主題是幸福，它測量的標準是生命的圓滿，正向心理學的目標是增進生命的圓滿。這個我稱之為「幸福理論」的新理論和「真實的快樂理論」大不相同，這個不同點需要解釋。

真實的快樂理論有三個缺點。第一就是坊間對「快樂」這個詞已有根深柢固的看法，認為它就是心情好（cheerful mood）。正向情緒是快樂最基本的意義，其他人對正向心理學的批評就是真實的快樂理論武斷的、先發制人的重新定義了快樂，它把全心投入忘我的渴望和追求意義拉進來補助正向情緒，但是全心投入和追求意義都跟我們的感覺無關，當我們想要全心投入去做一件事和找到它的意義時，可能和快樂無關，也可能不包含在快樂的意義中。

真實的快樂理論的第二個缺點是生活的滿意度在測量快樂中，佔居一個特權地位。真實的快樂理論中的快樂是用生活滿意度的標準來界定的，它是用從一到十的量表來問你對你的生活有多滿意，從很糟（terrible，一分）到很理想（ideal，十分）。正向心理學的目標就追隨著這個測量標準，循序而上，看對生活有多滿意。但是事實上，人們在報告他對他生活有多滿意，是決定於我們問他這個問題時，他當下的**感覺**如何。就平均數來看，個人當時的情緒決定了百分之七十你所報告出來的生活滿意度，你對你的生活有多滿意的**判斷**只有佔百分之三十。

所以舊的正向心理學就不成比例的綁在情緒上了，而快樂的形式真的如自視清高的古人說的那樣是很粗鄙的。不過我否定情緒有一個特權的地位卻跟古人不一樣，我不是自視清高，而是我是自由派人士。世界上大約有一半的人口過得很不快樂，他們把快樂看成是情緒，雖然他們過得並不快樂，但是這些情緒低的人可能比快樂的人更投入他們的生活。內向的人通常沒有外向的人快樂，但是假如公共政策是從情緒的觀點來得到最大程度的快樂，那麼，外向的人得到的票會比內向的多很多。如果要蓋一個馬戲團或圖書館的決定是基於它會帶來多少額外的快樂，那麼容易好心情的人就比內向心情比較不好的人重要了。一個依據投入和意義，外加增進正向情緒的理論，在道德上是自由派的，在公共政策上是比較民主的，而生活的滿意度並沒有包含我們對生活的意義，或我們有多投入我們的工作、我們所愛的人。**生活的滿意度主要測量的是情緒的好壞，所以它不應該在任何一個主打快樂的理論上佔中央的地位。**

真實的快樂理論第三個缺點是正向情緒、全心投入和意義，並沒有涵蓋人們為選擇而選擇所有的元素在內。「為了他們自己的緣故」（for their own sake）是一個操作型的句子，要成為一個理論的核心元素，你所選擇的元素不能再去伺候別的主人，這就是梅明的挑戰，她發現很多人一生追求成就只是為了成就本身。一個比較好的理論應該能夠完整的列出影響人類作選擇的元素。所以下面就是解決上面三個問題的新理論。

幸福理論

幸福是一個概念（construct），而快樂是一個事實（thing）。一個「真實的東西」（real thing）是可以直接測量，可以被賦予「操作型定義」（operationalized）——也就是說，可以用一套特殊的測量來界定它。例如在氣象學上，冷風效應（wind-chill factor）被界定為溫度和風在滴水成冰和下霜時的混合。真實的快樂理論是想用生活的滿意度去解釋快樂這個**真實的東西**的理論，在一個從一到十分的量表上，人們去評量他們對生活的滿意度：有最正向的情緒、最投入、過最有意義生活的人，滿意度最高，他們也是最快樂的人。幸福理論否定正向心理學的主題是一個真實的東西，認為這是一個概念——幸福——它有很多可以被測量的元素，每一個都是真實的東西，每一個都對幸福做出貢獻，**但是它們不是幸福的定義**。

在氣象學中，天氣是一個概念，天氣本身不是一個真實的東西。包括許多的因素，每一個都有操作型定義，所以每一個真實的東西都對天氣有貢獻：溫度、濕度、風速、氣壓等等。你可以想像如果我們的主題不是正向心理學而是自由，我們如何用科學的方法去研究自由？自由是一個概念，不是一個真實的東西，有好幾個元素對自由有貢獻：居民感到有多自由、新聞有多常被檢查、選舉的頻率、人口與人民代表的比例、有多少官員貪腐等等。這些因素每一個都可以被測量，透過這些測量，我們得知那個地方有多自由。

幸福就像天氣和自由一樣有其建構（structure），沒有任何一個單獨的測量可以涵蓋它的全體（define exhaustively，操作型的學術用語就是詳盡定義），但是有多個**元素**可以幫忙解釋它，每一個元素都可以被測量。相反的，生活的滿意度是快樂的操作型定義，它就像溫度和風速可以界定冷風效應。很重要的是，幸福的元素是不同的東西，它們不只是自我報告正向情緒的感覺和思維、對生活有多投入，和生活多有意義。所以幸福的概念並不等於生活滿意度，它是正向心理學的焦點主題，我們下一個工作是找出幸福的元素。

幸福的元素

真實的快樂理論跟亞里斯多德的一元論非常接近，因為快樂是用生活滿意度來界定的；而幸福有好幾個構成的元素，使它遠離一元論的危險邊緣。主要是幸福理論有非強制性的選擇，它的五個元素構成人們為選擇而選擇的行為，而且每一個幸福的元素必須符合三個特質：

(1)它必須對幸福的定義有貢獻。
(2)許多人會為這個元素本身而追求它，而不是為得到另一個元素而去追求它。
(3)它可以獨立於其他元素被界定和測量。

幸福理論有五個元素，每一個都有上述三個特質。這五個元素是正向情緒、全心投入、意義、正向人際關係和成就。我們可以把它縮寫成PERMA，讓我們從正向情緒開始。

正向情緒（Positive Emotion）。幸福理論的第一個元素是正向情緒（愉悅的生活），它也是真實的快樂理論中的第一個條件。它繼續留在幸福理論中做為它的基石，但是有兩個重要的改變：快樂和生活滿意度是主觀的測量，現在把它從理論的目標貶為正向情緒中的因素之一。

全心投入（Engagement）。全心投入繼續保持它元素的地位。就像正向情緒一樣，它也是一個主觀的測量。（「你在從事某件事時，你有很投入，使你覺得連時間都停止了嗎？」「你有完全被手上的作業所吸引而忘卻外在的一切嗎？」「你是否失去了自我意識？」）正向情緒和全心投入是幸福理論的兩個範疇，它的要素都是主觀的測量。像極樂（hedonic）或令人愉悅的（pleasurable）元素，正向情緒包含了一般主觀的幸福變項：歡愉、狂喜、舒適、溫暖等等。然而，請注意，在一個忘我的境界中，通常是沒有這些感覺和思維的；只有在回顧（retrospect）時，我們才會說「它好有趣」，或「它妙極了」。我們有多投入這個主觀的境界是事後回顧的感覺（譯註：當投入的境界結束後，我們才知道自己剛剛有多投入，在投入某件事的當時，是沒有這個感覺和思緒的）。

正向情緒和全心投入很容易就達到幸福元素的三個條件：(1) 正向情緒和全心投入對幸福有貢獻；(2) 許多人為追求它而追求，而不是為達到其他的元素而追求它（我想要按摩背，即使它不能帶來意義或成就感，也不牽涉任何人際關係，我還是為了想要背被按摩而去做）；(3) 它可以被獨立測量（事實上，有很多科學家在測量所有幸福的主觀變項）。

意義（Meaning）。我保留意義做為幸福的第三個元素（意義的定義為你的歸屬感，這個東西給你帶來超越它本身的價值）。它有主觀的成分（「你不覺得宿舍中通宵不睡的聊天，是最有意義的溝通嗎？」），所以可以被包含在正向情緒中。請記得正向情緒有主觀成分，這個人對他自己的愉悅或舒適感覺就是他的感覺，沒有什麼可爭辯的。意義就不同了。你可能認為在宿舍徹夜狂歡很有意義，但是當你回憶當年情景時，你不再因吸食大麻而high，很顯然的，它只是年少輕狂的一段而已。

意義並不全然是主觀的境界。對於歷史，邏輯客觀和主觀的判斷可以相互對立。美國總統林肯（Abraham Lincoln）是一個嚴重的憂鬱者，在他絕望時，他可能判斷他的生活毫無意義，但是我們會認為他的生活充滿了意義。沙特（Jean-Paul Sartre）的存在主義劇本《沒有出路》（*No Exit*）可能被他自己和二次世界大戰後崇拜他的粉絲認為很有意義，但是現在看起來似乎是執迷不悟（「地獄是他人」〔Hell is other people〕）和沒有意義，因為我們今天認為跟別人的連結以及人際關係，是生命的意義和目標。意義有達到上述的三個必要條件：(1)它對幸福有貢獻；(2)人們會為了它本身而去追求它（例如你一心一意支持愛滋病研究，惹惱了其他人，使你主觀上很不愉快，最後被《華盛頓郵報》〔*Washington Post*〕開除，失去了撰稿的工作，但是你仍然不為所動，繼續支持）；(3)意義可以獨立於正向情緒和全心投入而被界定和測量，它也獨立於其他兩個元素——成就和人際關係之外，我下面馬上來談它們。

成就（Accomplishment 或 achievement）。這就是梅明對真實的快樂理論的挑戰——她說人類追求成功、成就、勝利，精熟是為了成功、成就、勝利——言之成理。正向情緒和意義這兩個內在心智狀態或是愉悅的生活和有意義的生活這兩個外在的形式，並沒有窮盡人們一般為追求而追求的條件。另外有兩個幸福的情境也應該被包括在內，它們不必為了快樂或意義而被追求，其中之一是成就。

成就通常為了它本身而被追求，甚至當它不能帶來正向情緒，沒有意義也無助正向人際關係時，人們還是會去追求它，下面是我被梅明說服的理由。我很喜歡打橋牌，跟很多橋牌高手切磋過。有些高手打牌是為了增進自己的牌藝，為了學習精進，為了解決問題，達到福樂的境界。假如他們贏了，那很好，他們把它叫做贏得光彩，假如輸了，也沒關係，只要打得很好，輸了也輸得光彩；這些橋牌高手打牌是為了追求正向情緒或是全心投入的快樂，不管輸贏都很高興。另外的高手打牌是為了贏，對他們來講，如果輸了，那是世界末日，不管他們打得怎樣，他們在乎的是贏。只要贏了，不管怎麼贏的，即使是不光彩的贏，仍舊很棒。有些甚至不惜作假，為贏不擇手段。贏似乎不能帶給他們正向情緒（許多這種牌友甚至說他們沒有任何贏的感覺，只是催促趕快開始下一場比賽），他們打牌也不會有全心投入的感覺，因為輸很容易就抵消掉贏的經驗，他們也不會有意義感，因為橋牌就是橋牌，不可能超越橋牌本身，使它變得更有意義。

為贏而贏也可以在追求財富中看到。有些企業家追求財富，然後把它們捐出去，洛克菲勒和卡內基（Andrew Carnegie）立下了楷模，費尼、蓋茲（Bill Gates）、巴菲特（Warren Buffet）是近代的榜樣。洛克菲勒和卡內基的後半生投入科學和醫藥，把他們前半生所賺來的錢用在文化和教育上；他們的前半生純粹是為了贏而去贏，他們在後半生卻創造了意義。

跟這些捐贈者（donor）相反的是累積者（accumulator），他們認為離開人世時手上擁有最多的才是贏家。他們的生活是圍繞著贏而活著，當他們輸時，生命變荒蕪；他們也不會給出他們賺的錢，除非是用它去贏更多的錢。不可否認的，這種累積者和他們的公司提供了很多人就業機會，使他們可以去建構他們的生活，成家立業，創造出他們自己的意義和目的，但是這只是累積者贏這個動機的副作用。

所以幸福理論需要第四個元素：成就及有成就的生活，即為了有成就而過的有成就生活。

我知道這種生活幾乎從來不曾以單純的形式出現，能夠過有成就生活的人幾乎都是完全投入他們在做的事情上，他們在贏的時候常常熱切地追逐快樂，感知正向情緒（不論多麼短暫、易消失），他們也可能為贏得更大的榮光而贏（在奧斯卡獲獎電影《火戰車》〔*Chariots of Fire*〕中奧運短跑冠軍利得爾〔Eric Liddell〕說：「上帝使我跑得快，我感受到神的喜悅。」）。我認為成就是幸福第四個基本元素，它的加入使幸福理論更接近解釋人類為選擇而選擇的現象。

我決定把成就加入，因為一九六〇年代初期我曾經讀到一篇最正式的論文。當時我在普林斯頓大學（Princeton University）心理學教授康寶（Byron Campbell）的老鼠實驗室中工作，在那個時期，動機的主要理論是驅力減低論（drive-reduction theory）：這理論是說動物的行為是為了要滿足牠生理上的需求。一九五九年，懷特（Robert White）發表了他不朽的論文〈重新思考動機：能力的觀念〉（Motivation Reconsidered: the Concept of Competence），對傳統的驅力減低論潑了一大盆冷水，因為他說老鼠跟人一樣，牠的行為只是為了要掌握牠的環境。我們當時全都當他是笑柄，但是懷特是對的，我自己經過很長的崎嶇道路後才發現他的說法正中紅心，一點都沒有偏差。

我增加成就這一項同時也是強調，正向心理學的工作是**描述**（describe）而不是**開藥方**（prescribe），告訴別人怎麼做才會幸福。我增加這個元素絕對不是替有成就的生活背書，或是建議你該多走一點不同的幸福之路，使你可以比較常贏；我把它放進來是想描述人類在非強制之下，會如何為了選擇而選擇。

正向人際關係（Positive Relationships）。正向心理學的發起人之一彼得森（Christopher Peterson）被問到：「請用兩個字來告訴我，正向心理學是什麼？」時，他回答：「**他人**（other people）。」

正向的東西很少是孤單的。你上次開懷大笑是什麼時候？你上次覺得不可言喻的快樂是什麼時候？你上次感受到很大的意義和目的是什麼時候？你上次覺得對某一項成就非常驕傲是什麼時候？我雖然不知道你生命中這些高潮是什麼時候，但是我知道，這些都發生在有別人在你身邊的時候。

他人是生命低潮時最好的解藥，也是最能使你東山再起的力量。所以這就是我對沙特「地獄是他人」這句話的回答。我的朋友波斯特（Stephen Post）是紐約州立大學石溪校區人文醫學系（Medical Humanity）的教授，有一次他告訴我他媽媽的故事。他小時候心情不好時，媽媽就會說：「史帝芬，你的臉很臭，你幹麼不到外面找個人去幫他的忙？」波媽媽的金玉良言有被很嚴謹的檢驗過，結果科學家發現她是對的，做善事助人是所有測試過的可能性中，最能夠暫時增加幸福感的單一且最有效的方式。

做善事

「又要多貼一分錢的郵票了。」我在郵局排了四十五分鐘的隊去買一百張一分錢的郵票（譯註：每次郵資上漲時，美國人就得到郵局排隊買一分錢的郵票來補足差額），隊伍移動的很慢，我可以感受到身邊人的火氣開始上升。終於輪到我了，我買了十版一百小張一分錢的郵票，這麼多不過才十美元而已。

「誰要一分錢的郵票？」我喊道：「免費贈送！」人們都拍手鼓掌，一堆人開始圍著我，兩分鐘之內，每個人都可以離開，郵票也幾乎發光了。這是我這輩子最滿足的幾分鐘之一。

所以，請你明天去找一件從來沒有做過的事情，放膽去做，然後注意你心情的改變。

* * *

在葡萄牙馬德拉島（Madeira）旁邊有個小島，形狀像個大圓筒，圓筒的頂端是個高原，約有幾畝寬，上面種著知名的馬德拉葡萄酒所用的葡萄。在這高原上只有一種大型動物，就是專門犁葡萄園土地的牛。然而上到高原只有一條非常蜿蜒的小路，人怎麼把牛運到高原上呢？原來是當牛還是小牛時，把牠揹上去，然後，牠就在那裡生活四十年，永不下山。假如你為這個故事而感動，問你自己為什麼。

在你生命中是否有這種朋友，半夜三點鐘打電話給他訴苦而不會覺得有罪惡感或不安？假如你的答案是肯定的，那麼你會活得比答案為否定的人長。對哈佛大學心理系教授維倫（George Vaillant）來說，這不稀奇，因為他老早就用實驗證明了生命的力量來自被愛。社會神經科學家卡西歐波（John Cacioppo）也發現寂寞的摧毀力量，使他認為人際關係是人類幸福最基礎的基石。

正向人際關係對幸福的影響或是缺乏正向關係對幸福的傷害是毋庸置疑的。但是在理論上，我們要問的是，正向人際關係是否夠資格成為幸福的元素之一？正向人際關係顯然符合其中兩個特質：它對幸福有貢獻，它可以獨立於其他元素而被測量。但是我們追求正向人際關係會不會就是為了它自己的緣故，而沒有其他的目的？或是說，我們追求正向人際關係只是因為它帶給我們正向情緒或使我們全心投入或成就某件事？假如它沒有帶給我們正向情緒、全心投入或意義或成就的話，我們還會去追求它嗎？

我對這答案沒有把握，我甚至不知道有沒有這樣的實驗，因為所有我知道的正向人際關都伴隨著正向情緒，或全心投入或意義或成就。但是最近兩個關於人類演化的議題都指出正向人際關係的重要性，而且是就它本身的重要性。

人的大腦為什麼要長這麼大？（譯註：腦大是有代價的，早期很多婦女死於難產，因為嬰兒頭太大，生不出來時母子俱亡，所以生產自古就是鬼門關前走一遭，過了就雞酒麵，沒有過，四塊板。）大約在五十萬年前，人類的大腦變大了一倍，從六百立方公分變成目前的一千二百立方公分。一般的解釋是，這是為了使我們可以製造工具和武器，你必須夠聰明才能製造工具。但是英國的理論心理學家韓福瑞（Nick Humphrey）有不同解釋：人腦變大是為了社交的需求，為了解決社會問題。就像我常跟學生說的，我要怎樣才能說出一句話，瑪吉覺得很好笑，又不會得罪湯姆，還能讓德瑞克知道他是錯的，但又沒有傷到他的自尊心？這其實是很難的，它需要大的腦容量來解決，卻是我們的日常生活。這些是電腦不能解決的問題，但是人類不但可以解決而且每一分鐘都在做。我們的前額葉皮質區（prefrontal cortex）佔那麼大，就是我們不停的用它去模擬社會上的各種可能性，然後選擇最好的解決方式，所以大的腦是台人際關係的模擬機，演化選擇它就是為了去執行和諧又有效的人際關係這個功能。

另一個演化上的論證是人有這麼大的腦是為了**群體選擇**（group selection）之故，為了模擬複雜的社會關係。著名的英國生物學家道金斯（Richard Dawkins）提出自私的基因理論，認為個體是天擇的單位；兩位世界最有名的生物學家威爾遜（Edmund O. Wilson和David Sloan Wilson，譯註：兩人無親屬關係）最近都提出證據，認為群體才是演化上天擇的單位。他們兩人都從社會化的昆蟲著手：黃蜂、蜜蜂、白蟻和螞蟻，這些昆蟲都會建工廠、蓋要塞，有系統化的溝通方式，牠們都在昆蟲界居主控領導的地位，就像人類是脊椎動物的龍頭老大一樣。社會化是目前所知最成功的一種適者生存方式，我認為在演化上它比發展出眼睛還更有助於適應環境，而從電腦模擬得知，最有效的社會型昆蟲的天擇都是群體而不是個體選擇（individual selection）。

群體（族群）選擇的理由很簡單：假如有兩個靈長類的群體，各是由基因上不相同的個體所組成。假設「社會性的」群體有著情緒的大腦結構，它使成員能感受到愛、熱情、仁慈、團隊精神和自我犧牲——這個蜂巢情緒（hive emotion，譯註：人是社會的動物，在演化的過程中有很多行為跟群居的動物如蜜蜂相似，都在追求大我的基因得以傳下去，以及有意義的生活。有興趣進一步了解的讀者可以參閱賓州大學正向心理學中心Derrick Carpenter的論文“Something Larger: An Evolutionary Account of the Meaningfulness of Life”）——和認知的大腦結構，如可以反映出他人心智的鏡像神經元（mirror neurons）；另一個「非社會性的」群體，牠們對外在的物理世界有一樣的智慧，身體也一樣強壯，但是沒有蜂巢情緒。現在讓這兩個群體去競爭，只能有一個贏家，如戰爭或飢荒。很顯然的，社會性群體會贏，因為牠們能夠合作，共同去打獵，創造出農業來。整個群體中，沒有血緣關係的基因會被保留下來，複製下去，這些基因裡面就包括了蜂巢情緒的大腦機制，也包括了對他人心智的理解和信任，所謂人同此心，心同此理，懂得別人的感覺。

我們可能永遠不會知道社會型昆蟲是否有蜂巢情緒，節足動物是否有非情緒的方式來維持團體的合作，但是我們對人類的正向情緒卻了解的很清楚：它是社會取向、著重人際關係的。我們是情緒的動物，我們會不由自主的去尋覓正向的人際關係。

所以大的社會的腦、蜂巢情緒和群體的天擇，使我認為正向的人際關係是幸福的五個元素之一。正向人際關係跟情緒、投入、意義或成就都有關係，並不表示人際關係的追求就是為了得到正向情緒，或意義或成就；而是說，正向人際關係對人類的生存有這麼基本的核心重要性，演化使它變成其他元素的額外支撐物，以確定我們一定會去追求正向的人際關係。

幸福理論的摘要

下面是幸福理論的重點：幸福是一個概念，正向心理學的主題是幸福，不是快樂。幸福有五個可以測量的元素（PERMA）：

- 正向情緒（它是快樂和生活滿意度的核心）
- 全心投入
- 人際關係
- 意義
- 成就

沒有哪一個元素可以單獨界定幸福，但是它們都對幸福有貢獻。這五個元素的某些層面是用自我報告的方式所做的主觀測量，但是其他的層面可以客觀的測量。

相反的，在真實的快樂理論中，快樂是正向心理學的主題和重點，它是個真實的東西，可以用測量生活的滿意度來界定它。快樂有三個層面：正向情緒、全心投入和意義，每一個都跟生活的滿意度有關係，它們全部都是主觀的測量，因為用的是自我報告。

這裡有一點要釐清：在真實的快樂理論中，強項（長處）和美德——包括仁慈、社會智慧、幽默、勇氣、正直等等，總共有二十四個——都是全心投入的支撐者。當你發揮最大的能力去克服最大的挑戰時，你進入福樂境界。在幸福理論中，這二十四個強項支持上面五個元素，不是只有全心投入而已，當你的強項都發展出來時，你所得到的不是只有正向情緒而已，你還得到更深的意義、更多的成就，有著更好的人際關係。

真實的快樂理論只有一個向度：它是有關感覺良好，它認為我們選擇人生的方向是為了使我們的自我感覺良好達到最高點。幸福理論有五個支柱，這五個支柱的底下是我們的強項，在方法上和本質上都是多元的：正向情緒是主觀的變項，從你對你自己的想法和感覺去界定它；投入、意義、關係和成就有主觀的和客觀的成分，因為你可以認為你有投入、意義、好的人際關係和高成就，但是它可能是錯的，甚至是幻覺。但是幸福理論的好處是它不可能只存在你的大腦中，幸福是感覺良好，同時加上有意義，有好的人際關係和有成就。我們選擇我們人生的路是要讓這五個元素都發展出來，得到它們全部的最高價值。

真實的快樂理論和幸福理論的差異在於「真實的瞬間」（real moment）。快樂理論認為我們做選擇的方式是去估計它會帶來多少快樂（生活滿意度），然後我們就走這條可以達到未來最大快樂的路。達到最大快樂是所有個體選擇的最終目標，每一個人都走同樣的路。經濟學家賴雅德（Richard Layard）認為個人的選擇除了使自己的快樂最大化，還應該是政府所有政策測量的標準，即政府政策的決定都應該以人民最大快樂為基準點。賴雅德是英國前首相布萊爾（Tony Blair）和布朗（Gordon Brown）的經濟顧問，也是我的好朋友，我的老師，他是正牌的經濟學家，他的經濟學觀點很受重視，他對財富的看法跟傳統的經濟學家不同：傳統認為財富的目的是要累積更多財富，對賴雅德來說，增加財富唯一的理由是增加快樂，所以他提倡快樂；快樂不只是我們選擇的條件，它還是政府決定某個政策要不要執行的唯一測量標準。我很歡迎他的看法，但是這也是一元論，我不同意快樂是幸福唯一的目標和它最好的測量方式。

本書的最後一章會討論幸福的政治和經濟政策，在這裡我只想給你一個例子讓你知道為什麼快樂理論會失敗，快樂不應該是我們做選擇的唯一解釋：我們都知道有孩子的夫妻他們的快樂指數一般來說比沒有孩子的低，假如演化是要達到快樂的最高點，那麼人類早就該絕種了。所以要不然人類是對孩子帶來的生活滿意度有不真實的幻想，否則就是我們對選擇生小孩有其他的測量方式。同樣的，假如個人未來的快樂是我們唯一的目標，我們就會把我們年老的父母丟到冰原上讓他們去等死。所以一元論的快樂不但跟事實相抵觸，它還是很糟的道德指引：如果把快樂理論做為生活選擇的指引，許多夫妻會選擇不要孩子。當我們把幸福的觀點擴大到包括意義和人際關係時，馬上就看到為什麼我們選擇有孩子、為什麼我們選擇去照顧年老的父母了。

快樂和生活滿意度是幸福的一個元素，也是一個有用的主觀測量，但是幸福不能只存在於你的腦海中。如果公共政策的目標只設定在主觀的幸福上，它很容易落入赫胥黎（Aldous Huxley）在《美麗新世界》（*Brave New World*）一書中所描述的，政府用一種使人感到極樂狀態的藥物來使全民的快樂感上升。真正有用的公共政策效度測量必須是主觀的和客觀的幸福測量，才能真正知道老百姓正向情緒、全心投入、意義、好的人際關係和正向成就的價值在哪裡。

正向心理學的目標在使生命圓滿

在真實的快樂理論中，正向心理學的目標是增加生活的快樂指數；在幸福理論中，正向心理學的目標是增加生活中圓滿的量（總額）。

什麼是生命圓滿？

下頁表格是劍橋大學的哈波特（Felicia Huppert）和蘇（Timothy So）用歐盟的二十三個國家來界定和測量生命圓滿度，他們對圓滿的定義正是幸福理論的精神。要達到生活圓滿，每一個人都必須要有所有「核心特質」，以及六項「額外特質」其中的三項。

他們把下表所列這些幸福項目，在歐盟二十三個國家中對每個國家超過兩千名的成人做測試，來看各個國家人民的生命圓滿度。

結果丹麥拔得頭籌，有百分之三十三的人民覺得生活圓滿，英國只有丹麥的一半，百分之十八，俄羅斯最低，只有百分之六的人民覺得他們的生活圓滿。

核心特質	額外特質
正向情緒 投入 興趣 意義 目的	自尊 樂觀 回彈力（恢復力） 生命力 自主權 正向人際關係

正向情緒	就整體來說，你覺得你有多快樂？
投入、興趣	我喜歡學習新的東西。
意義、目的	概括來說，我覺得我這一生所做的事是有價值的。
自尊	一般來說，我對自己的看法是很正向的。
樂觀	我對我的未來一直都覺得很樂觀。
彈性	遭遇挫折時，我得好一陣子才能回復正常（相反的答案則表示有回彈力）。
正向人際關係	我生活中有很多人很在乎我。

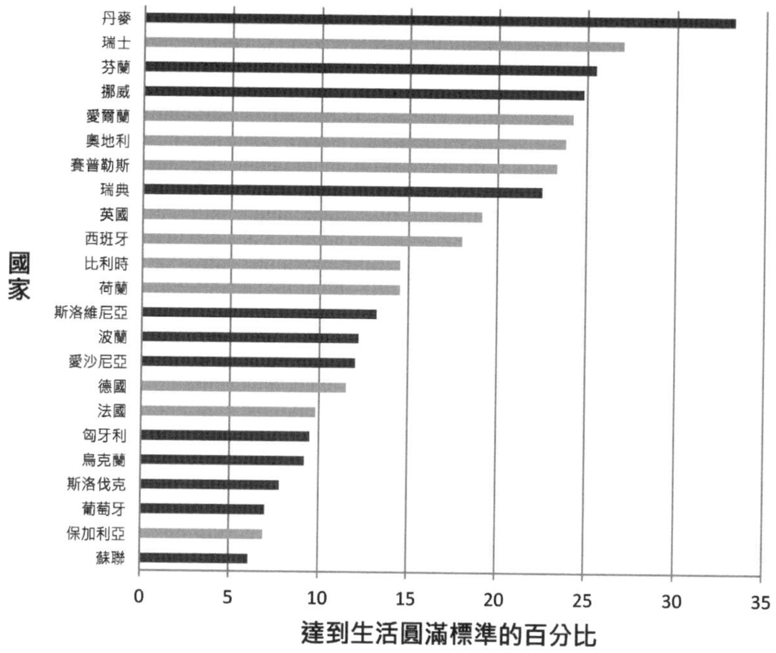

這類研究導致正向心理學的「登月」（moonshot）目標，我們會在本書的最後一章說明，它也是這本書真正的目標。當我們測量正向情緒、全心投入、意義、成就和正向人際關係的技術更進步時，我們可以問，多少人在一個國家、一個城市，或一個公司中是圓滿的？我們可以問，在她一生中，什麼時候是圓滿的？我們可以問，一個慈善機構有沒有增加它受益人的生命圓滿度？我們可以問，我們的學校系統有沒有讓我們的孩子的人生圓滿。

公共政策應該在測量出人民的需求後才制定，但是直到最近，我們測量的只有金錢，國內生產毛額（GDP）。一個政府的成功是以它創造了多少財富來評量，但是財富是做什麼用的？在我的看法，財富的目的並不是為了滾出更多的財富，而是為了創造生命的圓滿。我們現在可以問公共政策的規劃：建立這所新學校會比建造這個公園增加多少的幸福感？我們可以問，麻疹疫苗預防注射的專案比起同樣經費的角膜移植，哪一個會帶來比較大的幸福感？我們可以問，父母多花時間在家帶孩子會增加孩子多少的幸福感？

所以正向心理學的目標就幸福理論來說，是測量並打造人們的幸福感，要達到這個目的，我們要先問，是什麼真正使我們快樂。

第2章

創造你的快樂：有效的正向心理學練習

我們總是在想生活中有什麼不滿意的地方，
很少花時間去想生活中有多少福賜。
因為演化的緣故，一般人關注好的事情總是不及分析壞的事情多，
為了克服大腦天生偏好災難的傾向，我們必須練習去想美好的事情。
每天晚上花十分鐘寫下當天三件很順利的事，以及為什麼它們會很順利。
這三件事不必是驚天動地的大事，但也可以是重要的事。
對每一個正向事件，回答這個問題：「它為什麼會發生？」
剛開始時，你可能很不習慣去寫每件正向事件發生的原因，
但是請堅持一個禮拜，它會越來越容易。
很奇怪的是，你會越來越不沮喪，你會更快樂，
六個月以後，你會對這個作業上癮。

感恩之旅

閉上你的眼睛，回想現在還健在的什麼人，多年前曾經說過什麼話或做過什麼事，那些話或那件事改變了你的一生，使你過得更好。你從來沒有好好地謝過他，你可能下週就可以面對面見到他。想到這個人的臉了嗎？

感恩會使你的生活更快樂、更滿足。當我們覺得感恩時，我們學到生命中正向事件愉悅記憶的好處，當我們對別人表達謝意時，我們強化了跟他的關係。但是有的時候，我們的感謝說得太快了或太隨便了，那些話變得沒有意義，幾乎沒有達到感謝的目的。在這趟感恩之旅中，你會有機會去經驗用心表達你的感恩的感覺。

你的作業是寫一封感恩的信給這個人，並且親自交給他。這封信應該寫的是具體的事情，而且不得少於五百字：清楚的說出她對你做了什麼，又怎樣改變了你的生活。讓她知道你的現況，告訴她，你沒有忘記她為你所做的事。好好的寫！

寫完這封信後，打電話給這個人，告訴她你想去拜訪她，但是不要說明白這個拜訪的目的，給她一個驚喜會使這個作業更有趣。當你見到她時，慢慢的讀信給她聽，注意她的反應和你自己的，假如她在你讀信時打斷你，告訴她你真的很希望她聽到完。在你讀完這封信的每一個字後，跟她討論這封信的內容及你們彼此的感覺。

從那一刻開始的接下來一個月，你會比較快樂，比較不沮喪。

幸福可以被改變嗎？

假如正向心理學的目的是在我們居住的地球上建立幸福感，那麼幸福一定是可以建造的。這聽起來好像沒什麼了不起，但其實不然。二十世紀的上半，行為主義者很樂觀：他們認為如果你能把世界上不好的情況去除——貧窮、種族歧視、不公義——人類的生活就會變得更好。但是事實跟他們的樂觀正好相反，很多層面的人類行為改變並不能維持太久，你的腰圍就是一個最好的例子。美國人每年花費五百億美元在減肥上。你可以依照暢銷書的方法做，一個月之內減重百分之五，我也曾經吃西瓜減肥餐三十天，瘦了二十磅，瀉了一個月的肚子；但是就像百分之八十到九十五的減肥者，在三年之內我又胖回來了，而且比以前更胖。我們在下一章中會看到，許多心理治療和藥物只是治標，暫時的減輕症狀而已，它不是治本。

那麼，幸福是像你的腰圍——只是暫時的改變——還是它可以長期的保持呢？正向心理學開始發展之前十年，大部分的心理學家對快樂能維持多久都抱著悲觀的態度，但是他們期待外在條件的改變能使快樂長久的希望，被贏得樂透獎（lottery）的人們打破了。這些人在中了大獎後，會快樂幾個月，但是很快就回復到他們以前的不快樂模樣了。我們很快就適應發橫財、升遷、結婚所帶來的快樂，所以理論學家說，沒多久我們就想要更多的東西來達到更大的快樂。假如我們成功的交易到更大的快樂，我們就停留在極樂的跑步機上，但是我們會一直需要再打一針來使我們保持在極樂跑步機上的位置——跑步機是如果你不跑就會被摔出去。

這對追求幸福來說，實在不是一張美麗的圖片。

假如幸福沒有辦法一直增加，那麼正向心理學的目標必須要被放棄，但是我認為幸福可以被強有力的提升。這一章就是我搜尋可以使快樂持久的良方。從佛學到摩登的通俗心理學，至少有兩百種方法宣稱它們可以達到這個目的，假如這是真的，有哪些真正產生永久性的幸福感？哪些只是暫時的提升？哪些根本是吹牛呢？

我是科學頑童，一個實證者，我會問東問西、東看西看去找出真相，我早期的研究有一部分是在測試那些使人們比較不沮喪的心理治療和藥物是否真的有效。測試治療法是否有效必須謹守一個原則：你必須隨機把病人或藥物分到控制組（安慰劑組）或實驗組，實驗組的人服用藥物，控制組的人給糖片或是繼續本來就在做的治療。隨機分派的目的是去除一些混淆變項，比如很想要病趕快好或對治療沒興趣、沒動機的人都會被分派到兩組去，把動機的作用平衡掉。控制組和實驗組除了服用的藥物不同之外，其他一切都必須相同，假如這時的治療有效，那麼實驗組的狀況就會比控制組改進很多，這樣才能證明治療是真的有作用的。

測試作業有沒有效也是同樣的邏輯，所以在二〇〇一年，賓州大學正向心理學中心（我是該中心的主任，請上網http://www.ppc.sas.upenn.edu/）開始問什麼使我們更快樂。在這些研究中，我們沒有測量幸福的所有元素，只有情緒元素——增加生活滿意度和減少沮喪。

下面是第二項作業讓你感受介入的滋味，這項作業是隨機分派安慰劑控制組的設計。

「今天發生的好事」作業（或名「三個福賜」）

我們總是在想生活中有什麼不滿意的地方，很少花時間去想生活中有多少福賜。當然，有的時候分析做錯的事是有道理的，它使我們從經驗中獲取教訓，使我們未來不再犯；然而，人們傾向於花比必要的更多的時間去想不好的事情，更糟的是，這種聚焦在負面事件的習慣會使我們容易得焦慮症和憂鬱症。有一個防止它的方法便是去想生活中美好的事情。

因為演化的緣故，一般人關注好的事情總是不及分析壞的事情多，那些沉醉在美好事件中而沒有準備好面對災難來臨的祖先，沒有辦法活過冰河時期。所以為了克服大腦天生偏好災難的傾向，我們必須練習去想美好的事情。

下一週的每一天晚上，在你睡覺前，花十分鐘**寫下當天三件很順利的事，以及為什麼它**

們會很順利。你可以用日記本或電腦來寫，重點是你要有記錄。這三件事不必是驚天動地的大事（「我先生今天下班回來時，順路買了我最愛吃的冰淇淋來當晚餐後的甜點」），但也可以是重要的事（「我妹妹今天生了一個健康的男孩」）。

對每一個正向事件，回答這個問題：「它為什麼會發生？」例如，假如你寫你先生買了你最愛吃的冰淇淋，那麼你就寫「因為我先生有時真的很體貼」或是「因為我有先從辦公室打電話給他，提醒他下班時去一下超市」；或者，假如你寫的是妹妹生了一個健康的男孩，你可能會寫原因是「上帝很眷顧她」或「她在懷孕時，做了所有對的事情」。

剛開始時，你可能很不習慣去寫每件正向事件發生的原因，但是請堅持一個禮拜，它會越來越容易。很奇怪的是，你會越來越不沮喪，你會更快樂，六個月以後，你會對這個作業上癮。

＊　＊　＊

除了是個頑童之外，我也親身嘗試所有的實驗。四十五年前，當我做電擊狗的實驗時，我先給自己一次電擊，我也嚐過營養狗糧——它比被電擊還更糟。所以當我想到「今天發生的好事」這個練習時，我先自己試過。它真的有效，接著我試著叫我太太和孩子做，他們也受益，所以後來就用在學生身上。

在過去的四十五年裡，我教過心理學所有的課，但是從來沒有像這次這樣覺得有趣，我教學評鑑的分數也從來沒有像教正向心理學這麼高。我教變態心理學教了二十五年，我沒有辦法指定學生去做有意義的實驗性的作業：他們沒有辦法做一個週末的精神分裂症患者！這門課只好全是課本的學習，他們沒有辦法知道瘋狂是什麼樣子；但是在教正向心理學時，我就可以叫我的學生去做感恩之旅，或去做今天發生的好事的作業。

書中許多有效的練習其實是從我的班上開始的。例如當我們閱讀了感恩的文獻後，我請學生去設計一個感恩的作業，所以就有了感恩之旅出現，這是瑪莉莎・萊斯克（Marisa Lascher）的點子。在正向心理學的五門課中，我指定學生在他們自己的生活中執行我們想出來的練習，結果真是非常令人驚異：我從來沒有看到我的學生有這麼多的正向生活改變，或是聽到這麼多甜蜜的話——「它改變了我的生命」是學生最常用來描述這門課的一句話。

然後我又試了一條新的路，我現在不教大學生而去教全世界精神健康的專業人員正向心理學。在遠距教學專家狄恩（Ben Dean）博士的贊助下，我上了兩堂遠距教學的課，專門給有執照的臨床心理師做在職訓練。我的課每週二個小時，持續六個月，大約有八百位專業人員來上（包括心理學家、生活教練、輔導員和精神科醫生）。每個禮拜我先上課，然後從十二個正向心理學的作業中排出一個叫他們回去用在他們的病人或個案身上，當然也用在他們自己的生活上。

正向心理學（介入和個案）

我很驚訝這種介入性作業的成效，連對非常嚴重的憂鬱症患者也有效。我知道這些證詞不全然真實，但是我從來沒有看到這麼多的正向報告，而我在這個領域已經三十年了，我本身是個治療師，我也訓練治療師，我還擔任臨床訓練組主任十四年，我都沒有看過這樣的成效。即使對證詞應該抱著懷疑的態度，我還是覺得效果驚人。下面是三個新接觸正向心理學的治療師的個案報告，他們都是第一次做這些練習。

個案故事一

我的個案是一個三十六歲的女性，目前因為憂鬱症接受門診的輔導和服藥，但是全職上班。我已經治療她八週，基本上是把遠距上課所學的內容用在她身上，其中有一個作業效果特別好：是「三個快樂的時段」（就是「今天發生的好事」這個作業）。她說她已經把過去學過的正向思考忘得一乾二淨了，我們用這個練習把病人引到福賜（blessing）上，我們把它形容為「每一天的快樂時段」，這幫助她看到她每天生活中比較積極正向的方面。

簡單的說，每一件事都進行得很好，她在網路測驗上的分數比過去正向了很多，她認為這全是輔導的功勞！

個案故事二

這位個案是一個中年的憂鬱症婦女，非常的肥胖，心情的沮喪阻礙了她的健康和減肥計畫。在所有的介入作業中，她挑了「趨向快樂測驗」（approaches to happiness test, AHI，讀者可以在www.authentichappiness.org 上找到這個測驗）進行三個月左右的治療，她是用達到福樂境界的全心投入、意義和愉悅的念頭來平衡她的生活。她說她從一開始就知道自己的生活沒有福樂境界的愉悅感，所謂的意義也是定義在幫助別人，一點都不是關於她自己或她的需求或她的希冀（她希望得到快樂）。經過三個月的治療之後，她去做了趨向快樂測驗，很高興發現這三個領域已經相當平衡，在五分的量表中，達到三．五分了。她很興奮，大受鼓勵，覺得有一個可以被測量的標準讓她知道自己究竟進步了多少。她於是做了更多的計畫在這三個領域再努力，增加各種新方法來強化生活中的福樂和意義。

治療師向我報告，讓病人看到自己的強項比過去改正他的弱點有效得多。這個歷程的關鍵在系統化：病人開始要先做「個人強項價值測驗」（Value in Action Signature Strengths test,

VIA，這個測驗的簡易版在本書的〈附錄〉中可找到，完整版請上網站 www.authentichappiness.org）。

個案故事三

我治療艾瑪已經六年了，中間大約間斷了一年，兩年前她在她朋友過世後又回來找我，她的朋友本來就很少，又走掉一個對她是嚴重打擊。我最近把正向心理學的幾個作業用在艾瑪身上，她是個有自殺傾向的嚴重憂鬱症患者，從小到現在一直遭受虐待，是很少有的情況。我讓她從個人強項價值測驗開始，目的是想讓她看到真正的自己而不是她以為的自己（跟動物收容所裡面沒人要的動物一樣），這個測驗是個發射台，也是治療工作的基石，從這裡，她建構出清楚的鏡像。我用一句比喻來形容這個工具：乾淨的鏡子才能反映出乾淨清晰的人影。剛開始，進度很慢，但是很快地，她就能說出她自己的強項，看到每個強項是真正的她，也看到有些強項使她陷入煩惱；看到她如何應用這些強項去幫助自己也幫助別人，也看到這些強項可以用來幫助她發展那些比較不強的項目。三天以後，她來門診時手上拿著兩張紙，上面有她願意做的七個項目和步驟。我在讀這兩頁的內容時，一路哭到底，而她全程都在微笑。這是一個幾乎從來不曾笑過的女人！這真是一個值得慶祝的時刻，除此之外，她躍過了最難的習得的無助（learned helplessness）困境，超越了過去阻礙她前進的個人生活上的很多問題。

我要你先去做艾瑪所做的個人強項價值測驗，無論是〈附錄〉中的簡易版或是網路上的完整版都好，然後我們來做使艾瑪走上康復大道的練習。

首先讓我告訴你，我為什麼建構這個網站，這網站上有所有有關生活正向態度的主要測驗，而且可以告訴你，你現在所處的情境，回饋你現在所在的位置。這個網站是免費的，目的是服務大眾。它同時也是正向心理學家研究的金礦，它比一般研究者去問大二學生或臨床病人問題更能得到有效的結果。

在我寫這本書的當下，已經有一百八十萬人在這個網站註冊，做了這些測驗，每天有五百到一千五百名新成員去註冊登記，通常我會做一些聯結。有一個聯結是與作業有關的，點進來的人可以幫助我們測試新的作業。一開始他們做沮喪和快樂的測驗，如流行病學研究中心之憂鬱症量表（Center for Epidemiological Studies Depression Scale）及真實的快樂量表（Authentic Happiness Inventory）——兩者都可以從網路抓到（www.authentichappiness.org）——然後我們隨機把他們分到主動組或控制組（安慰劑組）。所有的作業都需要一週花兩到三小時的時間去做，在我們第一個網路研究中，我們試了六個作業，包括感恩之旅及今天發生的好事。

在完成基準問題的五百七十七位參與者中，四百七十一人完成了五項進一步的問卷，我們發現所有的參與者（包括安慰劑的控制組，他們只要每天晚上寫一些有關童年的回憶，寫一個禮拜），都在做了作業後一週感到比較快樂、比較不沮喪。但是一週之後，控制組的人沒有比他們在回答基準問題時更快樂或更不沮喪。

兩個作業——「今天發生的好事」和下面的「個人強項」作業——在三個月後和六個月後，顯著的減低了憂鬱症，這兩個作業在六個月期間也實質的增加了快樂。感恩之旅在減低憂鬱症上效果最好，一個月以後，增加快樂的效果最強，但是三個月以後，效果就消失了。我們還發現效果有多持久，跟參與者有沒有每天持續做練習有很大的關係。

個人強項練習

這個練習的目的是鼓勵你承認自己的強項，它幫你找出新的強項用途或協助你比較頻繁的用到。個人強項有下列幾個特點：

- 擁有和真實的感覺（這是真正的我）。
- 當展現這個能力時，很興奮，尤其是第一次發現時。

- 在練習強項時，學習的曲線上升得很快。
- 渴望找出新的用法的感覺。
- 在用到這個強項時，有種不可避免的感覺（「你別想阻擋我」）。
- 用到這強項時，充滿活力而不是感到疲倦。
- 創造和追求能應用到這個強項的個人計畫或作業。
- 在用它時有快樂、充滿熱情、積極熱心甚至極樂的感覺。

現在請去做個人強項的測驗，假如你沒有辦法使用網路，你可以用本書〈附錄〉的簡易版。在網路上你會馬上知道你的測驗結果，你也可以列印出來。這份問卷是密西根大學（University of Michigan）的彼得森教授所發展出來的，已有來自兩百個國家超過一百萬人做過了。你可以在線上比較你和其他像你一樣的人所站的位置。

做完這個問卷後，請注意一下個人強項的排序，有沒有任何強項是令你自己驚訝的？下一步是找出五個最強的項目，一次一個，問你自己：這是屬於我**獨特的**強項嗎？

完成這個測驗後，請做下面的練習：本週，我要你在你的行程表中排出時間來練習一個或多個你的個人強項，無論在公司、在家中，任何地方都行，只要確定你有界定清楚的機會來用它。例如：

○

- 假如你的強項是創造力，你可能需要抽出兩個小時來著手你的新劇本。
- 假如希望／樂觀是你的強項，你可能撰寫一篇專文給當地的報紙，表達你對太空計畫未來的希望。
- 假如自我控制是你的強項，你可能選擇晚上去健身中心鍛鍊身體，而不是在家裡看電視。
- 假如你的強項是欣賞美和卓越，你上下班時可能挑一條比較遠、但是風景比較優美的路，即使它可能多花上二十分鐘也沒關係。

最好的做法就是創造出一個新的方式去運用你的個人強項。寫下你的經驗：你在做這個活動之前的感覺是什麼？在做的時候及做完以後你的感覺又是什麼？這個活動對你夠挑戰嗎？太容易了嗎？在做的時候，時間有沒有過得很快？你有沒有失去自我意識而完全陶醉在裡面？你還想再做一次嗎？

這些正向心理學的練習對我很有用，它對我的家庭很有用，對我的學生也是如此。當我把它教給專業治療人員，他們又去教他的病人時，即使是很憂鬱的病人都因此受益。這個練習即使在隨機分派的安慰劑控制組身上都有效。

正向心理治療法

正向心理學家也讓正常人做這些練習，大約有十二個個案被證明是很有效的，我把它們放在本書恰當的位置上，讀者在閱讀時不時會遇見他們。

我們的下一步研究是測試這些練習，哪些在憂鬱症病人身上最有效。派克斯（Acacia Parks）以前是我的研究生，現在在瑞德學院（Reed College，譯註：就是蘋果電腦創辦人賈伯斯〔Steve Jobs〕念的那所大學）教書，她設計了一個六週的練習，每週一個，可以用在團體治療上，專門治療輕微到中度的年輕憂鬱症患者。我們發現它的效果好極了：這個練習把他們的憂鬱症降到不憂鬱的範圍，這是相對於隨機分派的控制組而言。我們後來的追蹤發現他們一整年都沒有再憂鬱了。

最後，羅宵得（Tayyab Rashid）醫生創造了正向心理治療法（Positive Psychotherapy），治療來到賓州大學輔導和心理服務中心（Counseling and Psychological Services）求助的病人。就像其他心理治療法一樣，正向心理治療法是一套治療的技術，很有效率的把基本的治療工具如溫暖、恰當的同理心、基本的信任和真誠教給病人。我們先仔細的評估病人憂鬱的症狀，及他們幸福的分數（從www.authentichappiness.org上取得），然後我們討論這些憂鬱症狀如何可以用缺乏幸福感來解釋：缺乏正向情緒、全心投入及生活上的意義。下面列出十四個量身打造的療程，治療的細節可以在我的書《正向心理治療法：治療手冊》（*Positive Psychotherapy: A Treatment Manual*，合著者為羅胥得醫生）上讀到。

正向心理治療法的十四個療程大綱（羅胥得和塞利格曼，二〇一一）

療程一：缺乏正向的資源（正向情緒、性格強項和意義）會引發憂鬱症，使病人陷在裡面出不來，產生空洞的生活。家庭作業：病人要寫一頁長（大約五百字）的「正向介紹」（positive introduction），他要敘述一個具體的故事來彰顯他的最強項，並且說明他如何用他個性的最強項來介紹他自己。

療程二：病人從「正向介紹」中找出他的強項，並與治療師討論過去哪一個性格強項對他的幫助最大。家庭作業：做完個人強項價值測驗問卷以找出性格的強項。

療程三：我們聚焦在某個特定的情境，在這情境中，性格強項可能可以耕耘出快樂、投入和意義來。家庭作業：（從現在起，一直到整個療程走完）病人要開始寫福賜日記，每天晚上要寫三件當天發生快樂的事，不論大小。

療程四：我們討論使病人困在憂鬱症中的好的和壞的記憶，對憤怒和痛苦堅持不放手會使病人困在憂鬱症中，減少他的幸福感。家庭作業：病人要寫下憤怒和痛苦的感覺如何餵食他的憂鬱症，使他不可自拔。

療程五：我們把寬恕介紹給他，寬恕是個強有力的工具，可以把憤怒和痛苦的感覺轉換成中性的感覺，對某些人，甚至可以轉換成正向情緒。家庭作業：病人要寫一封寬恕的信，描述踰越的行為和它所帶來的感覺，然後承諾原諒這個踰越者，不過不把這封信發出去。

療程六：討論感恩。家庭作業：病人寫一封感恩的信給一位他沒有好好道謝的人，並鼓勵他面交這封信。

療程七：我們回顧在賜福日記中的事件，討論耕耘正向情緒的重要性及如何運用性格強項。

療程八：我們討論「滿意」（「這已經夠好了」）比「最大滿意度」（「我一定要找到完美的老婆、洗碗機、度假地點」）更能帶來幸福感。我們鼓勵「夠好了」，不必一定要達到盡善盡美。家庭作業：病人回顧可以增加生活滿意度但不必盡善盡美的方法，設計出屬於個人「已經夠好」的計畫。

療程九：用解釋型態（explanatory style）討論樂觀和希望：樂觀的態度是把不幸的事情看成是暫時性的、可以改變的、特定的。家庭作業：病人要想出對他關閉的三扇門，現在有哪些門是開的？

療程十：病人要看到配偶性格的強項。家庭作業：我們教導病人對別人報告的正向事件要做出主動和有建設性的反應，病人要排出一個時間來頌揚他個性的強項及他配偶的強項。

療程十一：我們討論如何看到家庭中其他成員性格的強項，以及自己性格強項的來源（遺傳自父親或母親等等）。家庭作業：病人請他的家人去做網路上的個人強項價值測驗問卷，然後畫一棵遺傳樹，列出家人性格的強項來。

療程十二：介紹鑑賞這個技術給他，可以增加正向情緒的強度和長度。家庭作業：由病人計畫一個有趣、愉悅的活動，按照計畫把它實施出來。我們給病人一張核對單，上面列著許多鑑賞技巧，可以增加生活趣味。

療程十三：病人有能力給一個最偉大的禮物——時間。家庭作業：病人去做一件很花時間而且需要他性格上強項幫忙的作業。

療程十四：我們討論完整的生命，將快樂、投入和意義包含進去。

在一個正向心理治療法的測驗中，我們把嚴重的憂鬱症病人隨機分成個人的心理治療流程（跟上面講的一樣），或是繼續原來的治療方式；另一種是配對，但是沒有隨機分派的病人，他們憂鬱症的嚴重程度跟第一組一樣，他們接受原來的治療方式，外加抗憂鬱症的藥（我不認為隨機把病人分配去吃藥或不吃藥是合乎道德的，所以我沒有用隨機分派而是配對他們憂鬱症嚴重的情況）。正向心理治療法減低憂鬱症的狀況，比原來的治療方式好了很多，也比服藥的還好。我們發現百分之五十五正向心理治療組的病人，百分之二十的傳統治療法組和百分之八的治療兼服藥組的病人病情減輕了。

正向心理治療法才剛剛起步，目前的這些結果只是初步地讓我們看到有效，它需要被別的實驗室複製。因為每個人不同，所以治療法需要量身訂作，雖然就這個套裝來說，它很新，但是裡面的個別練習都是很久了，已被證明是有效度的。

這個練習最驚人的結果應該要算二〇〇五年一月發生的事。那一期的《時代》（*Time*）雜誌把正向心理學當做封面故事，我們預期會有很多的詢問，所以我們開了一個網站，提供免費的練習：今天發生的好事。幾千個人註冊登記，我最感興趣的其中五十個最嚴重的憂鬱症病人，他們上了網站，做了憂鬱和快樂的測驗，然後做了今天發生的好事練習作業。這五十個人的平均憂鬱分數是三十四，屬於非常（extremely）憂鬱的類別，這種人是幾乎不下床，整天躺在那裡不動的！然而他們卻下床，去上電腦，再回到床上。他們做了登記，寫下每天發生的三件好事一個禮拜，再回到網路上報告。結果他們的憂鬱分數從三十四降到十七分，從極端降到中度憂鬱，而他們的快樂分數從十五百分位升到了五十百分位。這五十個人中，現在有四十七個人已經比較不沮喪、比較快樂了。

這完全不是經過控制的研究，跟上面兩個研究一樣，沒有機隨分派，沒有安慰劑，而且可能有偏見，因為會上網站的人是想要減輕病情。從另一方面來說，我在心理治療和藥物這個領域已經四十年了，我從來沒有看過像這樣的結果。這些都把我帶進心理治療和藥物的骯髒祕密中。

第3章

藥物和治療的骯髒祕密

到目前為止，所有的藥物和絕大部分的心理治療法都沒有用，它們只是治標，像化妝術一樣的障眼法，做到最好也不過是百分之六十五而已。正向的介入可能可以打破百分之六十五的藩籬，將心理治療法往前推，超越治標的症狀消除而朝治癒前進。

所以我對未來治療的看法，我的治療觀是：

第一，病人需要被告知藥物和心理治療只能暫時的解除症狀，在症狀出現的同時學習去過正常的日子，是治療很重要的一部分。

第二，當痛苦解除時，治療不應該隨之停止。病人需要學習正向心理學的技巧：它可以治療憂鬱、焦慮，也可以預防它們再出現。這些技巧和去除痛苦的那些技巧不同，它是會自我維持的。這些技巧是使我們生活圓滿的技巧，它和尋求幸福有重大的關係。

在申請科學研究經費上我是老手，過去四十年中很多時間花在懇求政府的研究經費，我的膝蓋都快要磨光了。美國國家心理衛生研究院（National Institute of Mental Health, NIMH）持續支持了我四十年，因為我一眼就可以看出某個研究是否為重大發現。本書的最後一章是重大發現，雖然還未到完結篇，但是很容易申請到巨額研究經費，因為值得花錢去驗證這種便宜的憂鬱症治療法是否真的有效。

根據世界衛生組織（World Health Organization, WHO）的推估，憂鬱症是世界上最貴的一種病，而治療的方法只有藥物和心理治療兩種選擇。一般來說，治療一個憂鬱症患者一年的花費是五千美元，在美國大約有一千萬左右的患者，抗憂鬱症的藥每年是數十億美元的產業。想像一種治療法——正向心理學的練習，在家上網即可，不必去醫院——真是其賤如土（dirt cheap），可以大量施測，又跟藥物和傳統治療法一樣有效。所以當我向NIMH申請研究經費來驗證治療效果，申請三次，三次都被拒絕時，我真的很驚訝（本章並不是在懇求經費，我很高興的說，現在我手邊的經費已經多到不知該怎麼用了，我的重點是政府和企業界的優先順序不對）。為了讓你了解為什麼申請案會被拒絕，我必須告訴你製藥公司和心理治療法這兩大產業在治療情緒障礙（包括憂鬱症）角力的經過。

治癒vs.症狀消除

生物精神醫學（biological psychiatry）和臨床心理學的第一個骯髒的小祕密是兩者都放棄了治癒。治癒一個病人要花很長的時間，而且還不一定有效，而短期的症狀消除保險公司是給付的，即治療界和藥廠徹底地傾向於短期的危機掌握和解除，給的是外表症狀的治療。

藥物分成治標的（cosmetic drug）和治本的（curative drug）兩種，假如你服用抗生素夠久的話，它把入侵你身體的細菌殺死，你會痊癒。當你服完了藥，這個病不會復發，因為病原體（pathogen）已經死了——抗生素是治本的藥。換個例子，如果你吃奎寧（quinine）來治療瘧疾，你只是暫時壓下了症狀，當你停止服用奎寧後，瘧疾又回來了——奎寧是治標的藥，像化妝品一樣，把污點蓋過去，使人看不見。所有的藥物都可以依其意圖和目標分為治標的和治本的。暫時減緩病情是必要的（就像我戴助聽器），但是既不是最好、也不是治療的最終目的，症狀的減輕只是去到治癒的中途站而已。

但是治療這條路在症狀解除後就死了，變成此路不通。**在心理藥物學架上的每一種藥都是治標的，沒有治癒的藥**。據我所知，也沒有任何藥在研發時，是以治本為目標的。生物精神醫學已經放棄治癒了。我並不是佛洛伊德學派（Freudian）的信徒，但是有一點我很敬佩他的地方是他是在追求治癒。佛洛伊德希望心理治療法能夠像抗生素一樣，他是想用頓悟

（insight）和宣洩（catharsis）來使症狀永遠消失。佛洛伊德追求的不是症狀的消失，有些症狀的消失可以被看成是「假裝病癒」（flight into health）的防禦機制，疾病還是在。暫時減緩並不是心理動力治療法（psychodynamic psychotherapy）的目標，照護控制的說服力把心理學和精神醫學引誘到只管症狀的減緩或解除而不是治癒的路上了。

百分之六十五的障礙

我這一生中有很大一部分時間是花在測量心理治療法和藥物的效力上，這裡就是第二個骯髒的小祕密了。這個效應在技術上，幾乎永遠被稱為「很小」。憂鬱症就是典型的例子。假設有兩種治療研究宣稱有效，認知治療法（cognitive therapy，譯註：是改變你對不好事情的看法）和選擇性的血清張素回收抑制劑（Selective Serotonin Reuptake Inhibitors, SSRI，如百憂解〔Prozac〕、樂復得〔Zoloft〕、立普能〔Lexapro〕等），從極大量的文獻看來，藥效有百分之六十五，但是安慰劑效應有百分之四十五到五十五。安慰劑的實施過程越精緻、越像真的，它的效果也就越高，甚至，可以高到跟美國食品藥物管理局（US Food and Drug Administration, FDA）所通過的藥沒有兩樣。

最近抗憂鬱症藥物的研究才更令人氣餒。一個很有聲望的心理學家和精神醫學家聯盟從六個做得最好的藥物實驗中，取出七百一十八名病人的資料來看藥物和安慰劑的效用。他們把病人依憂鬱症的嚴重性分類，發現對最嚴重的憂鬱症病人（假如你的憂鬱症到這個地步，你根本就不會來讀這一段文字），藥物是最有效的，但是對中度或輕微的憂鬱症患者來說，藥物一點作用都沒有。很不幸的是，大多數抗憂鬱症處方都是開給中度或輕微的病人，所以藥物比安慰劑的效用只多出百分之二十而已，這還是最大的預估值了。這個百分之六十五的數字一再出現，不論你看的是病人服了藥以後獲得改善，或是病人自述本身症狀的減輕，都是百分之六十五左右。我把這個問題叫做百分之六十五的障礙（65% barrier）。

為什麼有百分之六十五的障礙？為什麼效用這麼小呢？

從第一天學滑雪到五年後我決定放棄，這之間我一直都在跟山作戰。滑雪從來就不是簡單的事，每一個心理治療法、每一個練習也都是「在跟山作戰」。換句話說，這些治療法不是自我增強（self-reinforcing），所以它的效應會隨時間而消失。一般來說，談話治療的技術很高深、很無趣，而且很難融入你的生活中；事實上，我們測量談話治療的成功率是看治療停止後，病患可以撐多久才回復原狀。單一藥物常有同樣的特性：一旦停止服藥，你又回復原狀，復發，休止，復發……像個週期，循環不已。

相反的，如果你試試下面這個正向心理學的練習，只要你領會了，它的功效會自我維持，而且做起來很有趣。

主動──建構式回應

很奇怪的，婚姻諮商都是教配偶雙方如何「打」得更好，這可能使一個難以忍受的婚姻變成幾乎不能忍受。這不算壞，但是正向心理學比較想把一個好的關係變成一個絕佳的關係。加州大學聖塔芭芭拉校區（University of California at Santa Barbara）心理系教授蓋博（Shelly Gable）曾經證明，對婚姻關係的預測，如何慶祝是比如何吵架更好的指標。人通常是報喜不報憂，我們如何回應會增強或削弱這個人際關係。一般來說有四種反應方式，但是只有一種可以強化關係。下面這個圖表用兩個例子來解釋四種反應型態：

你的配偶告訴你一個正向事件	反應型態	你的反應
	主動和建構式反應	「太好了！我好為你驕傲，我知道這個升遷對你有多重要。現在仔細告訴我這一切過程。老闆告訴你的時候，你在哪裡？他怎麼說？你怎麼回答？我們應該去外面慶祝一下！」 **非語言反應**：保持眼神接觸，顯露出正向情緒，例如真誠的微笑、觸摸和開心。

事件	反應類型	回應
「老闆把我升官了！」	被動和建構式反應	「那很好，是你應得的。」 **非語言反應：**很少或沒有主動的情緒表達。
	主動和破壞性反應	「聽起來像是責任增加了，那你以後晚上是不是更不能在家了？」 **非語言反應：**表現出負面的情緒，例如眉頭深鎖。
	被動和破壞性反應	「晚餐吃什麼？」 **非語言反應：**很少或沒有眼神接觸，轉身，離開房間。
「我剛剛在慈善義賣會中抽到五百元的大獎！」	主動和建構式反應	「哇！你運氣怎麼那麼好！你要用這筆錢去買什麼好東西給自己呢？你是怎麼買到那張幸運彩券的？贏得獎金真是超棒的感覺，不是嗎？」 **非語言反應：**保持眼神的接觸，展現出正向的情緒。
	被動和建構式反應	「那很好。」 **非語言反應：**很少或沒有主動的情緒表達。
	主動和破壞性反應	「我打賭你還要多付稅，我從來沒有贏過任何東西。」 **非語言反應：**展現出負面的情緒。
	被動和破壞性反應	「我今天在辦公室諸事不順。」 **非語言反應：**很少眼神接觸，把頭轉開或走開。

主動——建構式回應

下面是你這個星期的功課：每一次你所在乎的人告訴你發生在他身上的好事時，你要注意的聽，盡量去做主動——建構式回應（active-constructive responding, ACR）。請對方把事情發生的經過源源本本講給你聽，他花越多的時間講越好，你也要花很多時間回應他。這個禮拜你還要去尋找發生在別人身上的好事，晚上利用下頁這個方式記錄它。

假如你發現你對寫這個不在行，那麼事先計畫一下，把最近人家跟你講的正向事件寫下來，再寫下你應該怎麼回答。當你早上醒來時，先想一想你今天會碰到誰，他們可能有什麼得意的事情會跟你說，先計畫一下你的主動——建構式的回答，在這一週中，練習各種不同的主動——建構式回應。

這個技術與跟山作戰大不相同，這個技術是自我維持；但是我們不是自然就會用它，我們需要練習，要勤奮的練直到習慣或自然。

別人的事件	我的反應（逐字寫）	別人對我說的話的反應

我很高興看到我十六歲的兒子達利坐在我在二〇一〇年七月於柏林舉辦的工作坊的第一排，終於有個機會讓達利了解我這個爸爸是以什麼為生的了——他以為我每天都是坐在電腦前面寫東西或打橋牌！在第一個小時，我讓六百名參加者做主動——建構的練習，然後把他們分成兩人一組，A先說一件好的事情，讓B來回應，然後再彼此交換。我看到達利找到一個陌生人跟他一起做得很好。

第二天，我們全家去蒂爾加藤（Tiergarten）的跳蚤市場逛，為我們的東歐之旅買些小玩藝或紀念品，我的兩個女兒——卡莉九歲，珍妮六歲——非常的興奮，從一個攤子逛到另一個攤子。那天柏林破紀錄的熱，氣溫高達華氏一百度（將近攝氏三十八度），我們很快就沒有錢也沒有水蒸氣，都流汗流光了，所以我們找到附近的咖啡館吹冷氣、喝冰咖啡，卡莉和珍妮爭著拿塑膠做的假珠寶給我看。

「我們才花十三歐元就買到了！」卡莉很驕傲的說。

「你們沒有還價嗎？」我想都沒想就馬上反唇相譏。

「喔！這真是一個最好的主動破壞性實例，老爸。」達利說。

所以我還在練習，好多人爭著做我的教練。

一旦你開始這樣做以後，別人會比較喜歡你，他們會花比較多的時間跟你在一起，會告訴你比較多的生活細節和隱私。你對你自己的評價會上升，而這些會強化主動——建構式回應的技巧。

處理負面情緒

在治療的時代，我們只是一天捱過一天，治療師的工作就是減少負面情緒：給你藥或心理治療，使病人比較不焦慮、憤怒或沮喪。今天，治療師的工作仍然是在減少焦慮、憤怒和悲傷。父母和老師也是同樣的態度，讓我很擔心，因為有另一個比較實際的方式來處理這種情境：人們可以學習在悲傷、焦慮和憤怒之下，仍然運作得很好；換句話說，**去處理負面情緒**。

我的態度來自一九七五年以來人格心理學最重要的發現，鐵證如山的實驗證據使所有環境理論學家（包括我在內）的立場動搖，實驗發現人格的特質的確會遺傳；也就是說，一個人可能從基因上，遺傳到很強的悲傷、焦慮的傾向，常常煩燥不安，但是不是一直如此。強烈的生物上的原因使一些人比較容易悲傷、焦慮和憤怒。治療師可以緩和這些情緒，但是只能到某個限度。看起來，憂鬱症、焦慮症和暴怒來自可遺傳的人格特質，只能改善，卻不能去除。這表示，如果生來是個悲觀的人，即使我知道，也用了書上所講的每一種治療方式，我還是聽到一個聲音不斷告訴我，「我是個失敗者！」「這種生活不值得活。」「你不配活在這世界上。」我可以用反駁的方式把聲音減弱，但是這些聲音永遠在那裡，躲在背景中，蠢蠢欲動，等待著任何打擊的到來，時機一出現，它們就立刻撲上來。

假如遺傳性的煩躁不安是百分之六十五障礙的一個原因的話，治療師可以做些什麼？很奇怪的是，治療師可以用訓練狙擊手（我不贊成狙擊手，我只是用它來描述這樣的訓練是怎麼做的）和戰鬥機飛行員的方式，只要二十四小時就能訓練出一個狙擊手就定位，再花三十六小時教他開槍。狙擊手通常可能已經兩天沒有睡覺，非常的疲倦，現在假設陸軍去找一個心理治療師，問她如何可以訓練出一個狙擊手，她必須用提神的藥（普衛醒〔Provigil〕就是很好的一種），或是一些心理介入的方式來趕走嗜睡感（比如把橡皮筋綁在手腕上，拉起來彈皮膚時可以換得短暫的警覺）。

然而，狙擊手不是這樣訓練的，你三天不准他們睡覺，然後要他們練習射擊，也就是說，你教狙擊手去**應付**負面的情緒，即使在極端疲勞的情況下，也要能運作。同樣的，戰鬥機飛行員是從不容易害怕的人裡面選出來的，發生在戰鬥機飛行員身上的事常常使最強悍的人嚇得褲子都掉下來，要訓練這種飛行員不是要心理學家去教他們如何減少焦慮，不是要他們變成一個放鬆的戰鬥機飛行員，訓練是把他們放在飛機上，飛機筆直往地上衝，當他們嚇傻時，學會如何把機頭拉起來。

負面情緒和負向人格特質有很強的生物上的限制，最好的治療師可以做的是使人們住在他們的憂鬱、焦慮或憤怒範圍之內最好的地方。林肯和邱吉爾（Winston Churchill）都是嚴重的憂鬱症患者，他們兩人都成功的對付了他們的「黑狗」（black dog，譯註：邱吉爾在他自傳中說他的憂鬱症就像一隻忠心的黑狗，他去到哪裡，牠都跟著）和自殺的念頭（林肯在一八四一年差一點自殺成功），但是他們都運作得很好，他們都學會了如何在極端憂鬱的情況下，處理國家大事。所以臨床心理學家需要在遺傳的巨大陰影之下，發展出一套「處理它」的方式。我們需要告訴病人：「無論治療多成功，真相是，有許多天，你醒來時會發現心情很不好，覺得生活沒有希望，你的工作是去抵抗這種感覺，不但要打敗它，還要活得很快樂：即使你覺得很悲哀，仍然要表現得很好。」

新的治療方式

我已經表明到目前為止，所有的藥物和絕大部分的心理治療法都沒有用，它們只是治標，像化妝術一樣的障眼法，做到最好也不過是百分之六十五而已。有一個方式可以超越百分之六十五的障礙，就是教病人去處理它，但是更重要的是正向的介入可能可以打破百分之六十五的藩籬，將心理治療法往前推，超越治標的症狀消除而朝治癒前進。

心理治療和藥物目前的狀態是半熟的，只有極少數的情況下，它們得到完全的成功。它們可以去除病人的痛苦和負面的症狀，簡單的說，他們除去了生活中的內在失功能；然而，去除了失功能的情境並不等於建構一個有功能的生活。假如我們想生活圓滿，假如我們想要幸福，除了減少煩悶到最低，我們同時還得有正向情緒、意義和成就以及正向人際關係，建構這些的技術和練習跟減少痛苦的技術是完全不同的。

我是玫瑰園的園丁，我花了很多時間把樹下灌叢砍掉，把野草拔去，野草會妨礙玫瑰生長，野草就是失功能的情境。但是假如你要玫瑰長得好，只是清除野草還不夠，你還得給它添上好的腐植土，定期施肥澆水等（在賓州，你還得用園藝化學系所研發出來最新的神奇藥它才會長得好），你還得提供玫瑰好的生長環境它才會茁壯。

同樣的，做為一個治療師，三不五時我會幫助病人把他心中所有的憤怒、悲哀和焦慮清除掉；我以為這樣做之後，我就會有一個快樂的病人了。但是我從來沒有成功，我得到的是一個**空虛**（empty）的病人。就是因為成長茁壯的技術跟減輕痛苦的技術是不同的，要病人幸福，他需要正向情緒、意義、好的工作、好的人際關係，而過去的治療法不能提供他這些。

四十年前，當我開始心理治療這個行業時，病人常常告訴我：「醫生，我只想快樂。」我把這句話轉換成：「你是說你想去除你的憂鬱症。」在那個時候，我並沒有建構幸福的工具，而且深信佛洛伊德和叔本華（Arthur Schopenhauer，他說：「人類所能達到最高的成就點就是把他們的痛苦減到最低。」）的教誨，我並沒有看到去除痛苦跟得到幸福之間的差別，我那時手邊有的僅是去除沮喪憂鬱的方法。但是每一個人、每一個病人要的是「快樂」，而這個正統的工具應該包含了去除痛苦和建構快樂兩者才是。從我的觀點來看，治療不但得用到所有去除痛苦的方式——藥物和心理治療——還得加上正向心理學才行。

所以下面是我對未來治療的看法，我的治療觀。

第一，病人需要被告知藥物和心理治療只能暫時的解除症狀，當治療停止後，憂鬱症會復發，所以特意的去練習處理它和在症狀出現的同時學習去過正常的日子，是治療很重要的一部分。

第二，當痛苦解除時，治療不應該隨之停止。病人需要學習正向心理學特殊的技巧：如何有更多的正向情緒，比較能專注投入，尋找更多的意義，有更多的成就和更好的人際關係。這些技巧和去除痛苦的那些技巧不同，它是會自我維持的。它可以治療憂鬱、焦慮，也可以預防它們再出現。這些技巧是使我們生活圓滿的技巧，它和尋求幸福有重大的關係。

但是，誰會向全世界散播宣揚這個技術呢？

應用心理學VS.基礎心理學：困難問題VS.費解難題

二〇〇四年，當賓州大學的一級主管在辯論應不應該給予一個新的學位，來因應社會對正向心理學的要求時，自然科學院的院長惡毒的說，「讓我們確定有把A放在上面，畢竟心理學是在做純科學（pure science）的研究，我們不希望人們搞錯、誤認了它，對吧？」

「塞利格曼教授會同意嗎？」社會科學院的院長懷疑的問：「這有一點侮蔑的意思，A是代表應用（applied）——應用心理學碩士？」

我一點都不覺得被侮辱，我非常歡迎這個A字。賓州大學是富蘭克林（Benjamin Franklin）創辦的，目的是教「應用」和「裝飾」（ornamental），他的意思是「不是馬上用得到的」，裝飾的後來居上，成為贏家，我在一個幾乎全是裝飾的學系中辛苦了四十年，是應用的獨行俠。巴夫洛夫（Ivan Pavlov）的制約心理學、色彩心理學（color vision）以及序列VS.平行處理（serial-versus-parallel）的心智掃描、老鼠T型迷宮學習的數學模式、月亮錯覺（moon illusion），這些都是我系中被人重視、很被尊敬的領域。在崇高的學術心理學界，研究真實世界的問題是稍嫌帶有臭味、為人所避的。這個風向從院長們的爭辯中可以窺知一二。

我剛開始進入心理學是想減輕人們的痛苦和增進人類的幸福，我以為我已經準備好了動手去做，但是其實我是被誤導進這個領域。我花了幾十年的功夫才找到自己的路去解開這個難題（puzzle），進入解決問題（problem）的階段，下面我會再解釋。的確，這是我整個學術和專業發展的故事。

我錯誤的教育始於在一九六〇年代初期進入普林斯頓大學（Princeton University）就讀，我希望能使世界不一樣。我被囫圇的方式很細微，細微到我花了二十年的功夫才知道我被囫圇。我對心理學有興趣，但是那時心理系的研究很平凡單調：實驗室研究大學二年級的學生和老鼠。普林斯頓大學當時重量級的學者都在哲學系，所以我主修哲學，就像所有年輕人一樣，我被維根斯坦（Ludwig Wittgenstein, 1889-1951）的鬼魂吸引到那裡就讀。

維根斯坦、波普和賓州大學

維根斯坦是英國劍橋大學（Cambridge University）哲學系的大師，也是二十世紀最有個性的哲學家，開創了兩個主要的運動。他生於維也納，英勇的為奧地利作戰，被義大利人所俘虜，他是一九一九年第一次世界大戰的戰俘。他在一九二二年出版了《邏輯哲學論》（*Tractatus Logico Philosophicus*，譯註：這是拉丁文的*Logical-philosophy of Treaties*），這本書為邏輯原子論（logical atomism，譯註：認為不可分的元素為所有物質終極構成分子，而相互間無必然關係的存在）和邏輯實證論（logical positivism）奠下了基礎。邏輯原子論是哲學的教義，所有的真實皆可以階層性的事實來了解，而邏輯實證論也是哲學的教義，只有被重複和實驗驗證的命題才有意義。二十年以後，他改變了心意，在他的《哲學探討》（*Philosophical Investigation*）一書中，認為哲學不是去分析真實的建構基石（邏輯原子論），而是去分析人類的「語言遊戲」（language game）。這對系統化分析大眾所說的字的一般的語言哲學（ordinary language philosophy）來說，就像號角一樣。

維根斯坦運動的核心是分析，哲學的工作是去分析真實界（reality）和語言的細節，哲學所關心的比較大的議題——如自由意志、倫理道德、美——是無法研究的，除非先能成功的分析它的細節。「對不能說的東西必須保持緘默。」（Of what we cannot speak, we must be silent.）《邏輯哲學論》這本書如此下結論。

跟維根斯坦想法一樣重要的是他是個迷人的老師，劍橋大學最聰明的學生選他的課，來瞻仰他的風采，看著他在他空空如也的房間中踱方步，說他的雋語，努力尋求道德的純潔，壓倒性的打敗學生的問題。而在這同時，謙虛的說他是個不會講話的人，他的睿智、他的英俊、他磁鐵般不尋常的男性魅力，和他那異於常人的行為（他放棄很大一筆家族財產），使他的學生都愛上他和他的思想（當學生愛上老師時，學生學得最快）。從一九五〇年代開始，他的學生在學術的各個領域統領了英語哲學界四十年的風騷，把這種迷戀再傳給他們的學生。維根斯坦派主控了普林斯頓大學的哲學系，我們這些學生浸染在維根斯坦的教條中。

我把它叫教條（dogma），因為我們要做很多的語言分析，例如我大四的論文（後來變成我指導教授自己去發表的論文）是很仔細的分析same和identical（編按：中文都是「相同的」）。假如我們說了不能說的話，會被處罰；那些選了考夫曼（Walter Kaufmann）這位教尼采的老師的課的學生（尼采主張「哲學就是要改變你的生活」〔the point of philosophy is to change your life〕），會被認為幼稚沒有腦袋。我們不敢問「國王的新衣」中的問題：為什麼要做語言的分析？

我們絕對沒有被教到一九四七年十月在劍橋道德哲學俱樂部（Moral Philosophy Club）中維根斯坦和波普（Karl Popper）的那場歷史辯論（這個事件後來在艾德蒙茲〔David Edmonds〕和艾丁諾〔John Eidinow〕的《維根斯坦的火鉗》〔*Wittgenstein's Poker*〕中被拿來消遣）。波普指責維根斯坦用叫學生去解開費解難題（puzzle）的方式買通了整個哲學的世代——去做那個最初步的最初步；波普認為哲學不應該是費解難題，而是關於困難問題（problem）：道德的、政治的、宗教的和法律的。維根斯坦憤怒到拿起一根火鉗，威脅的對波普揮動，然後離席，把門在背後重重的關上。

我多麼希望在我念大學的時候，我理解維根斯坦不是蘇格拉底，而是現代哲學的黑武士（Darth Vader，譯註：電影《星際大戰》〔*Star War*〕裡邪惡力量的代表），我多麼希望我那時對哲學的內涵豐富到可以看出他是裝模作樣的假學術人。我最後終於走錯了方向，我在一九六四年進入賓州大學心理所當研究生，婉拒了牛津大學（Oxford University）的獎學金去念分析哲學。哲學是心智的遊戲，但心理學不是，我熱切的希望心理學能夠幫助人類。我大學時教笛卡兒（René Descartes）的老師諾茲克（Robert Nozick）幫助我釐清了很多盲點，當我申請到牛津的獎學金時，我去尋求他的指引，他給了我最殘酷也最有智慧的忠告，他說：「哲學是攻讀其他學科很好的一項準備。」他後來成為哈佛的教授，挑戰維根斯坦的費解難題行列，開闢出他自己的解決哲學問題的方法，而不是解開語言的難題。他做得很靈巧，所以沒有人拿火鉗去威脅他，他幫忙將學術性的哲學導向了波普所希望的方向。

我也用同樣理由拒絕了成為職業橋牌手的機會，因為這也是一個遊戲。雖然我已經從哲學轉到了心理學，但是在專業訓練上，我還是一個維根斯坦的門徒，後來我才發現我進了一個全國知名的裝飾知識（純理論）的殿堂。這個系主要在解決心理的難題，它在賓州大學崇高的學術地位來自全力研究這些難題，但是我一心想去研究真實生活上的問題，如成就和絕望。這個渴望不斷的嚙噬著我。

我的博士論文做的是白老鼠，雖然它滿足了那些做學術期刊編輯的難題大師們，但是它也偷偷的在瞄準問題：沒有預期的電擊會比預期的產生更大的恐懼，因為老鼠永遠不知道牠什麼時候是安全的。我那時也在做習得的無助，一個不可控制的電擊所引發出來的被動行為，但是它仍然是實驗室的模式，所以還是會被高等期刊所接受，只是對人類的問題沾上了一點邊。真正的轉捩點是一九七〇到七一年我去精神科醫師貝克（Aaron Tim Beck）和史丹卡（Albert Mickey Stunkard）兩位教授那裡做相當於駐院醫師那樣的職位。我那時辭去了康乃爾大學（Cornell University）助理教授的職務，那是我一九六七年拿到博士學位後的第一份工作，因為我是反戰分子（譯註：美國那段時間國內反越戰非常厲害，學生和老師天天上街頭遊行示威，後來發生國民兵打死四名大學生的慘事），另外就是我想跟這兩位教授學習真正的精神醫學上的問題，使我所學的實驗室難題技術能更靠近真實世界的問題。貝克教授偶爾會跟我去附近的餐廳共進午餐，之後（一九七二年）我轉到賓州大學心理系來教書。「馬帝，假如你繼續在實驗室中用動物作實驗，你會浪費你的生命。」貝克教授給了我人生第二個忠告，所以我從實驗心理學轉到了應用心理學，全力研究問題。我在那個時候就知道我會成為獨行俠，在同事的眼中，成為愛出鋒頭、披著羊皮的狼，我認為基礎研究者的日子是可以數得出來的了。

令我很驚訝的是賓州大學還是讓我升等為副教授，給了我終身教職。後來有人告訴我，當時曾經有辯論，懷疑我的研究能不能走向應用的方向。從那以後，我在賓州大學就是辛苦的奮戰，但是我從來不了解會那麼辛苦，直到一九九五年我在聘任委員會中，想聘請一位社會心理學家。我的同事貝隆（Jon Baron）做了一個革命性的建議，我們登廣告，尋求在工作、愛和遊戲方面做研究的人。「因為這才是生活。」他說，我完全同意。

然後我一夜失眠。

我在腦海中將全球十大心理系之一的賓州大學心理系中有終身教職的十位教授一一掃瞄過，沒有任何人的研究是聚焦在工作或愛或遊戲。他們全部都在研究基礎歷程：認知、情緒、決策理論、視知覺等等。那些可以指引我們、告訴我們生命是否值得活的學者到哪裡去了呢？

第二天，我碰巧和心理學家布魯納（Jerome Bruner）共進午餐，他那時已經八十多歲了，幾乎看不見，但是他是美國心理學的活歷史。我問他為什麼這麼偉大的大學整個心理系的教授全部都在做「基礎」研究，而沒有人關心外面真實的世界。

「它發生在一瞬間，馬帝，」布魯納說：「我在場，那是一九四六年實驗心理學協會（Society of Experimental Psychology，我是這個卓越傑出的兄弟會——現在也有姐妹會了——的會員，一個會員全是長春藤教授的團體）開會的時候，哈佛大學心理系系主任波林（Edwin Boring，譯註：波林所寫的《實驗心理學史》至今七十年了，仍無人能超越它，強烈推薦給有志於心理學的學生看，絕對值得每一分鐘的投資）、普林斯頓大學心理系系主任蘭菲爾（Herbert Langfeld）和賓州大學心理系系主任費伯格（Samuel Fernberger）聚在一起吃午飯，大家同意心理學應該可以像物理和化學——只做基礎的研究——他們不會聘任任何應用心理學家。其他的學校立刻追隨他們的意見，就演變成今天這個局面了。」

這是個完全錯誤的決定。對一個沒有安全感的科學，如一九四六年的心理學，模仿物理和化學可能會贏得院長的青睞，但是在科學上一點意義也沒有。物理的前身是古代的工程學，它其實是解決問題的，後來才慢慢變成抽象的基礎研究；應用物理學預測日蝕的發生、水災及天體的運動——而且它們賺很多錢。牛頓（Isaac Newton）曾是英國礦場的負責人，於一六九六年時負責鑄造錢幣；化學家會製造火藥，學到了很多科學的事實，雖然他們追求的是怎麼把鉛變成黃金。這些都是真實世界的問題，而應用這些基礎知識替物理學的應用劃了很清楚的界線。相反的，心理學並沒有工程學或任何科學來證明它在真實世界有用，它沒有基礎研究來引導和規範它的研究應該是什麼樣。

好的科學需要分析和綜合，我們可以永遠不知道一個基礎研究是否夠基礎，直到我們知道它的基礎是什麼。近代物理學有今天的地位不是因為它的學理，它的理論常常是非常的違反直覺、非常具爭議性的（μ介子〔muons〕、分子波〔wavicle〕、超弦理論〔superstring〕、人擇原理〔anthropic principle〕等等），但是因為物理學家製造出了原子彈和現代的核能電廠；免疫學在一九四〇年代是醫學研究上不受注意的題目，在沙克（Salk）和沙賓（Sabin）小兒麻痺症疫苗問市後，才從背景走上了舞台，後面還跟隨了一大堆的基礎研究。

十九世紀，物理學激烈爭論鳥是怎麼飛的，在一九〇三年十二月十七日，十二秒之內，這個爭論平息了——萊特兄弟（Wright brothers）駕著他們自己建造的飛機飛上了天。所以許多人就下結論說，鳥一定就是這樣飛的，這就是人工智慧狂熱者的邏輯：假如基礎科學可以建造出一台電腦，只要操作0與1迴路的開關，它就可以了解語言，或會說語言，或能看東西，那麼人類一定也是用這個方法在做這些事情。應用通常都替基礎研究指出一條路來，而不知該怎麼應用的基礎研究通常只是自己做爽的、沒有實質用途。

一個好的科學原則是它必須包含應用和純科學之間的互動。我在賓州大學心理系到今天都還是獨行俠，每週都被提醒純科學的人是如何瞧不起應用的人，但是我沒有發現應用者是如何的不受信任，直到我在一九九八年當選美國心理學會的主席。我高票當選，是美國心理學會史上最一面倒的一次投票，我把這個勝利看成是我的研究獲得科學掛和應用掛的人共同的認同，所以才會有這麼多的科學家和臨床醫生投票給我。我做的研究在一九九五年幫助《消費者報導》（*Consumer Reports*，譯註：美國一份相當有公信力的雜誌，它定期就民生各大領域做調查和評估，美國人要買生活用品，從洗衣機、電冰箱到汽車，都會先去看《消費者報導》對它的評價，它受消費者信任的程度高到它的創辦人奈特〔Ralph Nader〕出來競選美國總統）進行心理治療有效度的調查。《消費者報導》用精密的統計方法和大樣本的調查，發現一般來說心理治療效果還不錯，但是很令人驚訝的是，這個好處並沒有特定對哪一種治療法，也沒有特定對哪一種心理不正常。這份報告對所有等級的心理治療師來說，都是個受歡迎的好消息，因為他們為各種不同的精神疾病做各種治療。

當我抵達華盛頓特區擔任美國心理學會主席的職務時，我發現自己所處的情境跟以前一模一樣，我在純科學的同事群中就像是一隻披了羊皮的狼。我做主席之後提的第一個案子，以證據為主的心理治療法，沒有通過。那時國家心理衛生研究院的院長海曼（Steve Hyman）告訴我，他可以找到四千萬美元的經費來支持這個專案。有了錢心就定了，我與專業精進委員會（Committee for the Advance-ment of Professional Practice）的人開會，這個委員會是獨立開業的心理治療師所組成的最高委員會機構，除了我的當選表決，每一次選美國心理學會主席他們都與純理論者相互角力。我大致講了一下我提案的大綱，講到治療法有科學根據的好處，這二十個委員的臉越來越陰沉，最後，最老資格、最保守的莫達斯基（Stan Moldawsky）把提案的布幕扯下，他說：「假如科學證據不站在我們這一邊，怎麼辦？」

後來，莫達斯基的盟友李凡（Ron Levant）在酒過三巡之後跟我說：「你身陷泥沼，馬帝。」的確，從這個被打到流鼻血的事件之後，正向心理學——這個對獨立開業的治療者不是那麼有敵意、但是有證據為基礎的治療法——就誕生了。

所以二〇〇五年，就在應用與科學兩邊的緊張關係下，我欣然接下賓州大學正向心理學中心主任一職，創造了一個新的學位——應用正向心理學碩士學位學程（Master of Applied Positive Psychology, MAPP），它以綜合最新的學術知識與真實世界的需求為任務，打造一個有科學根據的應用心理學。

第4章

教幸福：MAPP的魔力

雖然我在大學、研究所和高中都教過書，

我所有經驗中最特殊的是發生在過去十年間，當我教正向心理學的時候。

而且並不是只有我，全世界教正向心理學的人都有同樣的故事。

我說出來是想要了解為什麼它這麼特別，以及為什麼一般的教學會失敗。

再者是有關 MAPP 的學程為什麼有魔力，這些魔力包括：

第一，內容很有挑戰性、有教育價值，令人振奮；

第二，正向心理學是個人化和專業化的合體；

第三，正向心理學是一種呼喚。

MAPP 是個人和專業的轉變，它的內容除了有挑戰性，可應用，很有趣，

最主要是練習 MAPP 的人會感到被正向心理學所感召。

我來到一個十字路口
我只是想短暫的休息一下
但是當我放下我的背包、踢掉我的鞋子時
我注意到這個十字路口跟我以前遇到過的完全不同
這裡的空氣有一種邀請的溫暖
到處都瀰漫著生氣
當我對其他的旅人介紹我自己時
我沒有感到遲疑或冷淡
只有他們臉上的真誠和樂觀
從他們的眼睛裡，我看到一個我不知道叫什麼的東西
但是那感覺非常像回家的感覺
在這裡，我們分享，互相鼓勵
感受到生命的豐滿

——〈十字路口〉（Crossroads），卡本特（Derrick Carpenter）

我想在教育界掀起革命。年輕人需要學習職場的技術，這是過去兩百年來教育的主題，

我們現在可以教幸福的技術——怎樣可以有更多的正向情緒、更多的意義、比較好的人際關係、比較正向的成就。不論是小學、中學、高中都應該教這個技術，接下來五章都是圍繞著這個想法。在本章，我先解釋應用正向心理學在研究所的教育，以及誰會來教幸福，第5章是關於在學校中教幸福，第6章是智慧的新理論，第7章和第8章是關於教美國陸軍幸福，我的目的是讓下個世代的年輕人生命圓滿。

雖然我在大學、研究所和高中都教過書，我所有經驗中最特殊的是發生在過去十年間，當我教正向心理學的時候。而且並不是只有我，全世界教正向心理學的人都有同樣的故事。我把它說出來是想要了解為什麼它這麼特別，以及為什麼一般的教學會失敗。再者是有關MAPP的學程為什麼有魔力，這些魔力包括：第一，**內容**很有挑戰性、有教育價值，令人振奮；第二，正向心理學是**個人化和專業化的合體**；第三，正向心理學是一種**呼喚**。

第一個MAPP

二〇〇五年二月，賓州大學正式通過了新的應用正向心理學碩士學程，申請的最後一天是二〇〇五年三月三十日，我們想找的並不是大學剛畢業的年輕人，或是心理學家，我們期待的是比較成熟、已經在這世界上有些成功、但是想把正向心理學用到他的專業上的人。他們必須有傑出的學業成績，我們走的是企業家的教育——一年九個長週末上課，外加一個專案——所以它非常的貴：學費就要四萬美金，外加機票、旅館等開銷。

我們策動陰謀，賓州大學先從范德堡大學（Vanderbilt University）挖了一位傑出的宗教、哲學和心理學的教授帕維斯基（James Pawelski）過來，他又邀請了史威克（Debbie Swick）來，史威克剛從范德堡大學拿到她的MBA學位。他們主持MAPP學程，我們三個人很樂觀的希望——只有一個月的時間——我們可以說服十一位申請者來參加我們的第一次學程。為什麼選十一個人呢？要收到十一名學生，我們才能收支平衡，因為院長不只一次提醒我們要自負盈虧。

出乎意料的，竟然有一百二十個人來申請，比我們預期的多了五倍以上，而且我們沒有打廣告，時間又這麼短——這裡面，只有六十個人符合賓州大學非常高的長春藤盟校入學標準，我們取了三十六名，其中三十五名報到入學。

九月八日早上八點鐘，這三十五名學生聚集在賓州大學休士頓樓（Houston Hall）的富蘭克林房，這群學生包括：

- Tom Rath——暢銷書作家，也是蓋洛普（Gallup）公司的資深總裁。
- Shawna Mitchell——坦尚尼亞財政研究者，也是電視節目《倖存者》（*Survivor*）的決賽者。

- Angus Skinner——蘇格蘭政府社會服務處的處長，從愛丁堡飛來上課。
- Yakov Smirnoff——有名的卡通畫家，剛剛結束他在百老匯的單人秀。
- Senia Maymin——哈佛數學系畢業，是她自己基金的老闆（你在第1章中已見過她）。
- Peter Minich——神經外科醫生，也是加拿大的博士。
- Juan Humberto Young——從瑞士蘇黎士飛來上課，他是一間成功的財務顧問公司的老闆。

應用正向心理學的構成要素

學術的挑戰，可應用的內容

要教這些學生，我們找了全世界正向心理學最好的老師，他們就像這群學生一樣，為這場知識的饗宴每個月飛來費城。佛德利克生（Barbara Fredrickson），正向心理學的實驗室天才，第一屆正向心理學坦伯頓獎（Templeton Prize）十萬美金研究大獎的得主，她是我們五天浸修週的主講人，也是永久的支柱，九月的第一個禮拜負責介紹這個領域的內容。正向心理學領域的**內容**是MAPP，這個魔法的第一個要素。

佛德利克生用她的擴張建構理論（broaden-and-build theory）做為開場，這個正向情緒跟其他負面的、交火的情緒不同，它不是指認、分離出或消滅外在引起不快的因素這種傳統的方法，它是擴大及建構正向的資源，使我們在往後的生命中可以動用到它。所以當我們跟最好的朋友在聊天時，我們鋪設了以後可以用到的社交技巧；當一個孩子在打鬧遊戲（rough-and-tumble play）中覺得很高興時，她在建構她的手眼協調使她以後在學校的運動項目上可以表現得好。正向情緒不只是覺得愉快，它是個霓虹燈的廣告招牌，你可以一直添加上去，累積你的心理資本。

「這是我們最近的發現，」佛德利克生對三十五名學生及五位老師這樣解釋，每個人都身體往前傾，注意聽她說話：「我們進入六十家公司，記錄下他們開會時所說的每一個字，其中三分之一的公司越來越有發展，三分之一還可以，三分之一的公司在走下坡。我們把每一個句子登錄在正向或負向用字上，然後來看它的比例。

「有一條很清楚的界線，」她繼續說：「大於二・九比一的正向負向語句比例的公司在成長，在這個比例之下的公司經營得不太好，我們把它叫做羅沙達比例，以發現這個事實的巴西同事羅沙達（Marcel Losada）來命名。

「但是對正向不要太高興，生命就像一艘船，同時要有帆和舵。有十三比一沒有負向的舵，正向的帆會沒有目標，你會失去信用。」

「等一下！」席朗（Dave Shearon）用他沉穩的田納西口音抗議，席朗是位律師，田納西州律師公會教育計畫的負責人。「我們律師每天都在打仗，我相信我們談話正負向的比例負向偏高，可能是一比三，這在法律界是非常正常的事，照你這樣說，我們被迫要講甜蜜好聽的話嗎？」

「負向羅沙達比例可能造就一個實際的律師，」佛德利克生反擊回去：「但是它可能付出很大的私人代價，法律人是憂鬱、自殺和離婚率最高的專業人士。假如你的同事把這個辦公室用詞的比例帶回家，他的婚姻一定會有麻煩。高特曼（John Gottman）從聽夫妻週末對話中計算出同樣的統計數字：如果這比例是二．九比一，那你是朝著離婚的方向在走；你需要五比一的比例來預測一個強有愛的婚姻——每一句你對你配偶批評的話，需要五句正向的話才能平衡掉。如果是一比三，這對夫妻是純粹的災難。」

一個學生後來對我坦白：「雖然佛德利克生教授講的是工作的『團隊』，我馬上想到我的家庭團隊，我的家人。當她說到這段時，我眼淚都流出來了，因為我馬上了解我跟我的大兒子是一比一的比例。我們已經形成了一種動力模式，就是我聚焦在他沒有做對的地方，而不是他做得好的地方。我腦海中像放電影一樣，看到如果至少是五比一的話，我們的關係會多容易、多和諧，而不是跟我十六歲兒子之間每天劍拔弩張的緊張情況。我真的想馬上抓了書就開車回家去，因為她同時也給了我一個主意如何用不同的方式處理同樣情境。我可以用真誠的讚美來開始對談，先談一些輕鬆愉快的事，然後再談學校功課、車子開太快，或是其他一些我想要批評的事，我想馬上回家去試試看。」

我最近看到這位學生，就問她後來結果如何。她說：「他已經二十歲了，我們的關係比以前任何時候都好，正向比例把事情扭轉過來了。」

而且不只是學生的生活因為上課而改變了。

「老——爸，你可以開車送我去亞歷山大家嗎？這很重要，拜託啦！」我的十四歲女兒妮可向我要求。我在《真實的快樂》一書中有寫到她五歲生日過後不久所發生的一件事。她與我一起在院子裡拔野草，那個時候她為了我罵她還不趕快去工作而生氣，她很喜歡抱怨，為一點小事可以低泣很久，在生日那天她決定要把這個壞習慣改掉，她很驕傲的說：「這是我做過最困難的事，但是假如我可以停止抱怨，你也可以停止亂發脾氣。」

正向心理學因為妮可的話而浮現，我看到在過去的五十年我的確是個壞脾氣的人，教養小孩對我來說就是改正他們的缺點，而不是建構他們的強項，而心理學的專業——那時我剛被選為心理學這個專業的領導人（譯註：他獲選為美國心理學會主席）——幾乎全聚焦在去除不好的狀況上，而不是創造一個良好的環境讓人們可以獲致生命的圓滿。

即使如此，當時是星期五晚上十一點十五分，我一整天都在想佛德利克生在她MAPP課堂裡所提出的新理論，我在想要怎麼去應用它，我甚至在跟家人吃晚飯時也在想如何把正向比例減到最低就可以引導出圓融完滿。

「妮可，現在已經半夜了，你看不出我在工作嗎？去把你的功課做完，然後上床睡覺！」我對她喊叫著。然後我看到多年前我在院子裡看到的那個眼神，在她眼睛中一閃而過。

「老爸，你有很糟的羅沙達比例。」她說。

所以，MAPP 魔法的第一個構成要素是正向心理學的**內容**，像大多數的學術主題一樣，它是學術上的挑戰，但是跟大多數的主題不同的是，它是對個人有益，甚至是會轉型（transformative），而且是很有趣的。上憂鬱症和自殺的課會使人心情不好，我教這些教了二十五年，假如你很認真的教，學生很認真的學，光是上課就會使你情緒低落。相反的，學習正向心理學很**有趣**——並不只是一般學習的樂趣，而是學習到有趣素材的有趣。

說到有趣，MAPP 重新發現了能量轉折的重要性，教室裡的活動有這麼多的物理學概念在內，它會使我那些嚴謹的院長難堪。「基本的休息和活動週期」（basic rest and activity cycle, BRAC）是人類和其他日行性動物的特質，一般來說，我們在早上十點左右和晚上八點左右是最警覺的；我們在下午三、四點鐘和凌晨是脾氣最不好的時候，我們疲倦了，精神不能集中、悲觀、陰沉，在這個週期的谷底。BRAC 的生物性佔很重，這是為什麼死亡很多都發生在這週期的谷底時段。MAPP 放大了 BRAC 的谷底性，因為課程是一個月才上一次，密集在週末的三天上完，一天九個小時，有人從吉隆坡，有人從倫敦，有人從首爾飛過來（有個學生去年創了紐西蘭航空公司飛行哩程的紀錄，前一年，另一個學生破了澳洲航空公司的紀錄）。

所以我們在 BRAC 谷底的時候，課程的安排必須是身體上的活動，學生才不會睡著。正向心理學剛開始時，來上課的都是髮際線明顯後退的中年人，至少一半的學員是從事脖子以下工作的人，瑜珈老師、舞蹈治療師、運動教練、馬拉松選手和鐵人三項運動員等等。每一年招收的學員中一定要有一些是從事脖子以下工作的人，這一點很重要，這樣每天下午三點鐘時，脖子以下的學員就可以領導我們跳舞、運動、打坐、快走。一開始髮線高的人不肯參加，但是當我們看到疲勞消失，智慧能量突然回來，我們又變成熱切的參與者，現在教學能量轉折的頻率可高了！運動的好處說都說不盡，不是只有幼稚園的孩子需要運動：年紀越大，運動越能幫助我們學和教。

個人的和專業的轉型：教練和正向心理學

MAPP 魔法的第一個構成要素是有挑戰性的內容，可以應用在個人身上，而且要有趣。第二個要素是它同時是個人的和專業的轉變。

有一個檢驗這個效果的方法是去看正向心理學對教練的作用。美國現在大約有五萬名教練：生活教練、商務教練和個人教練。大約有百分之二十的 MAPP 學員是教練，我們的目的之一就是改變這些教練，使他們不再用吼的。

教練是一個尋找背脊骨的行業，有兩個背脊骨，一個是科學的，有證據的背脊骨，另一個是純理論的背脊骨。正向心理學可以提供你以上兩者。正向心理學可以提供教練一個執業的範圍，包括治療法及測量的方法，還有一些證書使你能成為一個教練。

我告訴我們的研究生，教練的執業範圍目前看來是無止境的：如何整理你的衣櫃，如何把你的記憶黏貼成一本紀念冊（譯註：美國任何事都可以聘請教練，如何成為明星或模特兒是不用說了，如何交女朋友，如何求婚，如何把家佈置美麗，如何穿衣打扮，如何走出去像個董事長，一切的一切都有教練論時計薪），如何跟老闆要求加薪，如何成為比較有信心的領導人，如何對抗憂鬱的思想，如何使生活更有目的。教練現在也用到所有的技術：肯定法、視覺目標呈現法、按摩、瑜珈、果斷訓練、修正認知扭曲、芳香療法、風水、打坐、計數感恩法等等，不勝枚舉。稱你自己為教練的權利法律並沒有規範，任何人都可以自稱教練，這是為什麼科學和理論的背脊骨是很重要而迫切的。

要轉換教練形象，首先你需要理論，其次是科學證據，然後應用。

第一，**理論**：正向心理學是研究正向情緒、全心投入、意義、正向成就和良好人際關係的心理學，它想測量、分類、建構生活的這五個面向。這個領域的執業者會從混亂中整理出頭緒，會界定出執業的範圍，從盟友如臨床心理學家、精神醫師、社工人員和婚姻與家庭諮商師中把不同的地位界定出來，告訴你，你和上述這些執業者有何不同。

第二，**科學**：正向心理學的根是深植在有效的科學證據上，它用「經考驗證明真實」（tried-and-true）測量法，它用實驗，它用長期性追蹤研究，用隨機分派，用安慰劑控制組的研究法來評估哪一種治療法實際有效、哪一些又是吹牛騙錢的。它把不能通過標準門檻的丟棄，因為它們無效，用這種有科學證據的治療法及有效幸福測量作業的教練，會替負責任的教練執業領域立下良好的範疇。

最後，我們在 MAPP 課上學的東西會幫助建立訓練和合格立案證照的準則，你不需要是臨床心理師才能執行正向心理學或做一個教練。佛洛伊德的信徒和追隨者犯了很大的錯誤，限制心理分析師一定要是精神科醫師；正向心理學不會成為另一個自我保護大傘下的一員。假如你經過適當的訓練，會用教練的技術，懂得正向心理學的理論，學會有效的測量心理狀態和人格特質，知道什麼時候該把病人轉介給另一個更有訓練、更有能力的人，我認為你就是一個合格的正向心理學宣揚者了。

轉型

米勒（Caroline Adams Miller）可能是第一屆學生中最引人注意的一個——六呎高，有肌肉，不容易被驚嚇——她同意我的看法。「我是一個專業的教練，馬帝，我以我的行業為傲，然而有件事讓我很不舒服，就是我們不被尊重。我們常在專業會議上被人嘲笑，我想把更多的尊敬帶入這個領域中，而你給了我我所需要的彈藥。」

米勒達成她的目標，在她取得 MAPP 學位之後，這學位填補了在教練領域中她所缺失的一塊。MAPP 介紹她進入「目標設定理論」（goal-setting theory），而她過去所聽過的任何訓練學程都沒有教這個，她把目標設定理論連上快樂幸福的研究，再加上教練的技術，出版了一本書《創造你的最佳生活：終極生活指南》（*Creating Your Best Life: the ultimate life list guide*）。這本書是第一本有研究基礎、設定目標給教練和一般大眾看的自助書籍，她現在演講場場爆滿，她的書全世界都在看。

在她專業的轉變上，米勒說：「MAPP 把我的工作變成一種成長，給了我能力幫助其他的人去追求有意義的目標，了解他們在他們自己每天的快樂中所扮演的角色。我覺得自己正在以從來不曾想過的方式創造出不同來，我每天早上醒來都會想，我是這地球上最幸運的專業人士。」

庫柏里德（David Cooperrider）是組織管理法「肯定式探詢」（Appreciative Inquiry）的共同創始者，也是MAPP最受歡迎的長青講師，他更進一步解釋正向心理學如何可以有助於專業的轉型。

「做為一個個體，我們什麼時候改變？一個企業什麼時候改變？」庫柏里德問全班學生。

一個學生站起來挑戰：「當事情不順利時，當我們被壓到可以碰觸到腳趾時，我們會改變。別人殘酷的批評是我們背後的驅力。」

「這正是我想要聽的，葛爾，」庫柏里德回答道：「它是所有人認為的改變：心靈的黑夜觀點（the dark-night-of-the-soul view），許多企業正是為了這個原因，用三百六十度視角（360-degree view）來檢視員工，讓你的同事講你的壞話，然後給你去讀，當你被這些批評震撼到不能自持時，他們期待你這時會改變。」

肯定式探詢正好相反。無情的批評常使我們產生強烈的防衛措施，更糟的是，使我們無助。我們並沒有改變。然而，當我們發現自己什麼最好時，我們會改變；當我們看到有特別的方式去用我們的強項時，我們會改變。我去到大企業，把全部的員工集合起來，要他們看做得最好的是什麼，請他們詳細列出這家公司的長處，把同事表現得最好的故事說出來。密西根大學正向組織獎學金中心（Positive Organizational Scholarship Center）甚至發展出一個正向三百六十度視角。

「知道我們什麼做得最好會驅使我們改變，」庫柏里德繼續說：「這跟羅沙達比例有關係，它使我們可以不帶防禦心的去聆聽別人對我們的批評，才能有創造力的去回應這個批評。我們需要覺得安全。」

這席話對麥克康德（Michelle McQuaid）就像醍醐灌頂。她從澳洲墨爾本飛過來上課，她是國際四大會計師事務所普華永道（Price Waterhouse Coopers）總裁的左右手。「普華永道事務所為什麼不能用正向心理學和肯定式探詢的管理原則呢？」她問她的老闆：「讓我們來做做看。」

所以麥克康德和她 MAPP 的同學道曼（Bobby Dauman），也是路華（Land Rover）最頂尖的汽車銷售員（他有許多年都是全世界最厲害的銷售員，有一年還是全世界頂級經理），他們兩人辦了一個有許多人參加的 MAPP 研討會。「正向企業有什麼好處？」他們的研討會是圍繞著這個想法：我們已經進入經濟制度的生活滿意度時代了——已經超越金錢——一個企業要茁壯成長，必須耕耘人際關係和創造出意義來。後來他們還辦工作坊，教人如何創造出比較好的羅沙達比例，用感恩和主動——建構式回應，製造出福樂、希望和設定目標的機會，把工作轉變成感召。因為想參加的人很多，二〇〇九年十二月他們在墨爾本又辦了一場工作坊，由普華永道出錢支持。

○

學習正向心理學是**專業的轉變**，下面是科恩（Aren Cohen）寫給我的有關她**個人的轉變**的信。

我在二〇〇六到〇七年上正向心理學的課時是單身，當教授提到研究發現結婚有多好時，我就感到很挫折：已經結婚的，尤其婚姻幸福的，比單身的人活得長，健康情況比較好。馬帝解釋說婚姻給我們三種愛：一種是有人關心的愛，另一種是我們關心別人，第三種是羅曼蒂克的愛。

我不需要別人說服我——我想要結婚！但是做為一個單身的少數民族，坐在全班三十個快樂正向心理學家之間，我被迫問自己：怎麼把自己嫁出去，使我可以享有這些情緒和身體上的益處？

當然，我不是如此的精於計算，但是我是三十四歲的紐約人，我已看過太多的《慾望城市》（*Sex and City*，譯註：美國很受歡迎的影集，後來甚至還拍成電影），我開始懷疑我是否要變成老處女了。這些年來，我其實有很多的約會，但是不知為何，就是沒有結果，所以在上了MAPP的正向治療法後，我決定把所學應用出來。令人驚異的是，我的丈夫安德烈（André）出現在我的生命中了。

我是怎麼改變我的生活，使它成為「正是時候」（exactly the right moment）呢？第一，感謝 MAPP 教我的一切，使我變成比較快樂的人，比較注意到自己精神和心靈的需求，比較會找到感恩的理由。我每天寫感恩日記，我開始用目標設定來計畫未來、視覺呈現我所想要的東西。我列了一張清單，從「我要找的男人是……」到「我的伴侶將是……」，我在想或許語言上不同的表達方式，對我的前景和尋覓會比較友善。同時，我不再收看《慾望城市》了。

我用視覺呈現的技術，包括打坐、拼貼畫，我的拼貼有字也有圖，勾畫出我希望我的生活會是什麼樣子。最後，我選了我最喜歡的情歌，詹姆斯・泰勒（James Taylor）唱的「How Sweet It Is To Be Loved By You」。在我遇見我先生之前三個月，每天晚上我都很虔誠的聽這首歌，好像把這首歌唱進我的生活。「How Sweet It Is」這幾個字也在我的拼貼畫裡的字，就在「新娘房」（Bridal Suite）上面。

這就是我所做的改變，我希望把羅曼蒂克的愛帶進我的生活來。今天是我結婚週年紀念日，我現在生活最大的改變是什麼呢？有好幾件事：我現在比較肯妥協，我擁抱別人的次數比較多、也得到比較多的回報，我微笑的比較多，我說比較多的「我愛你」、也聽到比較多的這句話。我有一個新的暱稱，最重要的是我有一個我可以相信的人，我愛他，他也愛我。

還有一件事，我現在常燒飯了，沒有任何東西會比用愛燒的飯菜更能夠帶出正向情緒。我們現在一起練習最多的正向心理學就是在家吃晚飯時，我們依照正向心理學的傳統，總會說一些感恩的話來提醒自己：我們有這麼多值得感恩的，尤其是我們擁有了彼此。

MAPP是**個人和事業的轉變**。它的內容除了有挑戰性、可應用、很有趣，最主要是練習MAPP的人會感到被正向心理學所感召。

被正向心理學所感召

我沒有選擇正向心理學，是它呼喚我。從一開始，這就是我所要的，但是實驗心理學及後來的臨床心理學是當時跟我想要的唯一比較靠近的領域。我沒有其他神祕的方式來說它，天職（vocation）——我被呼喚去做，而不是我選擇去做——是一個老掉牙的字，但是它是真的，正向心理學呼喚我，正像燃燒的樹叢呼喚摩西一樣。

社會學家區辨工作（job）、事業（career）和感召（calling），你為金錢工作，當錢沒了，你就停止工作了。你追求一個事業，你想升遷，當升遷停止了，到頂了，你辭職；或像墨西哥玉米粽塔馬利（Tamale），時間到了拿出來：你準時上下班，只做份內的事，反正升遷無望了。相反的，感召是為了這件事而去做這件事，即使沒有薪水，也不能升遷，你還是會去做它。當你遇到挫折時，你的心會告訴你：「不要阻止我！」

每個月，我主持一個自由參加的電影之夜，我提供爆米花、葡萄酒、披薩和地板上的靠墊，我給學生看可以傳遞正向心理學的電影，因為一部好電影常常比上課還更有效。我每次都用《今天暫時停止》（*Groundhog Day*）來打頭陣，即使我已看過十五次，我還是為它所感動，我們每個人都渴望著正向的個人轉變。我也給學生看《穿著 Prada 的惡魔》（*Devil Wears Prada*），這是一部有關品格操守的電影——看梅莉・史翠普（Meryl Streep）飾演從地獄來的老闆；還有《刺激1995》（*Shawshank Redemption*）裡提姆・羅賓斯（Tim Robbins）飾演那個被冤屈的銀行家，以及他的救贖，述說故事的摩根・費里曼（Morgan Freeman）；還有《火戰車》裡為上帝而跑、為同胞而跑的奧運選手。我看過《點點隔世情》（*Sunday in the Park with George*）二十五遍，還是可以被感動到流眼淚。

去年，我用《夢幻成真》（*Field of Dreams*）作結尾，這是一部天才的作品，甚至比原著《赤腳喬》（*Shoeless Joe*）還好看。我第一次看這部電影是在一個很奇特、很令人感動的情境下看的。一九八九年冬一個下雨的晚上，我回家時，發現家門口有個衣衫襤褸、渾身濕透、疲倦不堪的心理學家。他用非常破的英文自我介紹說他的名字叫羅登保（Vadim Rotenberg），來自莫斯科，他說他剛剛逃離蘇聯，而我是他在美國認識的唯一一人，所以他來投奔我。我們的「認識」是一九七九年他做了一個很有趣的研究，有關動物的突然死亡，我寫信向他要抽印本，他於是邀請我去亞塞拜然（Azerbaijan）的首都巴庫（Baku）演講。這趟旅行臨時被取消，因為美國國務院認為在一九七九年美蘇兩國冷戰關係緊張時，最好不要輕舉妄動。

他斷斷續續告訴我，他剛從蘇聯逃出來。他是在布里茲涅夫（Leonid Brezhnev）時代唯一有整個實驗室的猶太人，因為當局認為他對習得的無助及突然死亡的研究對軍方有幫助。一九八二年布里茲涅夫死了之後，羅登保的運氣開始走下坡，反猶太的氣氛開始上揚，最後終於崩盤。

和他相處比平日我跟陌生人在一起還更緊張，所以我決定帶他去看電影，當時戲院正好在演《夢幻成真》，我們看到愛荷華州（Iowa）玉米田中出現一個棒球場，芝加哥黑襪在玉米田中顯形，然後波士頓棒球場的記分板上秀出生平只出賽過一場的大聯盟職棒選手穆籟・葛拉漢（Moonlight Graham）之名。羅登保在凱文・柯斯納（Kevin Costner）演的棒球選手雷・金塞拉（Ray Kinsella）的父親問他想不想接到球時，含著淚傾身彎向我說：「這部電影不是關於打棒球的。」

的確，這部電影不是關於打棒球的。這電影是關於天職，關於感召，關於白手起家、無中生有。「假如你建造了，他們就會來。」感召，這就是我所經歷的。不顧院長、我自己的系所和學校董事會的反對，MAPP 學程從荒蕪的費城玉米田中出現了。（「這不是天堂嗎？」赤腳喬問道，「不是，這是愛荷華。」金塞拉回答。）然後誰會來？

「你們有多少人是被感召到這裡來的？」我膽怯的問。手舉起來了，每一個人的手。

「我賣掉我的賓士車才能來這裡上課。」

「我像電影《第三類接觸》（*Close Encounters of the Third Kind*）中的人一樣，雕塑著魔鬼塔（Devils' tower，譯註：電影中許多人都被召喚到魔鬼塔去，因為太空船在那裡降落），我一直做同樣的夢，然後我看到 MAPP 的廣告，於是我現在在這座塔了。」

「我離開了我的臨床治療師工作，遺棄了我的病人。」

「我痛恨飛行，但是我上了飛機，從紐西蘭到費城來回飛了六十個小時，每個月得飛一次。」

MAPP 的魔力超越任何我在四十五年教書經驗中的感覺，下面是總結：

- 學術內容：挑戰，個人的應用和有趣。
- 轉型：個人的和專業的轉變。
- 感召：學生和教授都被感召。

○

這些構成要素表示我們有可能對所有年齡的學生實施正向的教育。

下面是比較大的願景。

第5章

正向教育：教年輕人幸福

幸福應該在學校裡教有兩個原因：

第一是過去兩個世代憂鬱症氾濫的情況嚴重，幸福感的上升很少，

第二個原因是幸福感可以增加學習，而學習是教育傳統的目標。

當你心情不好時，你會去看「做錯了什麼？」

而當你心情好時，你看到的是「做對了什麼？」

正向和負向的思考都很重要，要看情境而定，

但是學校常常太重注批判性思考和遵守規矩，

而不是創意性思考和學習新的東西。

我認為，如果可能的話，學校應該要教幸福，

因為它會是目前憂鬱症潮的一個解藥，一個可以增加生活滿意度的方法；

它也可以幫助學習，增加有創意的思維。

隨堂考

第一題：用一個字或兩個字，講出你最想從你孩子身上得到的。

假如你像我訪問調查過的幾千個父母，你的反應是「快樂」、「自信」、「滿足」、「平衡」、「真實」、「仁慈」、「健康」、「滿意」、「愛」、「有教養」、「有意義」，或諸如此類。簡單的說，**幸福**是你最希望你的孩子擁有的。

第二題：用一個字或兩個字，講出學校所教的東西。

假如你像其他的父母，你會回答：「成就」、「思考技巧」、「成功」、「服從」、「素養」、「數學」、「工作」、「考試成績」、「紀律」等等。簡單的說，學校要教的就是如何在職場成功。

請注意這兩份答案幾乎沒有重疊的地方。

學校教育這一百多年來，都是為出社會工作做準備。我絕對贊成文學、成功、毅力和紀律，但是我要你去想像學校可以在沒有放棄任何東西之下，教幸福的技術。我要你去想像正向的教育。

學校應該教幸福嗎？

年輕人憂鬱症的普遍性，令人震驚。有人估計，憂鬱症比五十年前多了十倍以上。這並不是社會大眾現在了解憂鬱症是精神疾病的一種而造成的假象，因為這些資料是挨家挨戶的調查，問成千上萬的人「你有想過要自殺嗎？」「你有沒有每天哭，連哭兩個禮拜？」這些問題都沒有提到憂鬱症。憂鬱症現在蹂躪摧殘著青少年：五十年前，第一次憂鬱症發作的平均年齡是三十歲，現在第一次發作的年齡是十五歲以下。雖然有人認為上升得這麼快，因為它是**流行病**（epidemic），我們在臨床上的人都為現在有這麼多的人有憂鬱症、有這麼多的人沒有得到治療而憂心。

這是一個兩難的問題，尤其如果你相信好的環境會得到好的福利。除非你被意識形態所蒙蔽，不然你不可能沒看到幾乎在所有富有的國家中，每一件事都比過去五十年更好：我們現在的購買力比過去增加了三倍，我們住的房子從過去平均一千二百平方英呎增加到二千五百平方英呎；在一九五〇年代，每兩個人才有一輛車，現在車子總數比有駕駛執照的人還多；過去，五個孩子中只有一人可以上大學，現在兩個中就有一個；現在的人和衣服都比過去更吸引人。這些進步並不只限於物質上：現在有更多的音樂、女權、娛樂、書籍，種族歧視則比過去少。假如你告訴我父母（當時，父母跟我還有我姐姐貝絲住在一千兩百平方英呎的房子裡），上面描述的那些五十年內全部可以做到，他們一定會說：「那真是天堂了。」

它不是天堂。

現在有太多的憂鬱症在影響那些更年輕的人，國家平均的快樂——每五十年測量一次——並沒有跟上物質世界，甚至落後很多。快樂只有上升一小點，如果你把那一小點當做上升的話：丹麥、義大利和墨西哥的國民，平均來說，都覺得生活比五十年前滿意；但是一般的美國、日本和澳洲國民卻不這樣想；而英國和德國的國民覺得比五十年前更不滿意；一般的俄羅斯百姓更是覺得差的遠了。

為什麼會這樣？沒有人知道。它絕對不是生物基因上的緣故，我們的基因和染色體不可能在五十年間改變。它也不可能是環境上的因素，費城附近的蘭卡斯特郡（Lancaster County）離我家不到五十公里，住有一群清教徒叫亞米許（Amish）人，他們憂鬱症的比例只有費城的十分之一，但是他們呼吸著同樣的空氣（是的，同樣的廢氣），喝同樣的水（是的，同樣有加氟），他們做很多我們所吃的食物（是的，同樣有加防腐劑）。一般會覺得不幸福跟所謂的現代化（modernity）有關，跟我們錯誤的稱之為「富裕」（prosperity）有關。

幸福應該在學校裡教有兩個原因：第一是過去兩個世代憂鬱症氾濫的情況嚴重，幸福感的上升很少；第二個原因是幸福感可以增加學習，而學習是教育傳統的目標。正向的情緒使注意力廣度更大，產生比較有創意的思維，有比較完整的看法。這效果跟負向情緒時正好相反，心情不好時注意力變得很窄，比較批判式、分析性思考。當你心情不好時，你會去看「做錯了什麼？」而當你心情好時，你看到的是「做對了什麼？」更糟的是，當你心情不好時，你會對你已知的缺點產生防衛性的思考，為自己找理由，而且心情不好時，你比較會照著教條或命令去做（因為沒有了自己的想法）。正向和負向的思考都很重要，要看情境而定，但是學校常常太重注批判性思考和遵守規矩，而不是創意性思考和學習新的東西。這結果就是學生給上學的評分只比去看牙醫高一點。在現代的世界中，我認為我們終於到達了一個創意出頭的時代，比較有創意的思考，比較少遵守規矩——是的，甚至比較多的喜悅——會比較成功。

我認為，如果可能的話，學校應該要教幸福，因為它會是目前憂鬱症潮的一個解藥，一個可以增加生活滿意度的方法；它也可以幫助學習，增加有創意的思維。

賓州回彈專案：在學校中教幸福

我的研究團隊是由賴維胥（Karen Reivich）和吉爾罕（Jane Gillham）主持，他們兩人在過去的二十年間，用嚴謹的方法探討幸福在學校中被教授的可能性。我們認為幸福的專案就像任何醫學上的治療，**都必須是有證據的**，所以我們比較了兩個不同的專案，一個是賓州回彈專案（The Penn Resiliency Program, PRP），另一個是史特拉斯港正向心理學課程（Strath Haven Positive Psycho-logy Curriculum）。下面是我們的發現。

首先讓我告訴你賓州回彈專案是什麼。它主要的是目標是增加學生處理青少年期很普遍、幾乎每天發生的問題的能力。PRP 用教學生比較真實性的思考和對問題彈性的看法，來提升他們的樂觀度。PRP 也教他們果斷、肯定、創意的腦力激盪、決策制定、放鬆及其他處理問題的技巧。PRP 是全世界最被廣泛研究的憂鬱症防止專案，在過去的二十年裡，有二十一個研究是專門在比較它和其他控制組的成效，許多研究有用隨機分派的方式來控制混淆變項。這些研究一共調查了三千名以上的兒童和青少年，從八歲到二十二歲。這些研究對PRP 評估的結果為：

- 取樣很廣。PRP 的研究包括不同種族的青少年、不同的社區環境（都市、近郊、鄉下、白人、黑人、西班牙裔的墨西哥人、有錢的、沒錢的）和不同國家的孩子（美國、英國、澳洲、中國和葡萄牙）。
- 各種不同背景的團體領袖。團體的領導者有學校老師、輔導員、心理學家、社會工作者、軍隊的士官長，和教育系及心理系的研究生。
- 獨立的評估。我們自己做過很多 PRP 的評估，但是很多其他獨立的研究團隊也做過 PRP 的評估，包括英國政府做的大型計畫，包含一百名老師和三千名學生。

下面是基本的發現：

- PRP 專案減少並防止憂鬱症的症狀。一個後設分析（meta-analysis）的研究，把所有在研究法上合格的相關研究都放在一起來分析時，發現 PRP 有顯著的效益，他們在後續追蹤調查中發現，治療後立即調查及六個月、十二個月以後的調查，跟控制組比起來，都有顯著的成效。效果可持續到兩年以後。
- PRP 減少絕望感（hopelessness）。後設分析的研究發現 PRP 顯著性的減少絕望和無助，增加樂觀和幸福感。
- PRP 防止臨床程度的憂鬱症和焦慮。在好幾個研究中，PRP 成功的防止中度到嚴重的憂鬱症症狀。例如，在第一個 PRP 的研究中，經過兩年的追蹤後發現，它成功的將中度到嚴重憂鬱症的症狀減少了一半。在醫院中，PRP 防止高程度憂鬱症症狀的青少年落入憂鬱症和焦慮症的陷阱中。
- PRP 防止和減少焦慮症。在焦慮症這方面的 PRP 研究比較少，但是大部分的研究發現有顯著和長期的效應。

- PRP 減少行為問題。這方面的研究甚至比焦慮症還低，但是大多數的研究發現 PRP 對青少年犯罪、攻擊行為有幫助。例如，最近一個大型研究發現，從父母的報告中，在他們上完 PRP 的課後三年，青少年行為不當（misconduct）和犯罪的比例有下降。
- PRP 對兒童一樣有效，不論他的種族背景。
- PRP 增加跟健康有關的行為。完成這個課程的年輕人（young adult）比較少生病，比較少看醫生，飲食比較正常，運動量也比較大。
- 訓練和監督團體的領導人很重要，PRP 的效果在很多不同的研究中，有著不同程度的效果，有部分的原因在這些領導的老師本身接受過多少的訓練，得到多少的督導。當老師是 PRP 團隊的一分子時，效果最強；如果是 PRP 團隊親自訓練或緊密督導時，效果也很好；但是當老師沒有得到足夠的訓練，又接受到很少的督導時，它的效果不強且不一致。
- 有沒有按照課表忠實的來上課，也是一個重要的變項。例如，有一個在養老院上課的 PRP 效果研究發現顯著的減低高向心力團體中憂鬱症病人的症狀，相反的，PRP 並沒有減低低向心力團體中病人的憂鬱症症狀，因此我們認為師資的訓練和嚴密的督導很重要。

所以PRP的確可以可靠的防止憂鬱症、焦慮症和青少年行為的偏差。然而回彈（resilience）只是正向心理學的一部分——情緒的部分而已，我們設計了比較完整的課程，可以建立起孩子的性格強度（character strength）、人際關係和生活的意義，以及提升正向情緒和減少負面情緒。透過美國教育部支援的兩百八十萬美元的經費，我們在費城郊外一所大型的高中實施了正向心理學的課程，我們隨機將三百四十七名九年級學生（十四到十五歲左右）分到語言藝術的課堂去；一半的課堂將正向心理學的課融合到他們原來的教學上，另一半則沒有。學生、老師和家長在這個計畫開始之前、之後和後續兩年的時間都填了標準的問卷。我們測試學生的強項（如喜歡學習、仁慈）、社交技巧、行為上的問題，以及他們有多喜歡上學。此外，我們還看了他們的在校成績。這個學校叫史特拉斯港高中，這個計畫便以學校命名。

史特拉斯港正向心理學課程這個大型計畫的主要目的是：(1)幫助學生找出他們自己性格上的強項；(2)在日常生活上幫助他們使用他們的強項。除了這兩個目標以外，這個計畫還希望提升他們挫折的反彈力、正向情緒、生活的意義和目標，以及正向社會關係。這課程一共二十堂八十分鐘的課，在九年級一整個學年上完，課程包括討論性格強項、正向心理學的概念和技巧，每週一次在課堂中的活動，和真實世界的家庭作業——學生要把課堂上學的技巧用到他們的生活上，並在日記中反思效果。

下面是我們在課程中所做的作業範例：

◆三件好事作業

我們要學生每天寫下發生在那一天的三件好事，連續寫一週，這三件事可以很小（「我今天在課堂上回答了一個很難的問題」），也可以很大（「我暗戀了幾個月的男生終於邀我出去了！」）。在每一個正向事件旁邊，他們要寫下以下問題中的一項：「為什麼這件好事會發生？」「這件事對你的意義是什麼？」「你如何能夠使這種好事再發生到你身上？」

◆使用個人強項的新方法

正直、忠誠、毅力、創造力、仁慈、智慧、勇敢、公平……這些和另外十六個性格強項是全世界每一個文化都推崇的美德。我們認為假如你能找出哪些性格強項是你有的，而且不是只有一點而是很多，你能盡量把它用在學校、嗜好、朋友和家庭上時，你對你的生活會滿意很多。

學生們先做個人強項價值測驗（VIA，網站 www.authentichappiness.org），然後在下一週將他們的最強項以不同的新方式在學校應用出來。我們設計了好幾堂課來討論如何找出他們自己的、朋友的、他們所讀到故事主人翁的性格強項，然後用這些強項來克服挑戰。

下面是在史特拉斯港高中實施正向心理學課程的基本發現：

投入學習，喜歡上學和成就感。

正向心理學課程增進了好奇心的強度、對學習的喜好及創造力，這是由老師的報告中發現。這些老師並不知道哪些學生是在正向心理學組，哪些學生是在控制組（這種實驗程序叫做「盲」設計，即評分的人並不知道他們所評鑑的學生是屬於哪一組）。這個專案同時也增加了學生在學校的投入和喜歡的程度，這一點在普通班特別顯著。正向心理學增加了學生語言藝術課的成績和寫作的技巧，一直到十一年級。在資優班，成績上升的更明顯，幾乎所有人都拿A，所以其實沒有什麼空間再進步（譯註：這叫「天花板效應」〔ceiling effect〕，已經一百分，不能再高了，所以效果看不太出來）。很重要的是，增加幸福感並沒有危害傳統的教育學習目標，它反而強化了它。

社交技巧和行為偏差。

正向心理學課程增加社交技巧（同理心、合作、果斷肯定、自我控制），這是根據學生母親和不知實驗情況的「盲」老師兩者的報告。母親還報告說，這門課減少了壞的行為。

所以我下結論說，幸福可以教，而且可以在個別的班上教。事實上，為什麼不能把**整個學校**都納入正向心理學授課的範圍呢？

吉蘭小學計畫

二〇〇五年一月我去澳洲演講，接到一個陌生人的電話，那個聲音我從來沒聽過：「日安，這是你的學生巴利博士。」（G'day, Mate, this is your student, Dr. Trent Barry.，譯註：這裡要附上英文，因為這是澳洲人講話的口氣，美國不這樣說，雖然他們用的都是英語，但是被太平洋分隔了幾百年，澳洲已發展出他們自己的英文了。）

「我的學生？」我問道，因為我不記得有這個學生。

「是的，你知道，那個為期六個月的電話課程——我每週有一天四點鐘就起床，聽你從墨爾本講的課，那些課真是棒極了，我很熱衷，但是我從來沒有說出來。

「我們想用直昇機把你載到吉蘭小學（Geelong Grammar School）來，我是學校的顧問，我們正在募款建立一個幸福中心。我們想請你去跟校友們演講，幫我們募款。」

「什麼是吉蘭小學？」我問道。

「這是澳洲最老的一所住宿學校，一百五十年前建立的。它有四個校區，包括樹頂（Timbertop）校區——那是在山上，所有九年級學生都得到那裡去上一整年的課。假如他想在樹頂校區洗個熱水澡，他們得自己砍柴火；英國王儲查爾斯王子去過樹頂校區，那是他唯一喜愛的學校回憶。主要校區在柯里歐（Corio），離墨爾本八十公里。我們有一千兩百名學生、兩百位老師，學校是不可思議的有錢。

「學校需要一個新的體育館，」他繼續說：「但是董事會說我們要孩子幸福，也要體育館。我告訴他們塞利格曼——他們從來沒有聽過你的名字——他們希望你去，說服他們那些有錢的校友幸福其實是可以教的，而且這個課程可以給這幢新建築一個真正的意義，因為我們要把它叫成『幸福中心』。我們在六個月之內募到了一千四百萬元，我們還需要兩百萬元。」

所以我的家人和我就從墨爾本雅拉河（Yarra River）的河床搭上直昇機，六分鐘以後，降落在巴利家門前的草皮。我太太曼蒂跟我悄聲說：「我有一個感覺，我們會在這裡度過我們的休假年（sabbatical，譯註：大學每教七年書，可以申請去別處進修一年，薪水照領）。」

我那天下午跟大約八十名皺著眉頭的老師演講，我特別注意到一位最保守的人，板著面孔，僵坐在那裡，這個人高瘦、英俊，衣著非常的整齊，濃重的英國腔，他是新來的校長米克（Stephen Meek）。那天晚上，我對五十位同樣衣著打扮的校友講正向心理學。我看到許多人當場掏出支票本寫支票，湊足一千六百萬的目標。他們告訴我，漢伯利（Margaret Handbury）——媒體大亨梅鐸（Rupert Murdoch）的妹妹——捐了大部分的差額。不久以後，在她臨終前，她說：「不要再蓋體育館，我要給年輕人幸福。」

在我回到費城後一個禮拜，米克校長打電話來：「馬帝，我想送一個代表團來費城跟你談教整個學校幸福的事。」幾個禮拜之後，一群資深的老師來到賓州大學尋找教幸福課程的可能性：代表團中有教務長、學務長和柯里歐校區校長。

他們問賴維胥：「假如有無限的資源及完全的信任，你會怎麼做，使全校都能上正向心理學？」

「第一，也是最重要的，」賴維胥回答：「我要訓練全校的老師兩個禮拜，教他們正向心理學的原則和作業。我們曾經訓練過大批的英國老師，老師先學會在他們的生活中應用這個技術，然後才是教他們把技術應用到學生身上。」

「很好，」柯里歐校區校長說：「然後呢？」

賴維胥繼續：「我會留一個或兩個美國最好的正向心理學高中老師在那裡當督導，適時導正任何老師在教正向心理學時可能發生的偏差。」

「很好，還有呢？」

「當然，」我插嘴，現在是要求月亮的時候了：「引進正向心理學的大師，如佛德利克生、波斯特、鮑米斯特（Roy Baumeister）、戴司（Diane Tice）、維倫、海斯（Kate Hays）、莫斯卡（Frank Mosca）、佛勒（Ray Fowler）——每個月一個人，創造出名師開講序列，去教育你們的老師、學生和社區。他們每個人在校區住兩個禮拜，教學生和老師，以及對課程提出意見和建言。」

「沒問題。」

「假如吉蘭小學可以負擔這些，那麼我會跟我的家人在我休假年，來吉蘭小學一年，親自指導這個專案。」

一切就這樣決定了。二〇〇八年一月，賴維胥、我，還有十五名我們賓州大學的訓練者（大部分是 MAPP 的畢業生）飛到澳洲去教一百位吉蘭小學的老師。在九天的課程裡，我們先教老師們把這些技巧用在他們自己的生活上——個人的和專業的——然後我們給例子和詳細的課程教他們如何去教小朋友。原則和技巧上課教，再透過三十個人的團體應用來強化上課的所學。我們也把老師兩兩配對或組成小團體來練習。除了得到這些老師很高的教學評鑑（總分五分，他們給了我們平均四．八分）之外，這些老師放棄兩個禮拜的暑假，沒有支薪來上課，很令人敬佩。

米克校長第一天開幕時，僵硬得跟掃帚柄一樣，很冷的歡迎詞，他對整個計畫是否能行充滿了疑惑。校長是牧師的兒子，非常的正直，不過我當時並不知道，在聽完他的歡迎詞後，不免興起馬上打包回家的念頭。但是第二天，他開始投入工作，變得溫暖起來。到第九天結束時，他臉上發光，居然擁抱了我的老師們（他們當然是可以被擁抱的，只是不曾被英國的校長抱過而已）。他告訴老師們這是學校建校以來第四件大事：第一件是一九一〇年，從吉蘭市搬到柯里歐這鄉下地方來；第二件是一九五五年建立樹頂校區；第三件是一九七八年男女合校，現在，他認為「正向教育」是第四件大事。

在教師培訓之後，我們好多人在校園中住了整整一年，期間大約有十二位大師來訪，每一位都停留一週以上，來教老師們他們最拿手的項目。下面就是教學的成果，我們把它分為「教導」（Teach-ing it）、「嵌入」（Embedding it），還有「實際在生活中體驗」（Living it）。

教導正向教育

獨立課程和課程單位在好幾個年級同時進行，老師教正向心理學的元素：回彈力、感恩、強項、意義、福樂、正向人際關係和正向情緒。柯里歐校區兩百名十年級的學生每一個都參加了正向教育的課程，一週兩次，由十位舍監來上課。學生聽訪問學者的課，但是這個課的主軸是找到並且應用他們自己的強項。

在第一堂課，還沒有做 VIA 測驗之前，學生先寫一篇關於他們做得最好的故事短文；拿到他們自己 VIA 測驗的成績後，他們要重讀先前寫的短文，從短文中找出他們的強項。幾乎所有學生都可以找到兩項，大多數人找到三項。

其他的個人強項課程包括跟學生家長面談，以發展出強項的「家庭樹」（family tree），學習如何用強項去克服挑戰，發展出沒有在個人列表上前五項的項目，使之變成強項。最後一堂強項課時學生要提名校園領袖，這個人是他們所認為各種強項的典範。老師和學生現在有新的共同語言來討論他們的生活了。

在找出性格強項的課程之後，緊接著這些十年級學生要聚焦到建立比較正向的情緒。學生要寫感恩信給他的父母，學習如何記住好的記憶，如何去克服負面的偏見，以及最好的感恩就是付出。感恩日記現在全校各年級都在寫，他們每天晚上要寫下當天發生的三件好事。

在樹頂校區，兩百二十名九年級學生全都住在沒有抽水馬桶的營區一整年，每個人都要繞著山練習跑馬拉松。在樹頂校區的獨立正向教育課程強調回彈力。第一，學生學習ABC模式：信念（Belief）是對於某一件不愉快的事（Adversity）的想法——而不是A本身——所引起的結果（Consequence）感覺。這對學生來說是重大的覺悟：情緒不是外在事件所引起，而是你對這個事件的**看法**所引起的，你可以改變你的想法。然後學生學如何用比較有彈性、比較正確的思想減慢這個ABC的歷程。最後，學生學習「真實時間的回彈」（real-time resilience），來應付「盛怒之下」（heat-of-the-moment）造成的災難，這情況，九年級的學生在樹頂校區常常碰到。

在回彈的課程之後，接下來是主動——建構式回應，以及羅沙達三比一這個正負向比例的重要性，第一和第二單元由健康教育和體育老師來上，這在樹頂校區很合適，因為那裡的環境非常原始。

雖然這些獨立課程教了很多內容和技術，但是正向教育的內容比單一課程多了很多。

嵌入正向教育

吉蘭小學把正向教育包含在學術的課程裡、在運動場上、在牧師的輔導上、在音樂中、在教堂中，我們先來看一下課堂的例子：

英文老師用個人強項和回彈力來討論小說，連莎士比亞（William Shakespeare）的《李爾王》（*King Lear*）都是好教材，雖然這個故事非常令人沮喪，學生要指認出主角的性格強項，這個強項如何是兩面刃。英文老師也用米勒（Arthur Miller）的《推銷員之死》（*Death of Salesman*）和卡夫卡（Franz Kafka）的《蛻變》（*Metamorphosis*）來顯示什麼叫回彈力。

教修辭學的老師改變了過去慣用的作業：「說一說你曾經使自己出醜的事情。」（Give a speech about a time you made a fool of yourself.）現在他們把作業改成：「說一說當你對別人有價值的時候。」（Give a speech about when you were of value to others.）學生準備這個演說的時間減少了，他們發言時比較有熱情，在旁邊聽的學生也不像過去一樣在椅子上扭來扭去。

宗教學的老師問學生倫理道德和愉悅享樂的關係，學生們要同時衡量亞里斯多德、邊沁（Jeremy Bentham）、米爾（John Stuart Mill）的說法，跟最新大腦對愉悅和利他主義（altruism）新發現的關係（譯註：現在大腦造影技術顯示利他和同理心是演化天擇的內在驅力），學生從各種角度（包括他自己的看法）來檢視生命的目標是什麼。學生要跟家長進行一個有意義的對話，他們要寫一系列的電子郵件來說明什麼使生命有意義，老師會給他們一套內有六十句有關意義的格言。

地理老師通常是測量令人沮喪的主題：貧窮、乾旱、瘧疾，但是吉蘭小學的地理老師同時也要學生測量整個國家的幸福，看澳洲、伊朗和印尼的幸福指標有什麼不同。他們同時也研究一個地方物理的條件（例如綠地）會對幸福有什麼影響。教英語以外語言的老師要學生去檢視日本、中國、法國民間故事中人物的性格強項。

小學老師每天開始上課前先問學生：「今天有什麼好事？」學生提名具有「本週強項」的同學做模範生；音樂老師用回彈的技術從不甚理想的演奏中去建構樂觀，藝術老師在各個年級教學生什麼是美的欣賞。

體育教練教學生「放下仇恨」的技巧，不要對表現不好的隊友惡言相向，有些教練用重新聚焦的方式來提醒隊友過去做得好的地方。這些教練報告學生克服負面的偏見後，表現好了很多。

有一位教練發展出一種性格強項的練習法，在每一次比賽完後，照例檢討比賽的得失，但是這時候，學生從強項去回想比賽中打得好的地方和對他們的挑戰，使隊友們認同他們自己、他們的隊友以及他們的教練——例如在比賽時，某個特別的強項被用到。此外，學生要指出「失去的機會」，這想法是指認出這些失去的機會會增加未來機會再現時的覺識，屆時就可以把強項用上。

教堂是另一個正向教育的重點。每天在做禮拜時，都會講到勇氣、寬恕、堅持及其他所有的強項來強化教室中的討論。例如當十年級的學生在教室中討論感恩時，牧師在教堂中的講道和聖經的閱讀就會以感恩為中心。

除了教導和嵌入正向教育之外，學生和老師發現他們實際在生活中體驗正向教育的方式，是他們從未預期過的。

實際在生活中體驗正向教育

就像所有吉蘭小學六歲的孩子一樣，凱文跟其他穿制服的一年級學生圍成一個半圓形，面對著他的老師，開始他的每一天。當老師問：「孩子們，昨天晚上發生了什麼好事？」他的手就舉起來，他們都很熱切的想要回答，好幾個一年級的小朋友分享：「我們昨晚吃了我們最喜歡的義大利通心粉！」「我跟我哥哥玩西洋棋，我贏了！」

凱文說：「我妹妹跟我在吃完飯後，把門廊打掃乾淨了，媽媽大大的擁抱我們。」

老師就接著問凱文：「為什麼跟別人分享好事很重要？」

他毫不猶疑的回答：「因為它使我覺得很好。」

「還有嗎？凱文？」

「啊！還有，我每天回家時，媽媽都問我，今天學校裡發生了什麼好事，當我告訴她時，她很快樂，當媽媽快樂時，每個人都快樂。」

＊　＊　＊

艾爾西剛剛從護理之家回來，她跟她五年級的同學去那裡完成「麵包學」的作業：電視名廚艾胥頓（Jon Ashton）也是我們的訪問學者，他教全部四年級的小朋友如何做祖母的麵包，然後他們都去護理之家，把麵包送給裡面的老人家。艾爾西解釋這個作業：

「我們先學什麼叫好的營養，」她說：「然後我們學如何去燒一頓好的健康的晚餐，但是我們沒有吃，我們把食物送給別人。」

「你沒有吃你花了這麼多時間所做的食物，會不會覺得難過？它聞起來真的好香。」

「不會，正好相反，」她咧開嘴笑：「一開始，我有點害怕老人家，但是，好像有一道光進入我的心中，我很想再這樣做。」

艾爾西最好的朋友馬上加入說：「為別人做些事感覺比玩電玩遊戲好。」

凱文和艾爾西是兩根線連上了「實際在生活中體驗它」這個掛氈。凱文新的一天從「發生了什麼好事？」開始，當凱文回到家，他仍然活在正向教育中。沒有課程被正向教育所替代，但是正向教育強化了原來的課程；這一天過得很好，這使他明天會過得更好，連教務會議都開始得比較好了。

吉蘭小學的正向教育繼續在進行，它不是一個控制的實驗，墨爾本小學（Melbourne Grammar school）並沒有自願做控制組，所以我不能說實驗前、實驗後那樣的故事，但是改變是很明顯的。我在二〇〇九年又回去了一個月，我從來沒有看過一個學校有這麼高的士氣，我實在不願意離開這裡，回到我自己都會皺眉的大學。在學年結束後，兩百名老師中沒有任何人離開吉蘭小學，學生人數、申請入學人數及捐款數都增加了。

正向教育本身是個緩慢的方式，一點一滴散播幸福到全球去。它受限於受過訓的老師人數不多，願意接受正向教育的學校也不多。正向計算可能是跳出帽子的兔子。

正向運算

「我們有五億用戶，其中一半一天至少上網一次，」史利（Mark Slee）這位實在非常英俊的臉書（Facebook）研究部門主管這樣說：「一億人是手機的使用者。」

我們的下巴掉下來了，這些下巴屬於微軟（Microsoft）、麻省理工學院媒體實驗室（MIT media lab）、史丹佛大學說服科技實驗室（Stanford Persuasion Technology lab）、兩個電玩設計者，以及六個正向心理學家。這聚會是在賓州大學正向心理學中心，二〇一〇年五月我們舉辦了一個正向運算（positive computing）的研討會，我們的主題是如何使這個發展得很慢的正向教育快速大量的發展，新的未來電腦科技可能是我們冀求的答案。

這次聚會的組織者是惠普資訊科技公司（Hewlett-Packard, HP）的研究者桑德斯（Tomas Sanders），他為此次聚會定下了基調：「找出正向心理學能夠大幅度茁壯，尤其提高年輕人幸福感所必要的條件。資訊科技是在一個獨一無二的地位，可以有效幫助個人的成長和圓滿。」然後他界定什麼叫正向運算：研究和發展訊息及溝通的技術，它是有意識的設計支持人們心理的茁壯，並且同時兼顧到個人和社區對於美好生活不同的想法。

我們花了很多時間討論如何具體的採用目前已有的科技，來幫助個人茁壯成長。皮卡德（Rosa-lind Picard）是情意運算（affective computing）的頂級研究者，這個領域是提倡用電腦運算來建構比較好的情緒生活。她提出一個「個人圓滿協助」（personal flourishing assistant, PFA）的概念，應用手機繪製出你在哪裡、跟誰在一起、你當時的情緒狀態如何的定位地圖，然後提供你相關的訊息和練習；例如，「上一次你在這個時間地點時，你的快樂指數達到最高點，照一張夕陽西下的相片，把它傳送給貝姬和魯休士。」PFA會把你的經驗貼上標籤，以後可以搜尋——「給我看上個星期四個情緒的高峰時段」——建構一個**正向情緒檔案**（positive portfolio）。

碰巧，美國全方位士兵強健計畫（見第7和8章）的主持人安德森少將（Major General

Chuck Anderson）正在附近，便請他過來一起開會。聽到我們的討論，他說：「這真是很不可理解，我們的士兵從阿富汗回來休假，第一件事不是要求吃漢堡，而是想用 Wi-Fi。凱西將軍（General George Casey）認為使士兵的心理強健跟身體強健訓練一樣重要，所以士兵們每天要做伏地挺身和長跑，提醒他們身體體能訓練很重要，但是如何使心理體適能訓練跟身體體適能訓練一樣重要呢？我想以後每個星期四的早上是心理體適能訓練時間，讓我的旅做正向心理學練習，士兵們都有手機，都能上網，大部分人是黑莓機（BlackBerry）或是 iPhone。聽到你們的討論，我想陸軍可以做得更好，我們可以設計一個可靠的「回彈應用程式」（resilience apps），或許你們可以設計一個可靠的電玩遊戲來教他們個人強項、社交技巧和挫折回彈。」

這時電玩遊戲設計師麥格尼格爾（Jane McGonigal）說話了：「我曾設計過建構正向生活的電玩遊戲。」（你可以上 http://www.avantgame.com/ 去玩玩看）在她的遊戲裡，你可以拯救地球，解決真實世界的問題，如食物短缺和世界和平。「我們可以透過遊戲來教個人強項，」她告訴我們：「學童可以找出他們的個人強項，然後透過在遊戲中處理難題，來建構這個強項。」

在遊戲的創造發展上，臉書似乎是測量生命圓滿最好的平台：臉書有觀眾、有能量，可以建構應用程式來發展和測量全世界的幸福指數。你可以監控全世界每天的幸福嗎？可以的，下面是一個開始：史利計算臉書上每天「失業」（laid off）一詞出現的次數，對照全世界失業率最高的地方，果然兩者相吻合。

但是現在來考慮幸福的五個元素：正向情緒、全心投入、意義、正向人際關係和成就，每一個元素有它自己的詞彙，例如英文中大約有八十個字來描述正向情緒（你可以看字典中「歡樂」〔joy〕這個字有多少相關的字，然後數一下同義字，你會發現最後有八十個是核心的同義字）。臉書的資料庫可以每天提供正向情緒的字——那些跟意義、正向人際關係和成就有關的字——出現的次數，我們可以用這個方式來約略估算這個國家幸福的情況，你會發現它是這個國家重大事件的函數。

臉書不但可以測量幸福，它同時可以增加幸福。「我們現在有一個新的應用程式goals.com，」史利說：「在這個應用程式裡，人們登錄他們的目標，以及他們朝這個目標進行的情況。」

我為臉書灌輸幸福這件事下評論：「就現在的情況，臉書可以建構四個幸福元素：正向情緒、投入（與全世界的人分享所有好事件的相片）、正向人際關係（朋友的真正意義），以及成就。這些都很好，只有幸福的第五個元素還需要再努力，在臉書的自戀環境下，這個努力是有急迫性的，這是歸屬感及為一個你認為比它本身還要巨大的理念服務——意義這個元素。臉書可以幫忙替五億使用者建構他們生活的意義，請好好的思考一下，史利。」

富裕的新測量法

我們累積財富是為了什麼？它應該不是如經濟學家所說的，製造出更多的財富來。在工業革命時，國內生產毛額（GDP）是一個國家有多強的估略指標，然而現在，每一次我們蓋了一所監獄，每一次一樁婚姻破裂、一個車禍意外或一個自殺事件發生——這是測量有多少物品、多少服務被用到——GDP就上升了。財富的目的不應該是盲目的製造出更高的GDP，而是去產生更多的幸福感。一般的幸福——正向情緒、投入工作、正向人際關係、一個充滿意義的生活——現在已經可以量化，並且補充解釋使GDP更有意義。公共政策可以以增進全民幸福為目標，我們可以用這個目標來評鑑這個政策到底是成功的還是失敗的。

富裕過去一直和財富畫上等號，基於這個公式，現在普遍認為，在富有的國家，這已經是「孩子會比他們的父母過得好」的最後一個世代。就金錢來說，它可能是真的，但是是否所有父母都希望他的孩子有更多的金錢？我不認為。我認為所有父母都希望他的孩子比他幸福，假如用這個標準來看，我們的孩子有希望過得比我們好。

重新定義富裕的時機已到，我們把生命的圓融完滿做為教育和教養的目的，學習去珍惜和維持圓融完滿應該從小開始——在學校時就該開始——用正向教育的火苗點燃這個新的富裕觀，是這個世界現在有的新選擇。幸福圓滿的五個元素之一是正向的成就，下一章就來看成就的構成要素是什麼，以及它所代表的成功和智慧新理論。

PART 2

生命圓滿的方法

第6章

堅毅、性格和成就：智慧的新理論

經典棉花糖實驗顯示馬上把糖放進嘴裡的孩子長大後，表現得比可以等幾分鐘多吃一顆的孩子差。

不能控制他們快的情緒和認知衝動，是後來學校表現不良的起源。

中斷這種快的歷程，使這些孩子慢下來很重要，慢下來可以使執行功能發揮作用。包括：

聚焦，忽略不相干的訊息，記得和應用新的訊息，計畫動作，修改計畫。

在「成就＝技術×努力」的公式中，成就的定義不僅是動作，它還必須是朝固定、特殊的目標前進，所以它不是只算距離。

通常到目標會有好幾條路，有些比較近，有些比較遠，有些是死路，決定走哪一條路是個慢的歷程，叫做計畫。

此外，當然可以發明新的路，這就是我們所謂的創意。

賓州大學心理系有一個競爭非常激烈的博士學程，每年有幾百個人來申請，我們只取十名，正向心理學有三十個左右的學生來申請，我們只取一名。被錄取的人通常大學部念的是心理系，學業成績平均（grade point average, GPA）幾乎是滿分，來自美國或歐洲的主要大學，GRE 的成績要七百分以上，還要有三封介紹信，每一封都得說候選人是「多年來真正的傑出人才」。要符合上述條件，招生委員才會考慮收不收，這個委員會非常傳統的保守（我從未被邀請去做它的委員），這種篩選方式失去了很多很好的人才。

其中一位申請者是第一個贏得主要撲克牌大賽的女性，她在自傳中說，她存下一大筆錢，坐飛機去賭城拉斯維加斯，進入世界冠軍大賽並拿到冠軍。我跟賓州大學的校長哈克尼（Sheldon Hackney）都力爭應該錄取她，因為她展現出的不只是潛能，已經是世界級的表現了。但是沒有用，她 GRE 不夠高。我還是很感激她，因為她在面試時，改正了一些我打撲克牌的錯誤，使我在接下來的十年裡省下了好幾千元。她說：「勇氣是進入高賭注的鑰匙。你必須把籌碼就看成籌碼，不管它代表的是五分錢還是一千元。」

成功和智慧

申請一月一日就截止，經過一系列的面試後，通知二月底寄出。四十五年來都是這個樣子，據我所知，這麼多年來只有一個例外，那就是達克沃斯（Angela Lee Duckworth）。

在二〇〇二年六月，我們接到一封遲來的申請信，想要申請二〇〇二年九月開學的秋季班，假如不是被研究生訓練主任沙賓尼（John Sabini）攔截的話，早就被丟到垃圾桶去了。沙賓尼——但願他安息，在二〇〇五年突然過世，得年五十九歲——和我一樣，一直是系裡的獨行俠，他研究的主題非常不符合主流的觀點——他研究閒話，他認為聊天講閒話是一個合法的道德避難所，在懲罰的層次上，比法律的避難所低。他在社會心理學學術圈逆潮而行。我們通常都會選擇別人不贊同的那一方，為弱勢發聲，因為這些聲音需要被聽見。他和我，遠在一英里之外就可以聞到另一個獨行俠。

「我知道這份申請實在遲了太久，但是你先讀一下她寫的自傳，馬帝。」沙賓尼把這封信轉寄給我，這是一個名叫達克沃斯的女孩寫的。下面是部分的內容：

> 在大學畢業之前，我在劍橋公立學校課堂做義工的時間跟我在哈佛大學教室和實驗室的時間一樣多。親眼看到失敗的市區公立學校中失敗的市區學生（譯註：在美國，有錢人是住郊區，窮人才住市區），我選擇良心，放棄好奇心，我對自己做了承諾，畢業後要投身公立教育的改善。大四的時候我為低收入的中學生成立了一個非營利的暑期學校，這個劍橋的暑期橋（Summerbridge Cambridge）活動發展成全國其他公立學校的參

考模式，後來也上了美國公共廣播電台（NPR）及很多媒體，甘迺迪政府研究院（Kennedy School of Government）把它寫成個案研究，贏得麻州改善政府競賽獎（Better Government Competition for the state of Massachusetts）。

接下去兩年，我用馬歇爾獎學金（Marshall fellowship）去牛津大學讀書，我的研究重點聚焦在失讀症（dyslexia）者視覺訊息的大細胞和小細胞迴路（magnocellular and parvocellular pathways）。之後我選擇不再念博士學位，而去當公立學校老師、非營利組織的領袖、特許學校（charter school）的顧問，以及教育政策的起草人，我這樣做了六年。

在跟成就兩端的學生工作了許多年後，我現在對學校改造有完全不同的看法。我認為問題不是只出在學校，學生自己也有，學習是件很困難的事，沒錯，但是學習也是件很有趣、很享樂、很感恩的事，不幸的是，現在的學習都變成沮喪、疲倦、讓人失去勇氣。那些不想學習的學生、認為自己不能學的學生，和看不出學習有什麼用的學生，不論學校和老師有多好，都沒用。

要幫助長期以來低成就但是高智慧的孩子，老師和家長必須先認識，品格跟智慧一樣的重要。

我決定不要把我一九六四年申請賓州大學研究所的自傳，拿出來和這封申請相比。

一般看法和政治正確的政客，百年來都習慣把學生的失敗怪罪到老師、學校、班級人數的多寡、教科書、經費和政策身上，除了學生，每個人都有責任。因為，你怎麼可以怪罪受害者呢？怪學生的性格嗎？好大膽！性格很早就不是社會科學研究的寵兒了。

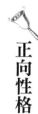

正向性格

在十九世紀，政治學、道德和心理學都是在講性格，林肯的第一次就職演說「我們是本性善良的天使」（better angels of our nature），就代表了美國人怎麼來解釋好的和壞的行為。一八八六年芝加哥海馬克廣場（Haymarket Square）暴動是個轉捩點。它其實就是一般的罷工，結果有人（到今天都不知道是誰）丟了一顆汽油彈，警察就開火，五分鐘之內，死了八個警察、不知多少的老百姓。當局把這件事怪罪到德國移民頭上，報紙譴責他們是血腥的殘暴、惡魔、壞人，當時認為這是因為移民不道德的性格，他們被貼上無政府主義者標籤，四個人被吊死，第五個在行刑前自殺了。

當時左派有很多人反對吊刑，藏在這個抗議後面的是一個大思維（big idea）：對壞的性格其實有另一個不同的看法。這五個被判刑的人都來自社會的最低層，他們是文盲，絕望的生存在飢餓的邊緣，生活空間非常的擁擠，全家人擠在一個小房間中；這個大思維認為不是性格不好，是環境太差，造成了犯罪。神學家和哲學家採取了這個說法，這結果就是「社會科學」：一種科學，它認為環境，而不是性格或遺傳，是對一個人行為比較好的解釋。幾乎整個二十世紀的心理學和她的姐妹，社會學、人類學、政治學，都是在這個前提之下發展出來的學術領域。

請注意這個改變的洪流，從放棄性格做為人類不當行為的解釋，到接受它是環境不良所造成的。第一，個人不再為他的行為負責，因為這原因不在個人而在情境。這表示介入一定要改變：假如要使世界更好，那你必須改善造成壞行為的環境，不要再浪費時間去改變性格，或懲罰壞的行為、獎勵好的行為。第二，科學的進步一定要能分離出造成犯罪、無知、偏見、失敗及其他人類所有罪惡的情境，使它能改變；用錢去改正社會問題變成主要的干預方法。第三，調查的焦點一定是壞事情，不是好事情。在社會科學中，珊米在學校功課不好，因為她飢餓、被虐待，或來自一個學習不被重視的家庭，這些都是可以被接受的理由；相反的，我們對做得好，不予注意，比如你說珊米演講表現很好，因為她來自好學校、有愛她的父母、衣食無憂這就很奇怪。最後，環境論最主要的前提是**我們是被過去所驅使，而不是被未來所吸引**，這一點基礎到幾乎看不見。

心理學過去是個受害者的心理學，是個負面情緒、冷漠、病態和悲劇的心理學。它是海馬克廣場的拖油瓶。正向心理學跟過去的心理學有著非常不同的主張：有的時候，人們的確是受害者（我在寫這一段時，正好是二〇一〇年海地大地震發生那一天，成千上萬的受害者面臨痛苦、死亡），但是通常人們要為他的行為負責，而他們行為的選擇來自他們的性格。責任和自由意志是正向心理學中兩個必要的歷程。假如環境該被譴責，那麼個人的責任和意志就被減到最低，即使不是全面免除；相反的，假如行為是出自性格和選擇，那麼個人的責任和自由意志就是原因，至少是一部分的原因。

這對如何治療有直接的關係：在正向心理學中，這個世界可以變得更好，不但是把不好的惡毒的環境去除（我完全不贊成放棄改革），同時還可以透過重塑性格，使世界變得更好。報酬和懲罰會塑造性格，不只是行為而已。好的事件、高的成就、正向的情緒是正向心理學中合理的客體，就像壞的事件、失敗、悲劇和負面情緒一樣，是合乎邏輯的研究主題。一旦我們接受正向事件是科學的主題，我們就不再對珊米的好表現給藉口，因為她有好老師、有好父母，吃得飽。我們在乎珊米的性格、她的天份、她的長處。最後，人類常常（甚至更常）被未來所吸引，而不是被過去所驅使，所以一個測量和建構預期、計畫、有意識選擇的科學，就會比一個著重在習慣、驅力和環境的科學更有力量。我們是被未來所吸引而不是被過去所驅使這件事非常的重要，雖然它直接跟社會科學過去的傳統和心理學歷史相對抗，但是它是正向心理學的基礎，也是前提。

達克沃斯認為學校失敗有一部分來自學生的性格，並不只是教育體系的關係，她想來跟我做正向心理學，也想用沙賓尼的教學法來培養獨行俠。她的確具有獨行俠的特質：一個人有非常高的學歷、很嚴謹的教育，但是沒有被政治性阻止，阻礙她去研究學生性格強項看他為什麼成功，以及性格有什麼缺點，所以他失敗。

智慧是什麼

速度

我們還是面試了達克沃斯，我的第一個印象是她使我回憶起一件舊事。我是賓州大學一九七〇年代成立學院宿舍系統（college house system）的兩個教授之一，另外一人柯斯（Alan Kors）是歐洲現代學術史的教授，他認為大學教育應該跟心智的生活有關，但是當我們教大學部的學生時，發現教室跟真實生活的落差非常大：大學生們可以在教室中模擬學術的熱情而得到好成績，但是一旦離開了教室，回到宿舍中，那就是派對、派對、派對。柯斯跟我在一九六〇年代初期，在普林斯頓大學的宿舍中有過第一年動物生活的經驗（譯註：八〇年代曾經有部電影叫《動物屋》〔*Animal House*〕，光看片名以為是動物片，其實是講大學生生活，如果他們過的是 animal life，當然宿舍就叫 animal house了）。但是我們那時是在安全的港灣中，這種生活改變了我們兩人的生命：我們住的地方叫威爾森會館（Wilson Lodge），在一九六〇年代是個餐廳，學生吃飯的地方，直到今天，經過畢生的知識的饗宴後，它還是我一生中最好的知識經驗。當時，四年級的學生會主席拉巴斯（Darwin Labarthe），你在後面還會聽到很多次他的名字，被校長郭恩（Robert Goheen）所啟發，帶領一批學生反抗當時普林斯頓裡保守、反知識、反猶太的俱樂部系統，他們一起創造了威爾森會館，任何學生、教授都可以進住，一百多個對知識最有熱情的學生住了進去，另有四十位非常投入教學的教授也住了進去。

柯斯和我認為假如有教學投入，有關心學生的老師進住，應該會提供賓州大學的大學部學生脫離動物生活的解藥，所以我們在一九七六年成立了賓州大學會館。范培爾特大學會館（Van Pelt Collage House）是第一幢，因為柯斯沒有結婚——沒有任何一個教授願意放棄他的家庭生活跟一百八十名大學部學生住在一起，不論我們如何鼓吹，或他對教學有多投入都沒有用——所以他就成了第一個舍監；一九八〇年我離婚以後，接續他的位子。我不能假裝這是件容易的工作，事實上，這是我唯一失敗的工作。我無法做這群大學生二十四小時的**代理父母**，每天處理無止盡的室友糾紛、自殺企圖、約會強暴、惡作劇、缺乏隱私，最糟的是，無動於衷的行政官僚，把住校教授當做按鐘點付酬的臨時工，而不是學富五車的老師，舍監的工作不是人幹的。

但是在知識生活上，我們的創建大大改進了過去的情況，它一直存續到今天。那裡的派對也是第一流的（學生把派對叫做 Master Blasters），這些派對的中心人物是名叫麗莎的女孩，她是一個非常優雅的舞者，當時流行的音樂是搖滾樂，有非常非常快的節奏，麗莎每個拍子可以跳兩步，比別人快兩倍，從一開始跳到半夜。

回到我對達克沃斯的第一印象，她說話的速度和麗莎正好相配——講話比別人快兩倍，但是咬字清楚，你知道她在講什麼。

速度在學術界是個教人又愛又恨的東西，它在我認為真正的智慧上扮演了中央的角色。知識的速度在我父母親和老師心目中有著崇高的地位：它的典型是一九五〇年代初期的廣播問答節目「每事問孩子」（Quiz Kids，由 Dickie Freeman 和 Joel Kupperman 主持），他們問：「美國哪一個州最後兩個字母是 ut？」我曾在四年級時參加過類似的本地電台比賽，我答對了這一題，假如全部答對，獎品是《五兄妹》（*Five Little Peppers*）系列套書，但是我只得到第二名，所以無法去參加全國大賽，因為我不知道蘇格蘭民謠「甜美的阿芙敦河」（*Flow Gently Sweet Afton*）是誰寫的。

我的父母和老師對速度的偏好並不是偶然的社會習俗，速度和 IQ 有很強的關係。有一個實驗歷程叫「選擇反應時間」（choice-reaction time），受測者坐在一個螢幕前面，桌上有兩個反應鍵，假如螢幕上亮的是綠燈就按左鍵，亮紅燈就按右鍵，要做的得越快越好。IQ

跟這個速度的關係是＋0.5。在選擇反應上的快並不只是運動員反應快那種，因為它跟單一反應時間（simple reaction time，例如「我說『按』，你就盡快的按鍵」）是負相關。

為什麼智慧跟心智速度有關呢？我父親艾德里安（Adrian Seligman）是紐約州高等法院（Court of Appeals）的副發言人，他的工作是把七位高等法院法官所講的話——很多是不連貫的、不合文法的——整理起來，變成一篇可以讀的法律文件。他整理的速度非常快，根據我母親艾琳（Irene，她是法院的庭上紀錄員，有著很敏銳的觀察力）的說法，其他律師要花上一整天才做好的事，我父親一個小時就完成了。這使他有七個小時去檢查、改進他的工作，可以重寫、再重寫，所以最後的成品就比其他的人好得多。

任何一種複雜的心智工作——重寫一份法律意見，三位數乘法，在腦海中數你童年的家有多少扇窗戶，哪一條血管要先縫，下一個山頭會不會有敵人埋伏——都要用到快的自動化部件和慢的自主控制的部件，自主控制的要花很多的努力才能執行。你是一個很有經驗的士官長，快速的跑向阿富汗的山頭，你掃描四周，從過去的經驗，你立刻知道剛剛被翻動過的泥土表面，四下完全安靜、沒有任何動物的聲音是個危險的象徵，你的自動化歷程包括越多的東西，你越有時間考慮。你現在有兩分鐘時間和基地聯絡，問他們最新的敵方訊息，他們告訴你，今天早上附近的村落有三個陌生人出現，這些都表示有遭襲擊的可能性，或許地上埋有炸藥，所以你繞遠路上山，這兩分鐘就使你保全了性命。

這位士官長的心智速度很快，因為有一部分的作業已經自動化了。每一次打橋牌我都可以看到（每天平均三小時在網路上跟別人打）——我到目前已經打了二十五萬個小時以上，十三張牌的四種排列組合已經是自動化了。所以假如我發現對手有六張黑桃和五張紅心，我立刻知道，她手上要不是有兩張方塊，沒有梅花，就是有兩張梅花，沒有方塊，或兩種牌各一張。比較沒有經驗的人要去算，有人甚至要說出來，我以前也要在心中默算：「兩張方塊沒有梅花，或兩張梅花沒有方塊，或方塊梅花各一張」，直到我打到十萬次以後就不必了，它已變成自動化了。打橋牌就像生活中大部分的事，它是要計時的，橋牌比賽一場只有七分鐘，所以你自動化的排列組合越多，可省下的時間越多，你可以用節省下來的時間去想最可能贏的方法是什麼。

區分一個卓越的橋牌手、一位優秀的外科醫生或一名高超的飛行員和我們這些凡夫的差別，是他們在自動化中所儲存的東西有多少。當一個專家自動化的在做事時，人們會說她有「卓越的直覺」。所以我很看重速度。

達克沃斯（她的理論是本章的主軸）這樣說：

我們從高中的物理課知道物體的移動可以用下面這個公式來表示：**距離＝速度×時間**。這個公式顯示速度的效果和時間是獨立的和相乘的，而不是獨立的和相加的。假如時間是零，不管它的速度為何，距離還是零。

距離對我來講，像成就的比喻。什麼是成就？不就是從起點到終點。目標越遠，成就越大，就像距離是時間和速度的乘積。同理，假如使機會保持不動，成就是技術和努力的乘積：不要去管係數，

成就＝技術×努力。

大量的努力可以彌補技術的不足，就好像很強的技術可以彌補努力的不足，但是假如有任何一項是零，就不是這樣了。就一個技術精熟的人來說，投入更多的努力帶來的成果會更高。一個木雕大師在兩個小時之內所做出來的東西，會比一個生手花同樣時間所得到的多得多。

所以技術的主要成份是你有多少已經自動化，這會決定你可以多快完成這個作業。我年輕的時候動作很快，我開始我的學術生涯幾乎跟達克沃斯講話的速度一樣，橫掃過研究所，不但說話快，做實驗也快，只花兩年八個月就拿到我的博士學位。因此還接到一張很不高興的便條，是我在布朗大學（Brown University）的教授柯比特（John Corbit）寫來的，因為我打破了他三年拿到博士學位的紀錄。

慢的美德

然而，智慧和高成就不僅是速度而已。速度是給你額外的時間去執行非自動化的作業部分，智慧和成就的第二個部件是慢，你如何利用快所**替你省下的時間**。

心智速度是有代價的。我發現我自己容易漏看小地方，喜歡走捷徑，而我其實應該慢下來，求其深。當我應該細讀每一個字時，我發現自己在瀏覽；我也不太會聽別人說話，我發現我會去猜他們要說什麼，對方才講一兩個字就會被我打斷。大部分的時間我很焦慮——速度和焦慮是連體嬰，分不開的。

一九七四年我們聘用了皮悠（Ed Pugh），一位視覺心理學家，專門研究多少光子才能使單一視覺感受體發射。皮悠很慢。他並不是身體上慢（他曾是路易斯安那高中美式足球隊的四分衛），他說話的速度和反應時間都慢。我們叫他「沉思的」（thoughtful）。

皮悠是賓州大學傳奇人物艾斯特斯（William K. Estes）的翻版，艾斯特斯是最偉大的數學學習理論家，也是我所見過最慢的心理學家。跟他講話很痛苦。我有兩年在研究作夢，尤其是夢對人類有什麼好處。因為我們在睡覺時肌肉是放鬆的，身體是不會動的，很容易變成別人的晚餐，尤其在快速眼動期（rapid eye movement, REM）作夢的時候，但是我們一個晚上大約花兩個小時作夢。三十年前，有一次我碰到艾斯特斯，問他：「你對作夢的演化功能有什麼看法？」

他站在那邊五秒鐘，沒有眨一下眼，十秒、三十秒過去（因為太奇怪了，所以我有偷偷計算時間），在一分鐘之後，他說：「馬帝，你認為清醒的演化功能是什麼？」

有一回我跟皮悠在派對上相遇，在一個很長的停頓後我問他：「你為什麼會這麼慢？」

「我以前不是這麼慢的，馬帝，我以前很快，幾乎跟你一樣快，我是刻意學習變慢的。在我念博士之前，我是耶穌會會士（Jesuit）。我的導師（socius，耶穌會的導師可以和學生社交，而其他導師是給學生打分數）告訴我，我太快了。所以每一天他給我一句話去讀，他叫我坐在樹下整個下午，去想那句話。」

「你可以教我慢下來嗎？」

他的確可以。我們一起讀齊克果（SFear and Trembling），但是一週一頁；我姐姐貝絲教我打坐，二十年來我每天打坐四十分鐘。我耕耘慢，我現在甚至比皮悠更慢了。

在「成就＝技術×努力」的公式上，慢成就了什麼呢？

執行的功能

英屬哥倫比亞大學（University of British Columbia）的發展心理學教授戴蒙（Adele Diamond）是我最喜歡的神經科學家之一，她使幼稚園的小朋友慢下來，衝動的孩子常會犯錯，而且越長大越糟。米契爾（Walter Mischel）的經典棉花糖實驗顯示馬上把糖放進嘴裡的孩子長大後，表現得比可以等幾分鐘多吃一顆的孩子差，十年後的追蹤研究發現他們在學業成績和 SAT 分數上，也都比能夠等一下的孩子來得差。戴蒙認為不能控制他們快的情緒和認知衝動，是後來學校表現不良的起源。老師對這種孩子覺得很挫折、不耐煩，對這些孩子而言，上學是受罪，他們無法遵守校規，變得焦慮、退縮，產生逃避行為（avoidance），老師對這種孩子的期望越來越低，上學變得越來越難過，惡性循環最後孩子就中輟了。

戴蒙認為中斷這種快的歷程，使這些孩子慢下來很重要，慢下來可以使執行功能（executive func-tion）發揮作用。執行功能包括聚焦，忽略不相干的訊息，記得和應用新的訊息，計畫動作，修改計畫，抑制快、衝動的思想和行為。

戴蒙用波卓娃（Elena Bodrova）和梁（Deborah Leong）的「心智工具」（Tools of the Mind）課程來減緩這些衝動的孩子。其中一個技術是有結構的遊戲（structured play）：如果老師請一個四歲的孩子站著不要動，越久越好，一分鐘是平均數；相反的，在假扮遊戲中要孩子扮演工廠的警衛，這時他可以站四分鐘。戴蒙發現玩心智工具遊戲的孩子在需要執行功能的測驗上，分數較高。

除了多用執行功能，還有其他慢的訓練方式嗎？創造力是一個。在「成就＝技術☒努力」的公式中，成就的定義不僅是動作，它還必須是朝固定、特殊的目標前進，所以它不是只算距離。通常到目標會有好幾條路，有些比較近，有些比較遠，有些是死路，決定走哪一條路是個慢的歷程，叫做計畫（planning）。此外，當然可以發明新的路，這就是我們所謂的創意。

學習的速率：從速度而來的第一衍生物

任何一個作業的心智速度都反映出跟這作業有關的材料有多少已經被自動化了，我們把這些你已經知道跟這個作業有關的材料叫「知識」（knowledge）。作業的速度可以因時間而改變，而這平行「加速」（acceleration），是機械學上速度的第一個衍生物。那有沒有心智加速，因時間而增加心智的速度？你多快可以學會一個新知識，一個作業要多久可以變成自動化，我們把它叫做「學習的速率」（rate of learning），在某個時間單位上，你可以學到的東西。

達克沃斯學習的速率很快，她的快是人類心智的上限，在面試時把我們都嚇了一跳，招生委員會因此打破慣例，錄取了她。她馬上開始她的計畫，去檢驗好學生和壞學生的性格。但是有件令人發窘的事發生了，要解釋這件事，我們需要更深入的了解成就。

雖然達克沃斯動作很快，她對心理學是無知的，因為她先前所有的教育都不在心理學的範疇內。為使她了解正向心理學，我在二〇〇二年八月邀請她去一個高級精英的聚會。每一年夏天，我都舉辦一個一週的會議，把全世界即將畢業的研究生和博士級研究員找來和幾位資深、做得很好的正向心理學家談。想參加者的競爭很激烈，這個會議的程度非常高。達克沃斯從來不會不敢講她心裡的話，她參加了這個會議，但是給我的回饋卻令我很失望。「你強迫我們去聽的那個老廢物是誰？」這是她對一位資深教授的評語。

車子好不好的一個判斷標準是速度。心智速度是一個很好的品質，因為它可以讓你看到多少舊知識已經自動化，但是學習一個還沒有變成自動化的新知識，可以快，也可以慢。加速，看每單位時間能夠增加多少速度，是判斷車子品質的另外一個標準。心智加速是學習時，每單位時間所能增加的新知識，是我們叫做智慧的另一部分，達克沃斯的心智加速跟她的說話一樣快。

研究所裡的每一個研究生要很快的變成她那個領域的專家，才可以達到所方的要求，但是我所知道的學生中，沒有人能夠學得像達克沃斯那麼快。她很快變成智慧、動機和成功這方面的專家，在幾個月之內，我其他的學生（包括我在內）會去問她智慧心理學文獻和實驗方法的忠告，不到十二個月的時間，她從報廢車升級到法拉利跑車（Ferrari）。

在我們的成就理論中，已經談過了：

- **速度**：越快、越多知識自動化，你對這個作業知道得越多。
- **慢**：成就的自主性、重量級的歷程，如計畫、修改使更好、校對、創造力。速度越快，知識越多，越有時間留給執行功能用。

- **學習的速率**：一個新的訊息可以多快進入自動化知識的帳戶，使慢的執行功能有更多的時間可以去做。

自我控制和堅毅

上面描述的三個認知歷程都包括「技術」在基本的成就公式「成就＝技術×努力」中。但是達克沃斯要搜尋的不是學術成就的認知歷程，而是性格所扮演的角色，以及性格是否在這公式中屬於「努力」的一部分。努力是花在這個作業上的時間，如她在自傳中所說，她決心探索的是非認知的成份。成就的非認知成份可以簡單的說，就是努力，努力又可以簡化成「作業所花的時間」。在「努力」這個領域的巨人是一位高大、害羞、但是不退讓的瑞典人，佛羅里達州立大學（Florida State University）的艾力克生（Anders Ericsson）教授。

艾力克生認為所有高成就專家的基石並不是上天給的天才，而是後天的練習：所有花在某一件事上的時間和精力。莫札特（Wolfgang Amadeus Mozart）能成為莫札特並不是因為他對音樂有特殊的天賦，而是因為從他會走路起，他就把時間花在用他的天賦上。世界級的西洋棋大師並不是他們的思慮比較快，也不是他們有更好的記憶力，而是他們有這麼多的經驗，他們認出棋譜的速度比沒有經驗的棋手快得多，這純粹來自經驗。世界級的鋼琴演奏家在他二十歲時，已經花上萬個小時在練習上，而低一級的鋼琴家才花五千個小時，而更低一級的業餘演奏家則花了兩千個小時。艾力克生理論最好的證據就是他的研究生陸超（Chao Lu），他是金氏世界紀錄（Guinness World Record）的保持者，可以記住圓周率（π）到小數點後六萬七千八百九十位。所以他給的忠告非常的簡單：假如你要在任何一個領域變成世界級的，你必須每週花六十個小時練習，持續十年。

是什麼決定一個孩子願意花這麼多時間去練習？除了性格沒有別的嗎？紀律是性格的特質之一，會使孩子執意去練習，達克沃斯開始投身研究自我紀律（self-discipline）是在馬斯特曼中學（Master-man High School），費城市中心一所充滿吸引力的學校。馬斯特曼接受五年級以上具有潛力的學生，但是很多會被淘汰掉，真正的競賽從九年級開始，達克沃斯希望查明自我紀律和IQ，哪一項比較能預測學生的成功。

IQ和學業表現是一個已被深耕的領域，有非常多的測量法，但是自我紀律還沒有被探討過。所以達克沃斯設計了一個方法可以測量自我紀律的各個面向，應用到八年級學生身上：她用艾森克少年衝動性量表（Eysenck Junior Impulsiveness Scale，以是／否回答有關衝動的做和說事情的量表），一個給父母和老師填的自我控制量表（「一般孩子的分數是4，最衝動的分數為7，自我控制最好的分數為1」），以及延宕的滿足（時間和金錢的各種範圍，例如「你願意我今天給你一塊錢，還是兩個禮拜以後給你兩塊錢？」）為基礎，然後觀察下一年，那些高度自我紀律八年級生在下列各項的表現：

- 比較高的學業平均
- 比較高的成就測驗分數
- 比較可能進入他所選擇的好學校
- 花比較多的時間在家庭作業上，而且比較早就開始做
- 比較少缺席
- 看比較少的電視

在預測成績上IQ 跟自我紀律比起來怎麼樣？IQ 和自我紀律彼此的相關沒有達到顯著性，換句話說，低IQ、高紀律的孩子跟高IQ、高紀律的孩子一樣多。但是自我紀律在學業成績的預測力上，比IQ 高了兩倍。

這個計畫是達克沃斯第一年的論文，我鼓勵她寫出來去投稿，她照做了。我是學術期刊老手，但是這是第一次我看到一個頂尖的期刊馬上接受一篇稿子，沒有要求拿回去大幅修改。達克沃斯用下面文字結束這篇論文：

> 美國青少年的低成就通常是歸因到老師不適任、教科書很無聊、班級人數太多。我們認為學生沒有達到他們學術的潛能還有另外一個原因：他們沒有自我紀律——我們認

為很多美國的孩子對需要犧牲短期的快樂以換取長期所得的這種選擇有困難，目前這個建構自我紀律的計畫或許可以是幫助學生建立學術成就的一條康莊大道。

這個研究也解決了一個長期存在的謎，即男生和女生在學校成就上的鴻溝。女生的學業成績比較好，從小學到大學都是這樣，而且每一門學科也全部這樣，雖然女生平均來說IQ並沒有比男生高，事實上，男生在智力測驗和成就測驗上成績常常比女生高一點點。IQ過度預測男生的學業成績，而低估了女生的，那麼，這個自我紀律是不是這幅拼圖中所缺少的那一塊呢？

達克沃斯用她的自我紀律測驗從八年級一開始，便預測代數（algebra）的成績，然後從出席率、數學成就測驗來看學期末學生的表現。女生的確拿到比較高的學業成績，但是數學成就測驗和男生差不多；如我們所預期的，成就測驗低估了女生的學業成績。很重要的是在所有部件中，女生的自我紀律比男生高。問題是：女生的自我紀律是否跟他們的學業成績有關係？要回答這個問題，一個統計的技術「階層式多變項迴歸」（hierarchical multiple regression）可以幫忙——它基本上在問：當除去自我紀律這個變項所帶來的差異時，學業成績的差異是否消失？這答案是肯定的。

然後達克沃斯重複在第二年用IQ來做這個實驗。女生又在代數、英文和社會科學上得到比較高的成績，也比男生更有自我紀律。這一組男生比女生IQ高很多（達到顯著性），但是IQ測驗和標準化測驗還是低估了女生的課業成績。用多變項迴歸統計方式分析，女生的自我紀律還是她們在課堂上表現優異的主要因素。

雖然這解決了女生一路到大學課堂表現都比較優秀的問題，但是它仍然沒有告訴我們為什麼比較多男生上大學念研究所，也賺比較多的錢。女生自我紀律強的優勢並沒有因成熟而衰微，但是大學畢業以後，許多女生被文化因素所限制，女性的自我紀律因此受到侵蝕。

自我控制可以預測學術上的成就，但是它對其他的結果預測力如何？例如，肥胖症，有人說，肥胖症的根源在關鍵期——在青春期的早期，體重增加。達克沃斯檢視學校護士關於五年級學生的體重紀錄，她在二〇〇三年測量孩子們的自我紀律，然後看八年級時，體重增加了多少。自我紀律對體重的效果和對成績的效果一樣：高自我紀律的學生比較沒有像自我紀律低的孩子那樣增加體重，而IQ對體重沒有任何作用。

堅毅vs.自我紀律

假如我們希望孩子有成就，我們需要教導和提倡自我紀律。我最喜歡的社會心理學家鮑米斯特（Roy Baumeister）認為紀律是所有美德的女王，先有這個強項，其他的強項才有立足之地。自我紀律的極限就是堅毅（GRIT）。達克沃斯繼續探索堅毅，這是對一個目標有非常高的堅持性和非常大的熱情。我們看到，有一點自我紀律就能有相當的成就，如果要有非常特別的成就時，該怎麼辦呢？

非常特別的成就很少有，「非常稀有」（very rare）就是「非常特別」（extraordinary），聽起來好像循環論（tautology，譯註：用A解釋B，查B是什麼時，說去看A，還是沒有說出任何意義），但是它不是。許多人相信「天才」，我把這個名詞當做真正特殊成就的同義詞，它是在「成功」這個鐘型曲線（bell-curve，譯註：這是一個統計名詞，當樣本很大時，所有人的落點最後會形成一個鐘形曲線，例如測量一千個人的身高，中間一定是大多數人的身高，兩端各有長得很高和很矮的人）或是說正常曲線（normal curve）正向的那一端的頭。鐘形曲線適用於一般事物，如魅力、美麗、學校成績和高度等，但是成就的分布並不是這樣。

高人類成就

墨雷（Charles Murray）是一位傑出的社會學家，他的巨著《人類成就》（*Human Accomplishment*）是從體育開始的。一般的高爾夫球職業選手在他一生贏過多少座職業高爾夫球協會（PGA）巡迴賽的大獎？中間數是從零到一（最大多數人的是零），但是有四個職業高爾夫球員贏得三十座以上：阿諾・帕瑪（Arnold Palmer）贏了六十一座，傑克・尼克勞

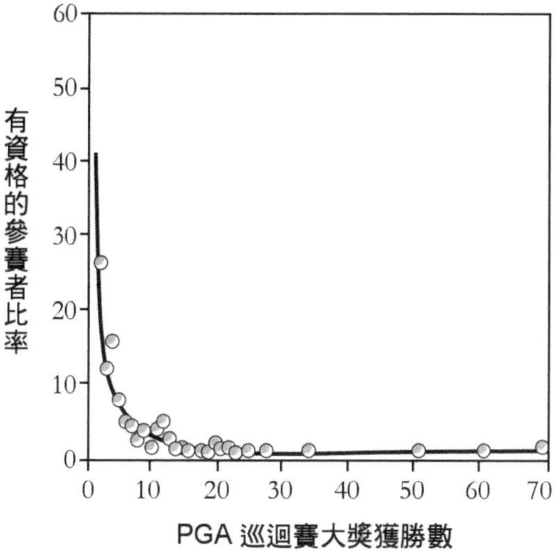

斯（Jack Nicklaus）贏了七十一座（在寫作當下，老虎・伍茲〔Tiger Woods〕也已經七十一座了）。這個 PGA 大獎的分布圖完全不像鐘形曲線，而像下面這張懸崖圖。

這種曲線的專業術語叫「對數常態」（log-normal），即把變項對數化就正常分布了。網球也是如此，馬拉松、西洋棋和棒球的打擊率皆是如此——成就越是難得到，就越像這張懸崖圖。在每一個領域，都有很多的能人，但是真正的大師只有兩個或三個，他們獨得所有的注意，它與只是一般的好手中間不是一條連續的線。每一個社會的有錢人也是如此，很少的人擁有很多的財富；在產業界我們都知道，百分之二十的員工替公司賺了百分之八十的營利。

為了紀錄這個現象，墨雷把二十一個知識

領域的天才，包括天文、音樂、數學、東西方的哲學、繪畫和文學，都量化並做了分布圖。在這二十一個領域中，領導級人物的作品被引用的機率都不是鐘形曲線，而是兩個或三個巨人獨得大部分的榮耀和影響力。在中國哲學上是孔子；在科技上是瓦特（James Watt）和愛迪生（Thomas Edison）；在西方音樂上有兩個：貝多芬（Ludwig van Beethoven）和莫札特；西方文學只有一個：莎士比亞。

一旦描述出來了，你的反應可能像我一樣：「當然，我早就知道是這樣——至少直覺上知道。」但是為什麼是這樣？為什麼在不同的文化和領域中，都是這樣？

天才的輪廓——頂尖能手高高在上，跟一般的好手差了很多——是個乘積關係，不是相加關係。發明電晶體（transistor）的諾貝爾獎得主夏克力（William Shockley）在科學論文的發表上發現了一樣的型態（pattern）：很少數的幾個人發表很多的文章，但是大部分的科學家只發表過一篇或連一篇都沒有。夏克力寫道：

舉例來說，發表一篇科學論文所需要用到的元素包括：(1)能夠想出一個好的問題；(2)有研究它的能力；(3)有能夠看到結果之重要性的能力；(4)有能力知道何時該停止實驗，把它寫出來；(5)能夠寫得讓人看得懂；(6)能夠從批評中受益；(7)決定把文章投到恰當期刊上發表；(8)持續進行修改。假如一個人在這八項元素上能夠超越別人百分之五十，他的論文出產率會比別人高二十五倍。

這就是GRIT（堅毅）的根本理由，永遠不放棄的自我紀律。非常大的努力來自非常堅持的人格，你擁有的GRIT越高，你會有越多的時間花在作業上，而這些時間並不只是增加你所有的內在天生的技術，它是用相乘的速度把你送到目標去。所以達克沃斯發展了一個GRIT測驗，請做這個測驗，也讓你的孩子做一下：

請用下面這個量表回答這八個題目：

1＝一點都不像我，2＝不太像我，3＝有一點像我，4＝很像我，5＝非常像我

（　）1. 新的想法和專案計畫有時會比現在做的東西更吸引我的注意力。*

（　）2. 挫折不會使我沮喪。

（　）3. 短時間內我會為一個想法或專案計畫非常的執著，但是久一點後，就會失去興趣。*

（　）4. 我是一個工作非常努力的人。

（　）5. 我常會設定一個目標，但是後來卻去追求其他的目標。*

（　）6. 我對要花幾個月才能完成的專案常會無法聚焦，很難維持我對它的注意力。*

（　）7. 我有始有終。

（　）8. 我很勤勉。

現在來計分：

1. 把第2、4、7和8題的分數加起來。
2. 然後加上第1、3、5和6題（*號表示分數是相反的），用24減去總和。
3. 把前面兩項分數加起來，除以8。

下表是男女性的常模：

達克沃斯發現，教育越高，GRIT分數越高。這並不算驚奇，但是哪一個優先：是比較多的教育產生比較高的

每十分位數	男性（取樣4,169）	女性(取樣6,972)
第一	2.50	2.50
第二	2.83	2.88
第三	3.06	3.13
第四	3.25	3.25
第五	3.38	3.50
第六	3.54	3.63
第七	3.75	3.79
第八	3.92	4.00
第九	4.21	4.25
第十	5.00	5.00
平均／標準差（SD）	3.37／0.66	3.43／0.68

GRIT，還是堅持過很多的失敗和羞辱，所以才會得到比較多的教育？到現在還沒有答案。比較令人驚訝的是，控制了教育變項，年紀大的人 GRIT 的分數比年輕人高，那些超過六十五歲的人比任何其他年齡層的人分數高。

堅毅的好處

平均成績

賓州大學心理系的學生有一百三十九人做了這個測驗，我們知道他們的 SAT 分數，這是對 IQ 一個很好的評估。達克沃斯追蹤他們的學業成績表現：高 SAT 分數可以預測好的學業成績（這是高 SAT 唯一被證明的好處），高 GRIT 同時也預測了高學業成績；很重要的是，在統計上當維持 SAT 分數不動，高 GRIT 可以持續預測較高的學業成績，在 SAT 的每一個程度上，GRIT 高的學生較其他人成績表現好。

西點軍校

二〇〇四年七月，一千二百一十八人進軍校時，做了 GRIT 測驗，以及其他一大堆的測驗。美國陸軍非常在意心理測驗，他們很想知道一個新學員的未來成就。很有趣的是，GRIT 似乎是一個獨特的測驗，它跟其他的測驗如 SAT、領袖能力潛能測驗和體適能測驗等沒有什麼相關，但是 GRIT 預測哪一個新成員可以完成夏季訓練（過去被稱為「野獸營」）、哪一個人會中途退出的預測力，比任何其他測驗更正確，也比其他測驗綜合起來的效果更好。GRIT 同時預測學業成績和第一年的軍事表現分數，不過，這一項其他傳統測驗也預測得很準，GRIT 並沒有超越它們，一個簡短的自我控制量表（比較沒有那麼極端的 GRIT）比 GRIT 對學業成績的預測更準確。達克沃斯二〇〇六年在西點軍校（West Point）重複了這個實驗，發現 GRIT 可以預測美國特種部隊留營率及房地產買賣的成功率。

全國拼字比賽

美國全國拼字比賽（The Scripps National Spelling Bee）的參賽者包括幾千名來自世界各地的七歲到十五歲的孩子，在二〇〇五年，二百七十三名進入了在華盛頓特區舉行的決賽。達克沃斯給他們做 IQ 測驗和 GRIT 測驗，她同時也記錄他們花多少時間背那些艱澀的字。GRIT 能預測誰可以進入決賽而自我控制的測驗不能，IQ 測驗中的語言 IQ 也能預測誰可以進入決賽。進入決賽者的 GRIT 分數都高於一般人，達克沃斯配對了年齡和 IQ，她發現有百分之二十一的人會進入總決賽。統計結果顯示 GRIT 篩選出來的決賽者比其他的人表現好得多，至少一部分原因是他們花比較多的時間去背生字。達克沃斯在第二年重複得到這個結果，這次還發現所增加的練習時間可以解釋整個 GRIT 預測力。

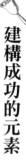

建構成功的元素

讓我們來回顧一下成就的元素，這是我們從「成就＝技術×努力」這個理論所得出的。

1. **快**。關於作業思考的速度反映出多少的作業已經自動化了，也代表這個人對這個作業有多少的技術和知識。
2. **慢**。不像技術和知識，計畫和檢查作業、叫出記憶和創新等執行功能是慢的歷程。知識和技術越多，你越有時間可以用在慢的歷程上，所以成果會比較好。
3. **學習的速率**。你學習的速度越快——這跟作業思考的速度不同——累積的知識越多，每一個單位時間你可以完成的作業越多。
4. **努力＝花在作業上的時間**。你花在作業上的時間乘以你有多少技術等於你的目標成就。它同時也衍生成為第一個因素：你花在作業上的時間越多，知識和技術會變得越多，它們會加速變成黏住（stick）你的東西。主要的性格決定你投入多少時間到作業上，這就是你的自我紀律和你的GRIT。

所以假如你或你的孩子的目標是更高的成就，你該怎麼辦？

關於建構第一個要素：加速思考，我們現在知道的還不多。但是速度成就的是知識，你越快，會得到越多的知識，這些知識變成自動化後，單位時間所習得的知識越多，你能花在練習上的時間也越多。所以花更多的時間在作業上會建構成就。因此即使你的孩子不是天生有很多的天賦，特意的練習會幫助他建構他的知識基礎，練習、練習、練習。

建構慢會使你有執行功能的空間來使計畫、記憶、抑制衝動和創造力成長。就如精神科醫生哈洛威爾（Edward Hallowell）對有注意力缺失／過動症（Attention Deficit Disorder, ADD）的孩子說的：「你的心智像法拉利，我是剎車專家，我來幫助你學習如何使用剎車。」可以打坐和特意學習慢——慢慢說話，慢慢閱讀，慢慢吃，不要打斷——的作業。對年幼的孩子，心智工具可能很有用。我們需要知道如何去建構耐心，這是一個不流行、但非常具關鍵性的美德。

據我所知，學習的速率——每時間單位所能習得的知識——幾乎從來沒有獨立於知識之外被測量過，所以我們不知道該如何增加你的學習速率。

你真正可以增加你的成就的是努力，努力就是你練習作業的時間。花在作業上的時間有兩個方式增加你的成就：它把現有的技術乘上知識，它也可以直接增加技術和知識，最好的消息是努力是完全操之在你的。你願意花多少時間在作業上來自意識的選擇，來自你的自由意志，選擇花時間努力來自正向性格的兩個層面：自我控制和堅毅。

高人類成就是幸福五個部件之一，也是意志和性格之所以是正向心理學不可缺的另外一個原因。我希望（事實上是我的預期）在接下來這十年，我們會看到如何增加堅毅和自我控制的主要發現。

直到最近，我都以為正向教育是一個值得去做的想法，但是不確定它在真實世界中可以存在。直到有一件大事發生，它是正向教育的轉捩點，這就是下面兩章的故事。

第7章

強有力的軍隊：全方位士兵強健計畫

總體評估工具（GAT）是一個自我報告的問卷調查，
目的是測量所有階級的士兵心理幸福感，
包括情緒適應、社會適應、家庭適應和心靈適應。
我們的工作是設計一個心理測驗找到提升這四個心理適應的方法，
然後訓練士兵們培養更高的身體體能適應。
全方位士兵強健計畫（CFS）聚焦在能力，
假如這個測驗成功的找出及預測哪些事情士兵會做得好，
我們預期會對企業、學校、警察和消防單位、醫院都大有幫助——
它不像過去那樣只是去除或彌補做不好的、不行的，
它是找出行的，鼓勵他、提升他。

「在二十五個字以內，寫下你的人生哲學。」這是剛剛贏得二〇〇九年玫瑰盃（Rose Bowl）、目前全美最紅的大學美式足球教練卡洛（Peter Carroll）交付的作業。我們有兩分鐘時間寫，跟我坐在一起的有一百位左右的客人，包括特種部隊軍事指揮、情報官、心理學家、一知半解的將軍。唯一真正動手寫的是准將柯能（Rhonda Cornum）。

被卡洛叫起來講她的人生哲學。

「決定優先順序。

「A。

「B。

「C。

「去掉C。」

跟柯能一起工作是我一生中最愉快的經驗之一。我們的合作開始於二〇〇八年八月，在五角大廈返鄉戰士專案的主持人錢伯斯（Jill Chambers）來我家造訪之後。

心理適應的陸軍

錢伯斯是位個子矮小、瘦骨嶙峋的上校，「我們不願華盛頓的街頭都是乞討的退伍軍人，創傷後壓力症候群（post-traumatic stress disorder, PTSD）、憂鬱症、上癮者、離婚和自殺傾向的這些人，有礙觀瞻。我們讀過你的書，我們想知道你對陸軍有什麼建言？」

我幾乎忘記錢伯斯曾經到訪，當二〇〇八年十一月末我收到一張邀請信，請我去五角大廈跟陸軍參謀總長、赫赫有名的三星上將凱西（George Casey）午餐時。凱西曾是多國部隊在伊拉克的司令，也是三角洲部隊（delta force）的英雄。當這位短小精幹、五十多歲、灰頭髮的將軍走進來時，每個人都立正站好，當我們坐下來後，我注意到我左邊這位將軍的紙頭上寫著「塞利格曼午餐」。

「我要建立一支陸軍，它的心理要跟它的身體一樣健康，」凱西將軍開始說：「你們今天來這裡就是要給我意見，告訴我怎麼樣做這個文化的轉換。」

確實是文化的轉換，我這樣想，但是這是對的方向。我這個外行人對戰爭的看法來自史凱爾斯少將（Major General Robert Scales），他是前美國陸軍戰爭學院（War College）的校長、軍事史學家以及〈克勞塞維茲和第四次世界大戰〉（Clausewitz and World War 4）一文的作者，這篇文章發表在《陸軍期刊》（*Army Force Journal*）。史凱爾斯說第一次世界大戰是化學戰，第二次世界大戰是物理和數學戰，第三次世界大戰是電腦戰，第四次世界大戰是人對人戰（我們已經進入第四次世界大戰了）；沒有任何一個有理智的敵人敢與美國打仗，不論海、空或飛彈，在這種戰爭上我們是五對五，很不幸的是，最近我們打的都是人對人的戰爭，而我們是零比七——越南和伊拉克就是最好的例子。所以現在陸軍一定要嚴肅面對人類科學，史凱爾斯如此下結論。如果一個軍隊的心理跟它的身體一樣強健的話，頭過身就過，一如駱駝把鼻子伸進帳篷來，很快地牠的身體就進來了。

「心理強健的鑰匙是回彈，」凱西將軍繼續說：「從現在起，回彈會在所有美國陸軍中教導和被測量，塞利格曼博士是全世界在回彈方面的權威，他現在來告訴我們該怎麼做。」

當我被邀請時，我以為他們是要我去講創傷後壓力症候群（PTSD），以及陸軍該怎麼治療退伍軍人，我完全沒有料到是這個樣子。我站起來說了幾句衷心感謝的話，重複我告訴錢伯斯的話：聚焦在病態的憂鬱症、焦慮症、自殺和 PTSD 是搖尾求憐，現在陸軍要做的是把對負面事件反應的力量轉到回彈和成長，它不只可以幫助防止 PTSD，而且可以增加士兵遭遇不幸事件時回彈的人數，最重要的是，它會增加我們士兵從嚴酷的戰場重返心理成長的人數。

回彈，至少對年輕的公民來說，是可以教的。它是正向教育的主要精神，我們發現兒童和青少年憂鬱症、焦慮症和行為偏差可以用回彈訓練的方式來減少。

「這跟部隊執行任務一樣，凱西將軍。」衛生部長卡蒙納（Richard Carmona）插進來說。卡蒙納在老布希總統（George W. Bush）時代擔任軍醫處處長（surgeon general）。「我們每年花兩兆美元在健康上，其中百分之七十五用於治療慢性疾病和老人照顧，像我和塞利格曼博士。假如我們要健康，我們應該集中力量去建構回彈，包括心理的和身體的，尤其是年輕人。未來十年我們要的是能反彈回來、而且能處理持續戰爭壓力的作戰部隊。假如回彈的訓練有效，它可以成為民間醫療的模式。」

「讓我們把這個計畫從醫療項目中抽出來，去除精神病的負面標籤，把回彈放進教育和訓練中。」中將蘇馬克（Eric Schoomaker）這樣說，他是陸軍的軍醫處處長及醫療隊的司令，「假如這件事成功了，防止了生病，我知道這會使我的預算被砍，因為我的人員是依疾病的多寡來付薪水的，但它是一件對的事，應該去做。」

「這就是我們打算開始去做的事，」參謀總長凱西說：「塞利格曼博士，兩個月以前我們開始了『全方位士兵強健計畫』（Comprehensive Soldier Fitness, CSF），由柯能少將指揮。美國士兵戰場和基地輪調已經超過八年，軍隊累積了很多的壓力使我們的士兵表現下降，在很多個案中，還破壞了我們基地和前線的關係。我不知道這個持續的衝突什麼時候才會結束，但是我很確定在可預見的未來，美國的士兵會置身險境，確保我們的士兵、他的家人、軍中老百姓在身體上和心理上都準備好了繼續支持和服務那些在戰場上的同袍是我的責任，柯能將軍，我要你和馬帝一起商量，把肉放進CSF的計畫中，使它充實可行，六十天後向我回報。」

總體評估工具

下一個禮拜，柯能少將出現在我賓州大學的辦公室中。「六十天，」她說：「對我想要做的全方位士兵強健計畫的三個部分並不是很長的時間，我想請你設計心理適應和自我改進的課程來配合這個測驗，以及回彈訓練的前置研究。」

我們開始招募人力來設計總體評估工具（Global Assessment Tool, GAT），這是一個自我報告的問卷調查，目的是測量所有階級的士兵心理幸福感，包括情緒適應、社會適應、家庭適應和心靈適應。根據測驗結果將士兵分到不同的訓練課程中——基本的或是進階的，它也有提供評估這些計畫成功與否的工具，同時提供了全陸軍士兵心理適應的資料。柯能少將強化心智的模式對 GAT 是可行的，她曾經做過「財務適應」（financial fitness）的計畫：士兵們在離開軍隊退伍後，常發生財務管理不善的情形，柯能少將設計了財務適應的測驗，並將它和財務短期訓練課程聯結在一起，她發現有效的減少了許多退伍軍人上吃人貸款的當。所以我們的工作是設計一個包括四個適應的心理測驗，接著要找到提升這四個心理適應的方法，然後訓練士兵們培養更高的身體體能適應。

陸軍在設計心理測驗上有非常好的歷史，這些軍方測驗後來變成民間的標準測驗。第一次世界大戰時陸軍有兩個測驗，陸軍甲種測驗（Army Alpha）是給識字的士兵，乙種測驗

（Army Beta）是給不識字的士兵用的。兩百萬名士兵做了這些測驗，它的目的是篩檢出心智不全的，然後再從心智功能健全的士兵中挑選出有能力的，委以重任。雖然團體施測一直有爭議，但是它很快就流行到民間，一個世紀以後，智力測驗還是我們現代社會一個定點。

二次世界大戰時，陸軍發展出各種測驗來訓練更多的特定能力，其中之一是用來選拔和分類飛行員的航空心理計畫（Aviation Psychology Program）。在二次世界大戰前，飛行員是以教育程度來選拔的，但是沒有足夠的人員來填滿所有的空缺，所以一個完整的測驗便被發展出來了，包括智力測驗、人格測驗、特別興趣和生理方面的問卷，以及實驗室對警覺、觀察力敏銳度、視知覺速度和眼手協調等測驗。這套測驗被證實有很高的預測力：它可以預測飛行員實際會犯的錯誤，雖然它在找出最佳飛行員上不及它篩除掉不適合的人員。

假如好好做的話，基礎研究和應用研究應該是共生的，所以不意外的，心理學在第二次世界大戰後成長得很快。第一次世界大戰的測驗是聚焦在一般的能力，第二次世界大戰的測驗發展是聚焦在態度和特殊能力上，全方位士兵強健計畫則聚焦在能力；假如這個測驗成功的找出及預測哪些事情士兵會做得好，說不定心理學會像二次世界大戰以後那樣，再一次的蓬勃發展。如果真是這樣，我們預期GAT會對企業、學校、警察和消防單位、醫院都大有幫助——它不像過去那樣只是去除或彌補做不好的、不行的，它是找出行的，鼓勵他、提升他。

這是柯能少將和我心中的希望，這是個心理適應的測驗，所以我們組織了一個包括十個測驗專家的團隊，一半老百姓，一半軍方，團隊的領袖是彼得森（Chirs Peterson），著名的密西根大學教授，也是VIA（個人強項測驗）的設計者。他和卡斯楚上校（Carl Castro）共同負責，還有彼得森密西根大學的同事朴蘭淑（Nansook Park），他們在接下來的幾個月裡沒日沒夜的工作，篩選過幾千個相關的測驗題目來設計出只要二十分鐘就可答完的GAT。

柯能少將的領導能力，搭配泌尿外科醫生的行動導向，再加上將軍的閃電直覺，在設計GAT的過程中一覽無遺。很快的，這個測驗就在幾千名士兵身上試做了，一個善意的民間心理學家寫了一封發牢騷的信，建議一些可改進的地方。柯能少將發了一封簡短的電子郵件給我們：「一個好的敵人用處更大。」（The enemy of good is better.）

下面是GAT的一些樣本問題，請注意，GAT和許多心理測驗不同的地方在它同時探索個人的強項和弱項、極限和問題、正向和負向。它也是完全隱私的，只有士兵本人能看到測驗的結果，沒有長官會看到個人的成績，這有兩個理由：法律保障每一個人的隱私權，即使在軍中也是一樣；第二，這會增加誠實回答的機率。

下面是GAT **整體滿意**（overall satisfaction）的一些樣本題目：

整體來說，在過去的四週中，你對你的生活有多滿意？（請圈出一個數字）

	非常不滿意				中等					非常滿意
▼我的生活（整體來說）	1	2	3	4	5	6	7	8	9	10
▼我的工作	1	2	3	4	5	6	7	8	9	10
▼我的朋友	1	2	3	4	5	6	7	8	9	10
▼我單位的士氣	1	2	3	4	5	6	7	8	9	10
▼我整個家庭	1	2	3	4	5	6	7	8	9	10

請想像一下在過去的四個禮拜中，如果發生以下情況你會怎麼做，請以你實際會怎麼做來回答（你可以先做〈附錄〉中的個人強項測驗，對GAT有比較完整的理解），圈出一個數字。

強項

	從來不會									總是會
▼試想一個真實的情境：你有機會去做一件新奇或創新的事，在這樣的情境中你有多常應用創造力或聰明才智？	1	2	3	4	5	6	7	8	9	10
▼試想一個真實的情境：你要去做一個複雜的、很重要的決定，在這樣的情境中	1	2	3	4	5	6	7	8	9	10

你有多常使用批判性思考、廣納善言，或運用良好判斷？

▼試想一個真實的情境：當你經驗到恐懼、威脅、窘迫和不安時，在這樣的情境中你有多常展現出勇氣和膽識？

1 2 3 4 5 6 7 8 9 10

▼試想一個真實的情境：你面臨一個很困難、很花時間的作業，在這樣的情境中你有多常堅持去完成？

1 2 3 4 5 6 7 8 9 10

▼試想一個真實的情境：你可以欺騙或誤導，在這樣的情境中你有多常誠實以對？

1 2 3 4 5 6 7 8 9 10

▼試想一個每日生活的情境：當你有機會時，你有多常感受或顯現出熱情和渴望的心情？

1 2 3 4 5 6 7 8 9 10

▼試想一個每日生活的情境：你有多常對別人（朋友、親人）表達你的愛或依戀

1 2 3 4 5 6 7 8 9 10

之情？而且在可能的情況下，接受別人對你的愛？

▼試想一個真實的情境：你需要了解別人的需求及如何作出適當的回應。在這樣的情境中你有多常應用社會技巧（social skills）、社會覺識（social awareness）或街頭智慧（street smart）？

1 2 3 4 5 6 7 8 9 10

▼試想一個真實的情境：你是某個團體的成員，這團體需要你的幫助和忠誠，在這樣的情境中你有多常表現出你的團隊精神？

1 2 3 4 5 6 7 8 9 10

▼試想一個真實的情境：你對兩個以上的人有一些權力和影響力，在這樣的情境中你有多常公平地處理這些人的升遷？

1 2 3 4 5 6 7 8 9 10

▼試想一個真實的情境：你是某個團體的成員，這團體現在需要方向，在這樣的

1 2 3 4 5 6 7 8 9 10

情境中你有多常發揮領導力去幫助這個團體？

▼試想一個真實的情境：你很想去做一件後來可能會後悔的事，在這樣的情境中你有多常使用你的謹慎或小心？ 1 2 3 4 5 6 7 8 9 10

▼試想一個真實的情境：你經驗到你希望可以控制的慾望、衝動和情緒，在這樣的情境中你有多常運用你的自我控制？ 1 2 3 4 5 6 7 8 9 10

情緒適應（樣本項目）

用你平常思考的方式回答下列問題：

1＝一點都不像我；2＝有一點像我；3＝像我；4＝很像我；5＝非常像我。

▼當不好的事情發生在我身上時，我預期會有更多不好的事情會發生。

▼我對發生在我身上的事沒有主控權。

▼我用把事情變得更糟來反映壓力。

最後三個問題和 PTSD 及憂鬱症的發生很有關係。它們是「小題大作」

（catastrophization）的問題，是認知思考的陷阱，與我們特別關心的回彈訓練有關。假如這些問題對你來說都是「很像我」，你是憂鬱症、焦慮症和 PTSD 的高危險群。

下面是其他情緒適應題目：

▼在尚未確定的時候，我通常預期最好的會出現。
▼假如壞事情有可能發生，它就會發生在我頭上。
▼我很少去想發生在我身上的好事。
▼整體來說，我預期發生在我身上的好事會比壞事多。

下面四個是樂觀的題目，是在壓力和身體健康下對堅持和毅力的預測：

▼我的工作是我生活中最重要的事情之一。
▼假如有第二次的機會，我還是會選我現在的這個工作。
▼我對我的工作有承諾，不會離開。
▼我的工作表現會影響我的心情。

下面四個是全心投入的項目，它會預測表現：

▼我會對某個想法或某種計畫非常的執著，但是只一陣子，後來就對它失去興趣（這也是GRIT的項目）。
▼要我改變或去適應改變是很困難的事。
▼在尚未確定的時候，我通常預期最好的會出現。

社會適應（樣本項目）

請說明你有多同意或多不同意下列這些句子：
1＝非常不同意；2＝不同意；3＝中性；4＝同意；5＝非常同意。

▼我的工作使世界變成一個更好的地方。
▼我信任我的同袍會替我著想，會顧及我的安全。
▼我最好的朋友是我同單位的同袍。
▼整體來說，我信任我的頂頭上司。

心靈適應（樣本項目）

▼我的生命有永恆的意義。
▼我相信，生命就某個方面來說，與所有的生命相連接，是跟全世界的人都有關聯的。

▼我現在在軍隊中的工作有永久的意義。

家庭適應（樣本項目）

▼我跟我的家人很親近。

▼我很有信心，知道軍方會照顧我的家人。

▼軍方把太多的壓力加在我家人的肩上。

▼軍方很幫忙，使我的家人日子過得很好。

因為所有的士兵都要做 GAT，這可以減低精神健康服務所帶來的負面印象；沒有士兵會覺得自己被單獨挑出來去做這個測驗，也沒有人會覺得要去做表示他一定有不對勁。所有的士兵都會收到他自己強項的回饋，最後，GAT 會依測驗結果推薦或介紹士兵去上一些線上課程，這些是專門為他量身訂作的心理適應課程，對他有好處。

GAT 最後在二〇〇九年秋天拍板定案，所有的士兵一年都得做一次這個測驗，直到他們退伍。在我寫到這一章時（二〇一〇年九月），已經有八十萬名士兵做過 GAT 了。初步的資料顯示這測驗是有效度的：當軍階和經驗上升時，心理適應也上升了；當情緒適應增加時，PTSD 就減少了；當情緒適應增加時，醫療照護的費用下降了。美國目前五分之一的陸軍是女性，她們的心理適應跟男生一樣，只有一項有顯著差異：女生在信任（trust）上的分數比男生低。

在軍隊中有一百一十萬名士兵，他們的家人當然就更多了，這會產生歷史上最大最完整的心理和生理的資料庫。陸軍以後可以將心理剖繪（psychological profiles）、表現成績和醫療病例結合起來，合併產生二十九個龐大的資料庫，這使我們可以去問過去從來沒能回答的問題，例如：

- 什麼人格強項可以防範自殺？
- 高生活意義度會導致比較好的身體健康嗎？
- 正向情緒高的士兵，傷口癒合有比較快嗎？
- 仁慈的人格強項會預測比較多的英勇獎章嗎？
- 高家庭適應可以預測比較快的升遷嗎？
- 高信任可以預測比較多的創傷後成長嗎？
- 良好的婚姻會保護當事人使不容易被感染嗎？
- 假如所有的身體危險因素不變，心理適應會減低健康照護的支出嗎？
- 是否有「超級健康」（superhealthy）士兵——指的是身體和心理適應都非常強的

人，他們很少生病，很快痊癒，在壓力下表現異常特殊——這樣的案例存在？

- 樂觀有感染力嗎？它可以從司令官傳到部隊嗎？

GAT 跟一百三十萬的士兵適應追蹤計畫（Soldier Fitness Tracker, SFT）綁在一起，就是為了這個目的。SFT 是個非常大的資料庫，提供一個非平行資訊科技平台來支持參謀總長的全方位士兵強健計畫（CSF）的遠見。SFT 提供 GAT 一個敏捷的投遞機制，和強有力的資料收集與報告的能力，它是建構來測量、追蹤和評估所有美國士兵的心理適應情形。而且不是只針對戰場上的士兵，還包括國民軍和後備軍人，在他們完成各個領域士兵適應評估測驗後，立刻可以做線上訓練，下面會討論到這個訓練模組。GAT 的修正版和這些訓練模組也可以提供給美國士兵的家人及陸軍司令部的非軍籍員工。SFT 在士兵報到後就開始做，在恰當時間會再評估一次，一直持續到解甲歸田、除去軍籍為止。

完成 GAT 是對所有士兵的要求，為了確保士兵有做，司令官能夠「看到」誰做了 GAT 沒有，但是他不會看到這個人的分數，所以隱私權沒有被破壞。司令官可以追蹤某個單位有多少百分比的人已經做了 GAT，也會知道誰做完了沒有，他只是看不見分數而已。SFT 也可以追蹤不同適應面向線上訓練模組的上課情形（見下面）。在陸軍司令部的層級，它可以看到不同軍階、性別、年齡的人做 GAT 的情形（很容易從資料庫中取得資料寫成報告），這些人花多少時間去完成 GAT，以及不同地點分數分布的情形。

請把這個了不起的資料庫和跟它相配對的電腦技術記在心中，我們在第9章討論正向健康時會用到。這個資料庫使科學得以知道什麼健康資產在排除了一般的風險因素之後，可以預測健康和疾病。

線上課程

陸軍給予軍事歷史、經濟學等課程大學學分。CSF 的第二個好處是它是情緒、家庭、社會和心靈適應的個別網路課程，也是士兵創傷後成長的課程。每一個課程柯能將軍邀請一位正向心理學家負責發展：佛德利克生負責情緒適應，卡西歐波負責社會適應，約翰和茱莉・高特曼（John and Julie Gottman）負責家庭適應，帕嘉曼（Ken Pargament）和史威尼（Pat Sweeney）負責心靈適應，泰德西（Rick Tedeschi）和麥克納利（Richard McNally）負責創傷後成長。當一位士兵做了 GAT，得到他的成績和心理剖繪時，同時還有一張清單，上面列著推薦他去上的課。

下圖是一位男性少尉的 GAT 分數和常模相比較的情形：

下面是這位士兵從這些分數所得到的心理剖繪：

他是一個爽快樂觀的人，對他的朋友和家庭的向心力很強，這些是他的性格強項；但是當跟其他士兵相較時，他並沒有很投入他的工作，似乎缺乏強烈的目標。他在處理危機上不夠積極，也不是一個有彈性的思考者，這些性格特質可能會限制他處理壓力和負面事件的能力和效率。

所以這位士兵可能可以從鼓勵彈性思考和主動問題解決的訓練上得到益處，這兩門課在陸軍賓州回彈專案及線上心靈適應訓練課程中可以學到。這些課程可以幫助他看到他的工作的重要性，因為他與朋友和家庭的人際關係已經很強，他可以從進階的線上家庭適應課程中獲益，同時應用這些優勢來強化他在其他領域的適應。

情緒適應模組

艾爾高（Sara Algoe）和佛德利克生帶領士兵去看情緒對我們的作用，及如何利用我們的情緒得到更好的益處。負面情緒警告我們某個特別的威脅：當我們感到恐懼時，它前面幾乎都先有一個關於危險的想法；當我們覺得悲哀時，幾乎一定有個關於失落的想法；當我們覺得憤怒時，前面幾乎一定有關於受侵犯的想法。這些給我們空間停頓去找出發生了什麼事，使我們的負面情緒反應超越失落、受侵犯、危險真實性的比例，這是在預防模式中的認知治療法的核心。

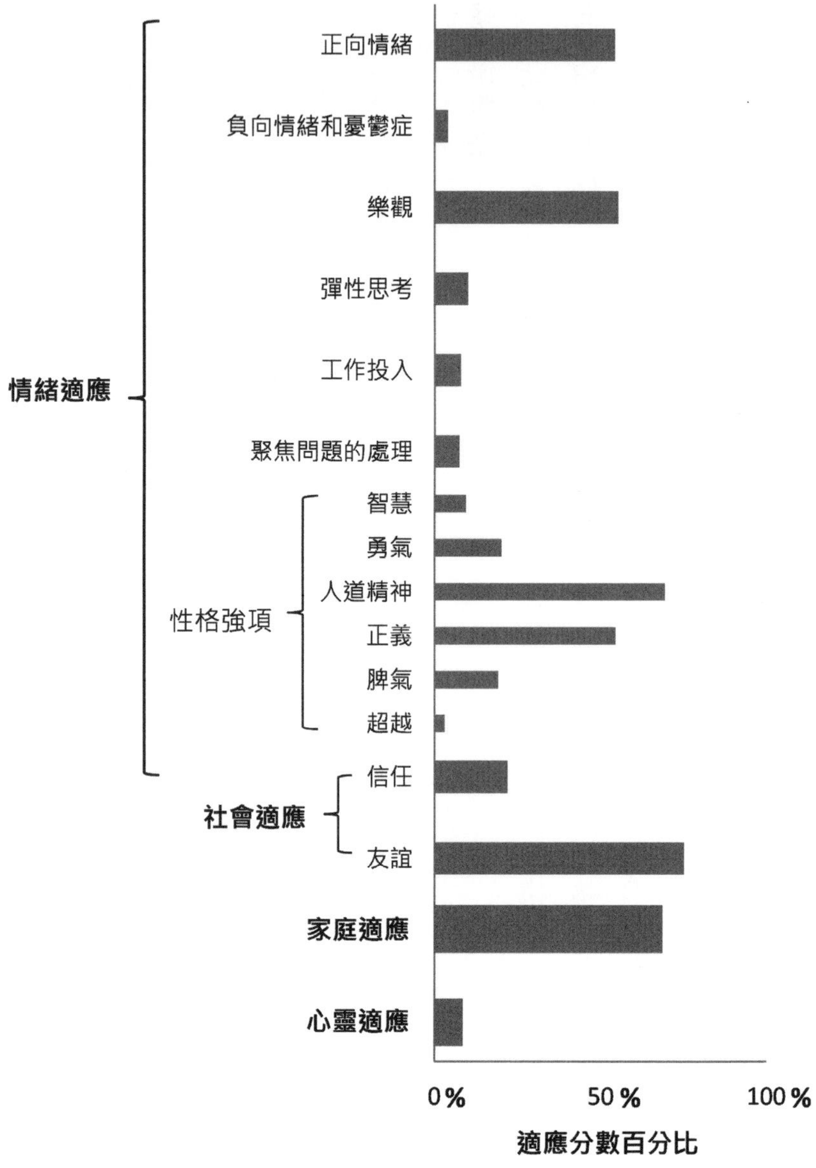
情緒適應
正向情緒
負向情緒和憂鬱症
樂觀
彈性思考
工作投入
聚焦問題的處理
性格強項
智慧
勇氣
人道精神
正義
脾氣
超越
社會適應
信任
友誼
家庭適應
心靈適應
0 %
50 %
100 %
適應分數百分比

這個教士兵正向情緒的模組，正是佛德利克生最新的羅沙達比例研究成果。建立一個強有力的羅沙達比例（正向思考比負向多），盡量多用正向情緒去建構心理和社會的資本，這個策略在軍隊、董事會、婚姻或扶養青少年中都一樣重要。所以這個模組是教導士兵如何有更多的正向情緒來做「資源建構者」（resource builders）的戰術。下面是從艾爾高和佛德利克生課程中摘錄的片段，以顯示如何建構正向情緒。

利用你的情緒

今天我們要來討論你如何利用你的正向情緒。

利用你的正向情緒不是叫你只看到每一件事情好的一面，臉上永遠掛著微笑。那個黃色笑臉不是目標，你要：(1)學習變成一個主動參與者才能享受到正向情緒帶給你的機會；(2)學習找到方式去增加正向事件的數量和時間長度；(3)學會成為社群中的好公民。

這個訓練是給你工具在你自己的情緒生活中變成一個主動的參與者。事實上，正向情緒在情緒系統中是個重量級拳擊手，它是透過耕耘正向，我們才能夠學習、成長、茁壯。請注意，這不是去追求某些遙不可及的「快樂」觀念，這只是簡單的耕耘，在不同型態的正向情緒發生的當下，學習使它把你帶到成功的路上。

正向情緒：資源建構者

利用正向情緒的鑰匙在把它當做資源的建構者。請想一個很清楚的正向情緒的例子——你覺得很驕傲、很感恩、很愉快、很滿足、很感興趣、充滿希望——不論它是發生在今天或上個禮拜，在你回憶出那個事件的細節後，給它一個名字（例如「想到未來」），然後具體說明那個情緒。

現在你心中有例子了，讓我們回到我們對情緒的所知：感覺（情緒）對我們有兩個作用：(1) 吸引注意力；(2) 協調反應。正向情緒在對我們有利的事情上點了一盞燈（或是說這情境跟我們的目標是一致的），它可以被當做是建構資源的一個機會；例如：假如你很感興趣，或受到啟發，或你覺得某人特別的仁慈。

讓我再舉一些例子。

- 假如你覺得你很尊崇某人，那表示你認為他們有很了不起的技術或天份；假如你注意這個人，你可能學到他怎麼去表現這個技術，這會節省你很多嘗試錯誤的時間。你對這個人的尊崇使你有機會快速的學會一個被文化所重視的技術。
- 假如你覺得很快樂，這表示你得到你想要的東西，你的慾望被滿足了。或許你升職了，有了第一個孩子，或者純粹就是和好朋友共進晚餐，快樂代表一個滿足的狀態，它提供你機會去成長。在那當下，你沒在擔憂別的事情，你覺得很安全、心胸開放，你的快樂使你警覺到有學習新經驗的機會。

● 假如你覺得很驕傲，這表示你認為你個人展現了一些文化所重視的技術或能力。驕傲有個壞名聲，因為志得意滿，人常常因為驕傲而忘記了謙虛，變成自大的傲慢。然而，如果份量對的話，驕傲提醒你看到自己的技術和天份，讓你知道你是行的，使你未來成功。

● 最後，假如你覺得感恩，即表示你覺得有人剛表現出他在乎你，在未來會幫助你，感恩使人們之間的關係有機會變穩固。

現在你們知道正向情緒可以非常有用，該停下來想一想，大部分人並不知道他們自己有這些能量。你有能力去找出什麼激發你、什麼使你歡笑、什麼給你希望，然後去耕耘這些情緒……這些可以幫助你生活樂觀。不要低估留一點時間來想正向事件的力量，這一點點的時間可以幫助你建構你個人和社會的資源，未來要用時就有得用。此外，情緒的正向效應可以蔓延到別人身上，當你變得更快樂、更滿足時，你會有更多可以分給別人。

家庭適應模組

美國現在已經深陷手機、網路和視訊的戰爭中，這表示所有士兵隨時可以跟家裡聯絡，所以即使人在戰區，士兵也享有舒適，不幸的，同時也有荊棘的家庭生活。這些荊棘是士兵憂鬱症、自殺和 PTSD 一個顯著的原因，美國大兵在伊拉克大部分的自殺都跟配偶或伴侶的關係失敗有關。

約翰和茱莉・高特曼是當今美國超群絕倫的婚姻心理學家，他們同意為 CSF 設計一個家庭適應模組，下面就是他們的報告：

從野戰總部戰場壓力診所（combat-stress clinics）的觀察發現，在伊拉克和阿富汗士兵自殺和謀殺發生之前，都有很緊張、很有壓力的人際關係情緒事件。我們所收集的關鍵事件包括：劇烈爭吵的電話，家中的權力鬥爭，雙方都覺得寂寞、疏離、對方不關心，被對方放棄的不良溝通，對方無法做一個好朋友給他支持性的談話，不知如何跟孩子溝通，孩子故意使壞因為他們想念父親（或母親），雙方或一方威脅要離開，突然的背叛，色情網路及其他網路性交機會使在家留守的配偶不能接受。信任和背叛是士兵和他的伴侶爭執最普遍的原因。

高特曼的模組教導士兵婚姻和關係的技巧，這些技巧在民間生活中已被證實有效。它包括：創造和維持信任和安全感的技術，創造和維持友誼和親密關係的技巧，增進信任和誠實，能夠有支持的電話談話，建構式和溫和的處理衝突，避免衝突上升變成暴力，認知的自我安撫，處理認知上的感情氾濫，安撫你的伴侶，處理關係外在的壓力，處理起因於背叛的療癒過程，透過人際關係把創傷後壓力症候群症轉變成創傷後成長，創造和維持一個分享意義的人際關係和人生目標，跟每一個孩子建構和維持正向的人際關係，實施有效的教養紀律，幫助每一個孩子在家中學習，支持你的孩子形成一個健康的同儕關係，學習中斷一個不健康的關係的技巧（如認識不健康關係的表徵），從家人和朋友處尋求支持，尋找專業的協助和支持，保護孩子不受到關係破裂的負面效應傷害，為你自己和孩子尋找正向的新關係。

社會適應模組

一個有許多族人的部落，如果有高程度的忠誠、信賴、服從、勇氣和同情，隨時準備好去幫助別人，願意為了公共利益而犧牲自己，它會比其他的部落容易取得勝利——這就是天擇。

——達爾文（Charles Darwin）

卡西歐波是芝加哥大學心理學教授，也是美國頂尖的社會心理學家、神經科學家和世界上最厲害的寂寞專家。從他的研究，我們才知道寂寞比憂鬱症還厲害——在精神和肉體上都有巨大的殺傷力。在一個過度崇尚隱私的社會，他的研究開始重新討論孤獨的個人和欣欣向榮的社群之間的平衡點。卡西歐波同意將他的知識應用到全方位士兵強健計畫上，他設計了線上的社會適應模組，他稱之為社會回彈（Social Resilience）。

社會回彈指的是能夠培養、投入和維持正向社會關係，能夠忍受、並自社會孤立的壓力中回復。它像是強力膠，使團體凝聚在一起，提供一個比孤獨的自我還大的目標，並且讓整個團體能提升去面對挑戰。

五十年來，演化理論都認為人類基本上是自私的，道金斯（Richard Dawkins）一九七六年那本《自私的基因》（*The Selfish Gene*，中譯本天下文化出版）變成教條，天擇只有透過單獨的個體卓越的生存和生殖力，把別人趕出基因庫（gene pool），讓自己成為最後勝利者。但是自私的基因這個理論不能解釋利他行為（altruism），雖然它在解釋個體的動機和行為上很不錯。為了處理利他行為這個麻煩，演化學家提出了「血親利他主義」（kinship altruism）：你跟群體中的人共享更多相同的基因，你越會為他們而犧牲自己，因為你的基因也有留傳下去。你可能會為你的同卵雙胞兄弟犧牲性命，因為他身上的基因也是你身上的基因，但是你比較不會為手足或異卵雙胞兄弟做同樣的事；你為別人的犧牲程度會因血親的疏遠而有差別，陌生人就不必說了。

這個說法在日常生活上就已經說不通了（我們會因為幫助別人而感到快樂），更別說像納粹德國的二次世界大戰期間，基督徒會藏匿猶太人的「英雄的利他行為」（heroic altruism）。這種例子多到凱爾特納（Dacher Keltner）寫出令人大開眼界的書《天生善良》（*Born to Be Good*）。

上面所引用的達爾文的話，被認為是附加的演化壓力，那個我認為填滿完整圖像的群體選擇（譯註：相對於個體選擇）。他假設說，假如一個群體（由基因上不相關的個體所組成）在生存或生殖上超越競爭的其他群體，贏的這個群體的整個基因庫就會增加。所以想像合作——蜂巢情緒，例如愛、感恩、尊崇、寬恕，這些都是支持合作的——導致這個群體在生存上贏過別人，這個合作的群體在打獵時，比不合作、反社會（asocial）的群體更有機會獵到大的動物。一個合作的群體可以形成戰役中的「烏龜」：羅馬的抵抗陣式，會犧牲外圍的戰士，但是很容易打敗只有自私士兵的群體。一個合作的群體可以創造出農業、城市、科技和音樂（唱歌、行軍和歡笑使群體諧調），我們甚至可以說，合作和利他主義有著基因的基礎，合作的群體把它的基因傳下去的機率比不合作的群體來的高，生物學家愛德蒙和大衛・威爾遜（Edmund O. Wilson & David Sloan Wilson，兩人無基因上關係）都極力支持群體選擇可以補足個體選擇。

以雞做例子：你如何得到最會下蛋的母雞？自私的基因告訴農人選擇一隻最會下蛋的母雞，用牠的基因繁殖，到第六代時，雞農應該有一隻最會下蛋的母雞了，對吧？錯，到第六代時，幾乎沒有蛋了——大部分的母雞都被牠們超級有攻擊性、超級會下蛋的競爭者抓死了。

母雞是社會的動物，牠們成群住在一起，所以群體選擇會建議一個不同的方式使蛋的產量最高：繁殖生蛋最多的整群母雞好幾個世代，蛋的產量會最高。同樣的邏輯在社會型昆蟲身上也可看到，這些非常成功的物種（半數的昆蟲類是社會的動物）有工廠、要塞及溝通化的系統，牠們的演化比較符合群體選擇，而不是個體選擇。人類在這方面是高度的社會化，這樣的社會化是我們的祕密武器。

在社會回彈模組中，卡西歐波強調：「我們不是身強力壯的大型動物，我們並沒有天生的盔甲、武器、力量，又不會飛，也跑不快，但是我們有推理、計畫、合作的能力，這些能力把我們和其他的動物區分開來。人類的生存依靠我們集體的能力，我們可以和別人合作共同追求一個目標。所以群體的和諧、一致性和社會的回彈、支持是很重要的。彼此了解、溝通良好、有兄弟感情的戰士是最可能贏得勝利、凱旋而歸的戰士，因為他們利用彼此的差異來互補，而不是用這個差異來互相躲避；因為他們會為了別人而讓自己遭受危險，這使別人也會為了他而使自己身陷危險，這時，整個團隊會固若金湯，敵人無縫可插，自然就勝利了。」

社會回彈模組強調同理心：能夠辨識出其他士兵所感受到的情緒。我們大腦中有鏡像神經元，當你看到別人在痛苦時，大腦中的鏡像神經元會活化起來，使你感同身受，你就知道那個人的感覺了。社會回彈模組強調種族和文化的多樣性，美國陸軍對多樣性有著長遠而神聖的傳統，它是陸軍堅實強大的支柱。

另一個核心主題是情緒感染的新發現。五十多年前，麻州佛拉明罕（Framingham）的五千多位市民接受了身體健康的調查，他們持續被追蹤一直到二十世紀結束，看他們罹患心血管疾病的情形，這個研究帶給我們高血壓和高脂肪增高心臟病風險的知識。因為這些居民被徹底深入的追蹤，所以其他領域的研究者也來用這份資料。

在問卷中，除了身體方面的資料以外，也有一些問題是心理學上的（悲傷、快樂、寂寞等），因為持續追蹤很多年，訪談過很多次，受訪者居住的地點也很清楚，這使研究者可以畫出一個情緒的社會關係圖（sociogram）來：身體的接近會影響未來的情緒。一個人如果跟一個寂寞的人住得很近，這個人會更寂寞，憂鬱症也是如此。但是快樂不同，快樂比寂寞和憂鬱更有感染性：假如在時間一時A的快樂上升了，住在隔壁的B在時間二時，他的快樂也會上升，隔了兩幢房子的C也是，但效果低一些，甚至三間房子以外的D，也覺得比較快樂。

這個發現對軍人的士氣大有關係，從負面來講，這表示幾個悲傷、寂寞或憤怒的傢伙會弄壞整個單位的士氣，司令官其實老早就知道這個現象了。但最新的發現是正向的士氣更有力、更能提升整個單位的幸福感和表現。這使培養幸福——一個被嚴重忽略的領導能力——就更重要、甚至是關鍵了。

歐洲太空署（European Space Agency）預計為二〇二〇年的歐洲火星計畫，在荷蘭舉辦一場太空心理學家的會議，太空心理學家習慣性關心如何使在太空中產生的負面情緒，如自殺、謀殺、恐懼和騷動暴亂減到最低。他們隨時準備好——在地球上——去給忠告，假如有太空人發生情緒問題的話。我們聽說有一位美國太空人在軌道繞行時把溝通的管道關掉好幾次，差點中止整個環繞地球軌道的任務，因為他很火大他的音樂播放設備一直沒有修好，雖然他已經重複要求很多次了。坐在美國休士頓或荷蘭諾得威克（Noordwijk）任務控制中心的心理學家對歐洲火星計畫沒有什麼幫助，火星很遠，地球和火星軌道之間有九十分鐘的溝通延宕。

太空人：「那個他×的船長，我要把他的氧氣關掉！」

（九十分鐘之後）

休士頓的心理學家：「或許你該認真的思考一下，你可能侵犯了船長一個你自己覺得非常珍貴的東西。」

任務控制台：「船長，船長……請回答，船長！」

要抵擋負面的情緒，可能需要先把情緒模組灌進太空艙（假如憤怒，請按1；假如焦慮，請按2；假如絕望，請按3），這個很重要，但是對我來說，幾乎一樣重要的是在太空的快樂。這本書的精神在於：最佳的表現是跟幸福有關，正向的士氣越高，表現越好；這表示在太空中要培養快樂，尤其是超過三年的任務——撲克牌、福樂境界、堅強的友誼、很高的目標士氣、高檔的食宿設備——這些都會造成成功和失敗的差別。尤其現在六個太空人的選擇不再是由很周密的心理上相似性來決定，而是由政治來決定：政治正確的國家、種族和性別的平衡！

我很不好意思地說，我要談太空中性滿足的議題——六個睪固酮（testosterone）很高的男女待在太空艙中三年，離地球千百萬哩，安排性的相容性（compatibility）應該是件很重要的事。這個問題後來發現是休士頓太空中心的「第三軌」（third-rail，譯註：電氣化火車鐵軌旁有一條高壓電的輸送管線，如果踩到會被電死，所以引申為「不可碰的」或「未爆的地雷」之意，如果提起這些不可碰的議題就是「政治自殺」）——沒有人敢提起，但是至少在荷蘭太空中心諾得威克（離阿姆斯特丹一小時車程）還可討論。一旦他們貼上標籤「塞利格曼議題」，我們就可以充分的討論。我們被告知包括南極探險隊、喜馬拉雅山遠征隊和俄國的太空任務，它們都因為性的衝突失敗，那該怎麼辦？該如何計畫？該禁止什麼？該選擇什麼，雜交、同性戀、雙性戀、單一配偶或無性生活？我沒有聽到任何解決的方式，這個塞利格曼議題是跟政治考量、國際平衡的太空人選擇有衝突的，他們沒有去考慮脖子以下會發生的事。但是至少歐洲在想了，太空的幸福感現在是在訓練的課程表上。

＊　＊　＊

知道正向士氣會感染後，軍隊選擇正確的領導人變得更關鍵性。二十年前，賴維胥跟我想要預測哪一隻美國職籃（NBA）的球隊會從失敗中再站起來，哪一隊會兵敗如山倒。我們從報章雜誌收集每一個球員在那個球季的報導中被引述的話，評判這些話是樂觀的還是悲觀的（「我們輸掉了，因為我們太爛了。」在悲觀量表上是七分。「我們輸掉了，因為裁判不公。」在樂觀量表上是七分），然後形成那個球隊成員的心理剖繪，再來預測各隊在下一季輸球後的表現。結果發現波士頓的塞爾蒂克（Celtics，這是樂觀隊）在輸球後會打得更好，而費城的七六人（Seventy-Sixers，這是悲觀隊）輸球後會輸更慘。也就是說，樂觀的隊在輸球後，比預期的打得更好，而悲觀的隊在輸球後，打得更差。

做這種實驗要花很多的人力：要把每一份報紙引用球員的每一句話剪下來，評分，要追蹤收集兩個隊的每一個球員整個球季，這對最投入的科學家或賭徒都是太重的負擔，所以後來我們決定只收集教練講的話。果然，教練的樂觀可以預測球隊的回彈就像球員的樂觀可以一樣。或許我們早該知道是如此，不過現在我們已經確定快樂可以感染，而領導者強有力的角色，對他下屬的正向和幸福感特別重要，一定要審慎的選擇軍事單位的領袖。

心靈適應模組

一九六八年三月十六日對美國陸軍是個難忘的日子，威廉・凱利（William Calley）中尉和他的排屠殺了越南美萊村（My Lai）三百四十七個手無寸鐵的村民。準尉湯浦生（Hugh Thompson）在屠殺當時正駕著直昇機在這個村莊上盤旋，他冒著被軍事法庭判刑和犧牲自己及兩名機員生命的危險，把直昇機降落到地面，並命令機關槍手對準美國士兵，假如他們繼續射殺村民的話，就開火阻止這個屠殺。憤怒的湯浦生向他的上司報告這件事情，後來在國會作證，也在凱利的軍事法庭作證。美萊村的悲劇突顯出士兵的兩難，他們被命令去做一件滔天大罪，不做是違抗軍紀，去做他要面對的是一個更高的召喚，他自己的良心。

在 CSF 的心靈適應上有兩個基本原理：第一，軍方要他的士兵去回答一個更高層次的道德規範，所以強化士兵的道德倫理價值，確定軍隊的命令能夠合乎倫理道德的被執行。第二，現在有相當多的證據顯示，更高層次的精神平靜跟幸福感是手牽手連在一起的：比較少的精神疾病，比較少的吸毒問題，比較穩定的婚姻，更不要說比較好的軍隊表現——這個好處特別是在人們面對主要的逆境，如戰鬥時，特別的顯著。湯浦生命令他的機槍手準備射擊美國士兵時的天人交戰，在他人生的路上是個分叉口，他的決定是成長的先決條件，假如他讓屠殺繼續進行，這可能會導致他個人精神上走下坡的歷程。我們在下一章討論創傷後成長時，要牢記這一點。

美國憲法的第一條修正案禁止政府建立宗教，所以在這個模組，心靈適應不是神學的，而是人性的。它沒有支持哪一個宗教，而是鼓勵和支持士兵去尋求真理、自知、對的行為和人生的目的：生活的法則是一套規範，它的根是深植在歸屬感和服從更高的呼喚。

俄亥俄州博林格林州立大學（Bowling Green State University）心理學教授帕嘉曼和西點軍校行為科學和領導能力的教授史威尼上校設計了這個模組，它聚焦在士兵的精神核心上，這裡面包括自我覺識、生命動力感（譯註：你是你自己行為的主使者，你的行為來自執行你大腦的命令）、自我調節、自我動機及社會知覺。

- 「精神核心」（spiritual core）是人類心靈的根本，它是由這個人對於人生意義和目的、對於世界的真相、了解自己的能力後對自己的看法，這些信念背後最中心的價值和信仰所構成的。
- 「自我覺識」（self-awareness）包括反思和自省，以及對生命急切的問題有所洞悉。這些問題跟認同、目標、意義、世界的真相、真誠、創造一個值得活的生命及實現自己的潛能，都有關係。
- 「生命動力感」（sense of agency）是個人對責任的歸屬的看法，人要接受他的不足之處和不完美性，要了解人是自己生命的唯一作傳者。

- 「自我調節」（self-regulation）是關於了解和控制自己的情緒、思想和行為。
- 「自我動機」（self-motivation）是關於人的精神和決心決定他的人生路徑，這會引導他至個人最深的啟發。
- 「社會知覺」（social awareness）是了解人際關係對個人的精神生活發展有很重要的關係，尤其是承認別人也有權利擁有不同的價值、信仰和習俗，人在不放棄自己的信仰的同時，對別人不同的看法予以同樣的尊重和開放胸襟。

這個模組有三級遞升的難題。第一級始於替一個死去或失敗的朋友寫一篇追悼詞，要特別點出他的價值和這個朋友生存的目標，士兵寫他自己的悼詞，指出他的強項，強調他精神核心的價值。第二級是通過道德的三叉路口，要從軍方互動的故事中來寫心靈的交戰後，導致成長或衰退。第三級幫助士兵找到更深的信仰和價值連接，包括與別人和別的文化，士兵被引介去認識不同背景的人，一起找出生命經驗和他們認為核心不可退讓的價值共同點。

＊　＊　＊

透過情緒、家庭、社會和心靈適應這四個模組，士兵能學到基本的訓練，在他們做選擇時能夠有更進步的觀點。但是有一個模組特別重要，所有的士兵一定要學，那就是創傷後壓力症候群和創傷後的成長。

第8章

將創傷轉變為成長

建立模組教士兵跟創傷後成長有關的五個元素：

第一個元素是了解創傷的反應：對自己、別人和未來的信念都被打碎了。

這是對創傷的正常反應，它不是 PTSD 的症狀，也不是說你的性格有缺陷。

第二個元素是焦慮的減低，這包括控制侵入性思想和影像的技術。

第三個元素是建構性的自我揭露：把創傷埋在心裡會惡化身體和心理的症狀，

所以鼓勵士兵把他創傷的故事說出來，這導致第四個元素：

創造一個創傷的獨白，個人強項如果能被應用來解除這個困境，

某些人際關係改進了，心靈的生活也強化了，

生命如何更被感激，新的門打開了，

最後，大聲說出生命的原則和立場比挑戰還更強韌。

「這是一個很好的想法，塞利格曼博士，」皮巢將軍（David Petraeus）說：「製造出更多的創傷後成長，而不是聚焦在創傷後壓力症候群，用我們士兵的強項去訓練他，而不是補救弱點。」我剛剛對十二名四星上將做簡報，主持人是參謀總長凱西，我告訴他們回彈訓練和它對士兵的戰場反應可能有幫助。

我們先熟悉一下創傷後壓力症候群的文獻，它會讓你看到為什麼要有全方位士兵強健專案，它也會解釋為什麼我告訴這些四星上將聚焦在PTSD是搖尾乞憐的狗。

創傷後壓力症候群

砲彈休克（shell-sbock，強震症）和戰鬥疲勞症（combat fatigue）這兩種精神科的診斷，出自第一和第二次世界大戰。但是近代對這個因戰事而來的心理損傷的想法卻不是自戰爭而來，它來自一九七二年的洪水。一九七二年二月二十六日，西維吉尼亞州（West Virginia）煤礦區的水牛溪（Buffalo Creek）的堤防崩潰，幾秒之內，一億三千兩百萬加侖的水湧進阿帕拉契山（Appalachian）山谷下的小鎮，吞噬了它的居民。著名心理學家艾利克森（Erik Erikson）的兒子凱・艾利克森（Kai Erikson）寫下社會學的經典《在路上所有的東西》（*Eevrything in Its Path*）來講述這場災難，發表於一九七六年，開始了人們對創傷的思考。

在書中，艾利克森提出日後成為診斷PTSD的標準，印在美國精神科學會出版的第三版《精神疾病診斷和統計手冊》（*Diagnostic and Statistical Manual, DSM-III*），後來被濫用（譯註：作者用的是 promiscuously，這是指跟誰都可以上床，不是妓女的妓女行為，可見這個名詞被濫用的程度），並且馬上應用到越戰的退伍軍人身上。讓我們來看一下年輕的艾利克森聽到了什麼。

威爾伯（Wilbur）的太太黛博拉（Deborah）和他們四個孩子死裡逃生後對艾力克森說：

不知什麼原因，我打開裡面的門，看了一下馬路，水來了，就像一大片烏雲，十二呎到十五呎高的洪水……。

鄰居的房子在我家的前面，離溪更近一點……我太太還在睡覺，抱著我最小的孩子，那時她才七歲，其他三個在樓上睡覺。我尖聲大叫我太太的名字，我的恐怖聲調使她立刻清醒……我不知道她用什麼方法那麼快地把樓上的孩子立刻叫下來，她穿著睡衣跑上樓去，把孩子從床上拉起來，準備逃命……。

我們往上走……我太太和幾個孩子爬上鐵路運煤纜車，我和最小的孩子則待在它的下面，因為我們沒有多少時間……我看一下四周，發現我們的房子已經被沖走了，但是水管還在，大水把它沖到下面有著四、五間房子的地方，水的沖力把木板打成一片一片……。

水災發生後兩年，威爾伯和黛博拉描述他們心裡的疤痕，界定了創傷後壓力症候群的症狀。威爾伯在他的夢中不斷地重複逃難的這個創傷。

我在水牛溪的經驗是我問題的來源。這整件事情即使在夢中也一再發生，在夢中，我被水追著跑，一直跑，整個過程一而再、再而三的在我夢中出現……。

第二，威爾伯和黛博拉在心理上麻痺了，他們對周遭所發生的快樂和悲傷事件沒有感覺，感情麻痺了。威爾伯說：

水災後一年，我父親過世，我甚至沒有去參加喪禮，我沒有想到他永遠的離開了。現在我身邊的人過世已經不會像以前那樣使我悲傷，我爸走了、永遠不會再回來沒有使我悲傷，我沒有過去的那種感覺，死亡不會像過去那樣影響著我。

黛博拉說：

我忽略我的孩子，我完全不燒飯，也不做家事，我就是什麼都不做，也不能睡覺、不能吃飯，只想吞瓶子裡的藥，上床去睡覺，不要醒來。我喜歡我的家、我的家人，但是除此之外，對我來說，過去我有興趣的所有事情都被摧毀了。我以前喜歡燒飯、喜歡縫紉、喜歡把家裡弄得乾乾淨淨，我以前是不停的工作，總是想把家弄得更好，現在對我來說，這些都不具任何意義了，我已經三個禮拜沒有煮熱的飯菜給我的孩子吃了。

第三，威爾伯經驗到焦慮症的症狀，包括過度警覺，對任何和上次洪水可能有關的事情都有恐慌反應，比如下雨和連續的壞天氣：

假如新聞上有暴風雨的警報，那天晚上我就不敢上床睡覺。我坐著守夜，我告訴我太太，「不要讓孩子換睡衣，就叫她們這樣去睡，如果我看到有事情要發生，我會把你叫醒，我會給你很多的時間逃出房子。」我不上床睡覺，我徹夜醒著守護我的家人。

我的神經是個問題，每一次天下雨，每一次有暴風雨，我就沒有辦法安靜下來，我在地板上走來走去踱方步，緊張到出疹子，我現在在接受注射……。

威爾伯同時也有「倖存者的罪惡感」（survival guilt）：

逃命當時，我聽到有人叫我的名字，我四下張望，看到康士坦伯太太手上抱著她的小寶貝，她在叫喚，「威爾伯，救我，如果你不能救我，救我的小寶貝……」但是我沒有回去救她。我一直責怪我自己，她手上抱著小寶寶，好像要把寶寶丟給我，我就是沒有想到要去救她，我只想到我自己的家人，她們家六個人都淹死在房子裡，她站在及腰的水裡，六個人都淹死了。

這些症狀在一九八〇年第三版的《精神疾病診斷和統計手冊》被列為症狀。下面是第四版，最新的 PTSD 診斷標準：

309.81 *DSM-IV* 符合創傷後壓力症候群的標準

A. 這個人暴露在創傷的事件中。

B. 這創傷的事件一直持續不斷在經驗中。

C. 持續避免跟創傷有關的刺激，對一般的反應麻痺。

D. 持續的增加警覺症狀。

E. 不安情況的時間（B、C和D）超過一個月以上。

F. 這個不安引發臨床上顯著的焦慮不安或在社交、工作或其他重要領域的失功能。

有一個重要的條件，就是這些症狀在創傷發生前都不曾出現過。

PTSD在越戰結束前第一次登場，然後立即被大量引用。下面是伊拉克戰爭的一個PTSD例子。

K先生是一個三十八歲的國民兵，他來精神科門診已經好幾個月了，他幾個月前自伊拉克的遜尼三角洲（Sunni Triangle）回來後便來看門診。遜尼三角洲是他第一次上戰場，雖然他已有十年的國民兵經驗。在上戰場之前，他是個成功的汽車銷售員，有著幸福的婚姻和十歲、十二歲的兩個孩子，社交活躍，有一大群朋友，平日積極參與教堂和民間的活動。在伊拉克時他有很多的戰鬥經驗，他的排被密集的轟炸，也被突襲過好幾次，每次都造他的同袍傷亡。有一次他去巡邏時，路旁的炸彈爆炸，炸死了好幾個他很親密的戰友，也炸毀了巡邏車。他知道在對戰中，他曾殺死幾個敵人，但是他很擔心他可能同時也誤殺了站在旁邊的老百姓。他責怪自己未能阻止他最好的朋友被殺，他遭狙擊手射擊身亡。當問他最糟的經驗是什麼時，他馬上說他沒有辦法去救陷在雙方交火中間的婦女和孩子，眼睜睜地看著他們死亡。

從回家後，他就變得很焦慮，容易被激怒，坐立不安，他變得非常注意家人的安危。他有一把上了膛的九釐米手槍，隨身攜帶，連睡覺時都放在枕頭底下。睡覺對他來說，變成很辛苦的事，當他好不容易睡著時，鮮明的殺戮記憶又在夢中出現，他會猛烈動作，踢他的太太，跳下床去開燈。他的孩子埋怨他太過保護，不讓他們離開他的視線，他的太太說，自從他回來以後，變得冷漠，情緒距離很遠，她也認為開車變成一件危險的事情，尤其當他是乘客她在開車時，他常會突然傾過身搶方向盤，因為他以為他看到路邊有炸彈。他不再參加朋友的聚會，他的老闆很有耐性的支持他，但是承認他的工作表現嚴重的下滑，他似乎活在自己的想法裡，對客人很不耐煩。他也常常出錯，他以前是頂尖的銷售員，現在卻沒辦法賣掉一部車。K先生知道他自己改變了很多，他說他有時會突然的感到強烈的害怕、恐懼、驚慌、罪惡感和絕望，其他的時間卻又感到情緒死亡，無法回應家人和朋友給他的愛。生命變成一個可怕的負擔，他有時在想，如果他死在伊拉克，對每一個人可能都是比較好的事。

PTSD的診斷在伊拉克和阿富汗戰爭後，直線上升，到目前已經有百分之二十的士兵受這個病所折磨，這正是為什麼我會收到請帖，與這些將軍共進午餐。

我告訴這些將軍們，人類對不幸事件的反應是一個鐘形曲線，在曲線易受傷害的極端是病態的：憂鬱症、焦慮症、藥物濫用、自殺等現在統稱叫 PTSD 的行為。每一個到過伊拉克和阿富汗的士兵都聽過 PTSD。但是人類是從幾千萬年艱苦的生活演化來的，我們活過幾千個大災難，對抗大災難唯一的方式就是回彈，經過一段短暫的憂鬱焦慮，然後回到從前的正常功能程度。

在西點軍校，我們發現有百分之九十的學生聽過 PTSD，但是不到百分之十的學生聽過創傷後成長。假如所有的人都只知道 PTSD，而不知道可以回彈、可以成長，那就會製造出一個自我實現的預言（self-fulfilling）現象，就順著迴旋梯往下滑了。你的同袍昨天在阿富汗被殺了，今天你想到他時哭了，你在想，我要崩潰了，我得了 PTSD，我這一生毀了。這些思想增加焦慮症和憂鬱症的症狀——的確，PTSD 是個很嚴重的焦慮和憂鬱的綜合體——又回過頭來增強這些症狀的強度。如果知道哭泣不是 PTSD 的症狀，它是正常悲傷追悼的情緒表現，哭完後其實情緒可以回彈回來，人可以正常工作，這會幫助士兵踩煞車，把下滑的趨勢阻擋住。

PTSD 的確會因為自我實現的預言而增加，那些本來就有災難傾向的人比較容易得 PTSD。有一個研究從二〇〇二年到二〇〇六年追蹤五千四百一十名士兵，在五年期間有三百九十五名士兵被診斷有 PTSD，其中一半以上在心智和身體健康上是屬於谷底的百分之十五，這是比較可靠、但卻是最少被引用的事實。這個研究發現，那些先天不良的人碰到創傷，容易得 PTSD，那些心理健康的人容易反彈回來。這個事實是 CSF 包含回彈訓練的理由：假如我們能在上戰場前，先強化我們士兵的心理，將可以阻止一些 PTSD 的發生。

在這裡我必須說一些不好聽的話。水牛溪沿岸居民向水壩的擁有者匹斯頓公司（Pittston Company）提起訴訟，向法院請求十億元以上的賠償，在我的看法，這種錢會導致誇大和延長症狀，雖然文獻認為病人不見得是裝病。他們最後贏了官司，所以我們永遠不會知道金錢動機的效果為何，一個可相比擬的系統現在也在軍方的 PTSD 上展開，這是很不幸的事。一個被診斷為全面爆發型（full-blown）PTSD 的士兵可以拿一月三千美元的終身殘障津貼；如果找到工作、症狀減輕或暫時不顯現，則會停止這個津貼。一個退伍軍人一旦拿到診斷書，開始領殘障津貼，百分之八十二的人不再回來治療，我們不知道這個物質的動力對診斷為 PTSD 的效果，但是伊拉克和阿富汗戰爭後百分之二十的 PTSD 發生率是高出以往的戰爭（譯註：指越戰和二次世界大戰）太多了，也比沒有給津貼的其他軍隊高出了太多。英國從伊拉克和阿富汗回來的退伍軍人中，得 PTSD 的比率只有百分之四；我仔細去查了南北戰爭的文獻，發現幾乎沒有 PTSD 或任何類似的記載，雖然南北戰爭一樣的慘烈。

拋開懷疑不談，我要說的是，我知道 PTSD 有它的病因，我不認為 PTSD 是假裝出來拿保險費或賠償金的，我的懷疑是過度診斷。我認為我們社會虧欠這些退伍軍人太多了，不是感激或金錢所能表達的；然而，我不認為感激要靠殘障的診斷和一個剝奪我們退伍軍人自尊和榮耀的系統來實現。

創傷後成長

最後，不要忘記創傷後成長（Post-Traumatic Growth, PTG）。有許多人經歷重大打擊後，顯現出沮喪、憂鬱、焦慮的行為，通常達到 PTSD 的程度，但是他們不但沒有被打倒，反而成長了。就長期來說，他們甚至達到比以前更高的心理功能程度。尼采說：「那些殺不死我的，使我更強壯。」那些參與過外國戰役的老兵們常常說戰爭的故事，他們並沒有否認（in denial，譯註：這是心理治療的術語，當病人說沒有這回事時，治療師說他在否認），有的甚至說戰爭時期是他們一生最美好的時光。

幾年前，彼得森、朴蘭淑和我增加了一個連結到真實的快樂網站（www.authentichappiness.org）。這個新的問卷列出十五件可能發生在一個人生命中最糟的事：凌虐、得重病、孩子死亡、被強暴、坐牢等等。在一個月的期間內，一千七百人報告至少有一件事曾發生在他們身上，他們也做了我們的幸福問卷測驗，我們很驚訝的發現，這些有不幸經驗的人竟然比沒有痛苦遭遇的人有更強的強項，遭逢兩件不幸事件的人又比只有一件的人更堅強，而那些有三件的——例如強暴、凌虐、被拘禁——比前面有兩件的人更強壯。

＊　＊　＊

柯能准將是創傷後成長的最好例子，我在一九九一年時讀到她的故事，當時她是少校，也是海珊（Saddam Hussein）軍隊的戰犯。柯能是位泌尿科醫生、生化博士、野戰醫院外科醫生、噴射機飛行員、民間直昇機駕駛員，她的直昇機在一次救援任務中，被伊拉克高射砲打下來，當直昇機墜毀時尾巴炸開，八個人中只有三個倖存，其餘都被炸死了。

柯能的雙臂和一條腿摔斷，變成戰俘。她遭性侵、被凌虐，八天後獲釋，她回來變成戰爭英雄。她描述她的創傷經驗：

- 跟病人的關係：「我覺得我比以前更充分準備好做為軍醫和外科醫生，現在我對病人的關心已經不再是學術上的了。」
- 個人強項：「我覺得自己比以前更有領袖和司令的能力。這是現在其他經驗的標準基礎，面對挑戰時，我不再感到焦慮或恐懼。已經見過最壞的，現在沒有什麼可使我害怕或退縮的了。」
- 對家庭的感激：「我變得比較好、比較注意到父母親和配偶，我盡力去記得生日，去看祖父母等等。無疑的，我差一點失去他們使我更加感激他們的存在。」

- 精神上的改變：「這個靈魂出竅、離開身體的經驗改變了我的看法，我現在對心靈和物質生活的一些可能性，更加開放自己的心胸。」
- 優先順序：「我一向把我的生活安排得井井有條，按重要性分成A、B、C組。我現在對於不是那麼重要的C組有不同的安排。（我現在一定去參加我女兒的足球賽！）」

在她被釋放後，有一個上校對她說：「可惜你是女的，少校，不然你可能成為將軍。」我後來親眼見證這個傳奇：二〇〇九年八月，當她走進我們開會的大禮堂時，一千兩百位少校、上校都站起來鼓掌。做為掌管 CSF 的將軍，柯能對創傷後成長模組比一般專業興趣更有興趣。

傷創後成長課程

她聘請兩位心理學教授來監督 PTG 模組的課程：一位是北卡羅萊納大學夏洛特校區（University of North Carolina at Charlotte）的泰德西，另一位是哈佛大學的麥克納利。這個模組始於古人的智慧，個人的轉變是來自每天感謝自己還活著，強化個人強項，嘗試新的可能性，增進人際關係，深化自己的心靈，這些都是在悲劇發生之後要做的。數據資料支持了這個做法，在一個例子中，百分之六十一．一曾經被北越監禁並凌虐多年的士兵說，他們事實上受到這些折磨的心理益處。此外，他們受到的待遇越差，創傷後的成長越大。這並不是說我們該去慶祝創傷，而是說，我們應該盡量從創傷中得到任何可以得的東西；創傷設定了成長的舞台，我們必須教我們的士兵這些成長怎麼樣才會發生。

創傷後成長問卷

泰德西博士用創傷後成長問卷（Post-Traumatic Growth Inventory, PTGI）來測量這個現象。下面是幾個樣本範例：

0＝我並沒有從我的危機中經驗到改變。
1＝我從我的危機中經驗到很少的改變。
2＝我從我的危機中經驗到一些小的改變。
3＝我從我的危機中經驗到中等程度的改變。
4＝我從我的危機中經驗到很大的改變。
5＝我從我的危機中經驗到非常大程度的改變。

▼我對自己生命的價值有很大的感恩。

▼我對精神物質有比較好的了解。
▼我替我的人生打造了一條新的路。
▼我和別人有很強的親密感。
▼新的機會現在出現了，以前是不可能出現的。
▼我對人際關係更加用心。
▼我發現我比我以為的還更堅強。

這些模組教士兵跟創傷後成長有關的五個元素。第一個元素是**了解創傷的反應**：對自己、別人和未來的信念都被打碎了。我要強調，這是對創傷的正常反應，它不是PTSD的症狀，它也不是說你的性格有缺陷。第二個元素是**焦慮的減低**，這包括控制侵入性思想和影像的技術。第三個元素是**建構性的自我揭露**（constructive self-disclosure）：把創傷埋在心裡不說會惡化身體和心理的症狀，所以我們鼓勵士兵把他創傷的故事說出來，這導致第四個元素：**創造一個創傷的獨白**：這個獨白是被引導的，彷彿來到一個十字路口，強化當時兩難的情境，讓士兵看到不管哪一個選擇都是當下最好的選擇。失去和得到同時發生，悲傷和感恩同時發生，易受傷和強項同時發生；然後這個獨白被導向個人強項如果被應用來解除困境，某些人際關係改進了，心靈的生活也強化了，生命如何更被感激，新的門打開了，最後，大聲說出**生命的原則和立場比挑戰還更強韌**。這些包括以新的方式去利他，接受成長而沒有倖存者的罪惡感，創造一個新的認同，叫自己是創傷的倖存者，說服自己希臘的英雄是從冥界回來，來告訴世界如何活下去的重要真相。

種子教師回彈訓練

CSF 前兩個部分是 GAT 和五個線上適應的課程，然而，真正的挑戰在訓練。陸軍可以在心理上把士兵訓練得比較適應就像在體能上把士兵訓練得比較適應嗎？在二〇〇八年十一月的會議上，凱西將軍下令六十天後向他報告。六十天後，我們回到五角大廈午餐。

「報告長官，我們發展了一個測驗可以測量心理的適應，」柯能將軍對凱西將軍說：「它只要花二十分鐘，是一群民間和軍方測驗專家設計的，我們現在在幾千個士兵身上試行。」

「做的很快，將軍，你和馬帝接下去要做什麼？」

「我們要做回彈訓練的先行研究（pilot study），」對這個問題的回答，柯能將軍和我事先計畫了很久：「馬帝在他的正向教育研究中發現，一般的學校老師可以有效的對青少年實施回彈訓練，這些學生後來憂鬱症和焦慮症都減少了很多。誰是軍隊中的老師呢？當然是士官長（負責操練的士官長，我的天哪！）。所以我們要做的是：一個證明概念的研究（proof-of-concept study），我們要隨機指派一百位士官長，讓他們在賓州大學接受十天的回彈訓練者碩士課程——教這些老師、這些士官長再回去訓練他的士兵如何回彈。我們可以拿受過訓練的兩千名士兵跟控制組做比較。」

「等一下，」凱西將軍吼道：「我們不要先行研究，我們已經讀了馬帝的研究，他們在不同的期刊上發表過十幾次，表示已經重複過很多次了。我對他的研究很滿意，我們敢賭它可以防止憂鬱症、焦慮症和 PTSD。這不是學術練習，我不要另一個研究，這是戰爭，將軍。我要你對全陸軍的士兵開始進行。」

柯能將軍開始溫和的解釋，全陸軍動起來所需的公文和預算流程。我的思緒轉到三年前，在蘇格蘭格拉斯哥（Glasgow）的街頭，我與賴雅德一席難忘的談話。

賴雅德是世界級的經濟學家，來自倫敦經濟學院（London School of Economics）。在中世紀的修道院中，修道院院長的職務是做世俗和神聖兩個世界的橋梁；賴雅德就是扮演這個角色，把英國的政治和學術界的研究連接在一起。他同時也是《快樂經濟學》（*Happiness*，中譯本經濟新潮社出版）一書的作者，這是一本對政府角色有嶄新看法的書，他認為政府的政策不應該用國內生產毛額是否增加來評量，應該用總體幸福指數來評量。他跟他太太米雀爾（Molly Meacher）是英國上議會僅有的兩對夫妻檔之一，因為功勳和貢獻而封爵（merit lords），不是世襲的貴族（hereditary lords）。

賴雅德跟我在格拉斯哥的街頭漫步，我們在等待蘇格蘭的信心和幸福中心（Centre for Confidence and Well-Being）的揭幕儀式。這是一個半官方的機構，目的在對抗蘇格蘭教育和商業體系中根深柢固的「你不可以做」的傳統觀念。賴雅德和我都是當天的主講人。

「馬帝，」賴雅德以他濃重的伊頓（Eton）口音說：「我讀了你的正向教育的研究，我想把它引進英國的教育系統。」

「謝謝你，」我說，很感謝我的研究能被工黨高層人士看重：「我認為我已經準備好要在利物浦（Liverpool）的學校先行試驗。」

「你還是沒有了解，」他的音調中有一絲刻薄的味道。「你就像大多數的學術界人士一樣，對公共政策和證據之間的關係有迷信。你可能認為國會會採用一個政策，一定是它的科學證據一直累積、一直累積，最後到達了不可拒絕的程度，使國會不得不採用它。在我全部的政治生涯中，我還從來沒有看過任何一個例子是像這樣的。當科學的證據足夠時，科學使它變成公共政策，政治講究的是現在。我告訴你，你的正向教育的證據已經足夠了──『滿足了』我們經濟學家所說的必要條件。政治意志（political will）現在正在白廳（Whitehall，譯註：從倫敦國會廣場到查令十字街〔Charing Cross〕的一條街名，因為兩旁都是政府機關，所以被引申為政府的意思）討論，我要在英國所有的學校裡教正向教育。」

這是我所聽過最有意義的一句話，一語道破微觀（micro）和巨觀（macro）中間的神祕關係。對我來說，這是一個思想轉變的經驗。我提出並強調它就是為了這個理由，假如你是學術界人士，假如你看完這本書什麼都沒記住，你只要記住賴雅德爵士在格拉斯哥告訴我的話就可以了。在我的學術生涯中，最令人沮喪的就是看到好的科學觀點，在實驗室證據的支持下，一次又一次的死在會議室的地板上，或在圖書館中吃灰塵。我在想——這是這本書最核心的一件事——為什麼正向心理學現在這麼受歡迎，變成一般人和媒體的寵兒？它當然不是因為證據不可拒絕，這門科學很新，證據還沒累積到不可拒絕的地步。為什麼我要磨破我的膝蓋——通常還是無效——去為習得的無助、為憂鬱症的解釋型態、為心血管疾病和悲觀主義懇求經費！現在，慷慨的個人，不需請求，只聽過我關於正向心理學的一次演講，就自動寫巨額支票來贊助支持？

當我回神過來時，柯能將軍還在提醒凱西將軍她必須去跑所有的公文和預算流程，得要花多少時間。「報告長官，我們現在才走完十個步驟中的六個，而它已經花掉一年多的時間了。」

「柯能將軍，」凱西將軍說，結束這個會議：「你要去讓全部的士兵接受回彈訓練，就這樣。」

在說意志力的強度，這就是一例。

* * *

所以二〇〇九年二月，我和柯能將軍面對的就是如何在最短的時間內，把回彈課程快速又廣泛的傳播出去。我們還必須要找出可靠負責任的傳播方式，使我們可以對訓練材料做軌道修正（trajectory correction），以及追蹤它的成效，設想在最糟的情況下，停止這個專案，假如它被證明沒有用的話。

我們所發展出來的正向教育師資訓練課程是為民間學校老師寫的，眼前的第一步是重寫所有的訓練材料使它適合士官長用。賴維胥博士，我們賓州大學最頂尖的訓練師，也是正向心理學的歐普拉（Oprah Winfrey，編按：意指有影響力的超級宣傳者），負責把材料軍事化，使也能適合大兵用。在接下來的八個月中，賴維胥博士和她的助理跟伊拉克和阿富汗的退伍軍人開會不下一百次，把我們的材料跟他們逐字做討論。

我們的第一個驚喜來自與這些退伍軍人的面談。我們以為老百姓的例子可能不適用於軍人，因為民間的例子都是被女友甩掉、考試沒通過等等，想不到我們錯得可以。

「這是第一次的戰爭士兵們有手機，可以從前線打電話回家跟太太說話。」柯能將軍的執行祕書威廉斯上校（Darryl Williams）這樣說。他身高一八五公分，西點軍校的足球明星，曾經在伊拉克服過役，也是柯林頓總統（Bill Clinton）核子戰爭準則的執行者。他說：「整天顧著會爆炸的核子武器就已經夠麻煩了，想不到不會動的洗碗機和孩子的功課更煩人，」他繼續說：「我們士兵大部分的沮喪和焦慮來自家庭，所以民間老百姓的例子恰恰好用，只要再添上一些軍方的就好了。」

我們重新編寫例子，從二〇〇九年十二月全面開展種子教師回彈訓練（Master Resilience Training, MRT）。現在，每個月有一百五十名士官長來到賓州大學，接受八天的訓練，同時聯播上課的內容到基地去，賓州大學訓練的講師駐紮在那裡。課程的前面五天以士官長的親身經驗，要他們練習這個技術，用在他們自己的生活中，當自己是扮演士兵、領袖和家人的角色時，會怎麼做。他們參加全體一起上的課程，由首席訓練者賴維胥博士講授核心概念，並示範如何運用這個技術，並帶領討論。然後士官長們去到三十人的分組討論，在那裡，他們用角色扮演、學習單和小組討論，練習前面所學。每一個分組討論課都由一位由賴維胥博士親自訓練出來的訓練師來帶領，搭配四位協助者——兩位來自民間，大多是應用心理學碩士班的碩士，兩位是軍人（也是賴維胥博士親自訓練的）。我們後來發現這個五人訓練組對上三十名學員的比例運作良好。

五天之後，這些士官長拿到第二套教材（MRT 訓練者手冊、MRT 士兵指南、簡報 PowerPoint檔案），日後回去教 MRT 給他們的士兵時可以用。接下去三整天的時間都用來準備這些士官長的深度和技術，使他們可以忠實的把課程傳授下去。他們經過一系列的活動：角色扮演時，一位士官長擔任老師的角色，其他五位扮演士兵的角色。五個人的士官長團隊要想出有挑戰性的問題，然後另外五位士官長所組成的團隊一定要回答它，在這裡他們要指出錯誤和內容混淆的地方，由MRT訓練團隊領導這個訓練課程，指出用在真實的情境什麼是最合適的技術。

我們把訓練內容分成三個部分：建構心智強度、建構個人強項、建構強固的人際關係。這些都依照已經被證實有效的民間老師訓練的專案。

建構心智強度

這部分的主題是學習回彈的技巧。我們從艾利斯（Albert Ellis）的ABCDE模式：C（conse-quence，情緒後果），並不直接從A（adversity，災難）而來，而是來自B（belief，你對這個災難事件的看法）。這個簡單的事實對很多人來說，都大感驚訝，他們以為災難事件直接影響情緒。這些士官長針對一連串專業上的A（災難事件：你沒有跑完五公里的賽跑）、個人的A（災難事件：你從海外服役回來，你的兒子不肯跟你打籃球），訓練的目標是把A（不好的災難事件）和B（在很憤怒時對自己說的話）分離出來，讓他看到，他的情緒或是動作導致C（他所看到的後果）。當這堂技術訓練的課結束時，士官長們都能指認出導致某些情緒的特定想法，例如：侵犯行為會導致憤怒，失落的想法會導致悲傷，危險的思想會導致焦慮。

然後我們聚焦在思想的陷阱上。我給你一個例子來說明過度概括（overgeneralizing）的危險，只從一件事來判斷一個人的價值或能力。我們給教官們看下面這段話：「你單位的士兵努力跟上體能訓練，但是他實在不行，他的軍服不整齊，在打靶時犯了兩個錯，你對你自己說，他是個廢物，他根本不配當個士兵。」士官長們要說出這種思想的陷阱，討論對這個士兵的影響以及對士官長自己會有什麼後果。

一位士官長說：「我不願意承認，但是我的確常常那樣想。假如他們做錯了，我就不要他們，我想我不是一個給人第二次機會的人，因為我認為你可以從一個人的行為上去判斷他是個什麼樣的人。假如那個人有夠強的性格，他做事就不會拖拖拉拉，他的制服也不會亂七八糟。」然後這位士官長問道：「什麼樣特定的行為可以解釋這個情境？」學習聚焦在行為上，而不是在這個士兵的價值上。

然後我們轉向「冰山」（icebergs，冷漠寡情），這是一種深藏的信念，常會導致不良的情緒反應（例如，「向別人求助是弱者的行為」），士官長們學習一個技術去指認什麼時候，一個冰山信念會趨導出不成比例的情緒反應來。一旦冰山被指認了，他們問自己一系列的問題來決定：(1) 這個冰山是否持續對他們有意義；(2) 這個冰山在某個情境是否正確；(3) 這個冰山是否太僵化；(4) 這個冰山是否有用。「向別人求助是弱者的行為」是個常見的冰山，因為它使你不願求助。這個冰山需要士官長們做很多的工作來改變它，因為軍人覺得向人求助是不光彩的事，會被人嘲笑不夠堅強去處理自己的事情。許多士官長說，他們認為尋求協助的文化在軍中已經慢慢改變了。一位士官長說：「有一次我差點叫一個士兵去找輔導員或牧師，即使我沒有當他的面說，我內心也是這樣想。但是我現在已經不會這樣想了，多角部署讓我看到我們三不五時的確需要別人幫忙，只有自信心強的人才會開口請別人幫忙。」

在冰山之後，我們學習如何**使災難的思想方式殺傷力最小**。我們是在惡劣天候下求生的動物，天生對不順利的事做出最災難性的解釋，因為我們是度過冰河時期這個大災難的人的後代。我們那些想著「今天紐約天氣很好，我猜明天天氣也會很好」的祖先，結果就被冰河給壓碎了，只有想「今天看起來像好天氣，但是不要被它騙了，馬上就有冰河、洪水、飢荒要來，趕快存一些食物起來」的祖先得以存活，而這些存活下來的人把他的大腦傳給了我們，所以人比較偏向悲觀。有的時候，未雨綢繆準備最壞的可能性、做最壞的打算是有用的；然而更多時候，這種思想是令人無力、不真實的，所以學習去計算災難的真實性是一個在戰場和在家庭都很重要的技巧。

我們給士官長看一段短片，一個士兵沒有辦法透過電子郵件聯絡上他的太太。他心想，**她離開我了**。這個念頭使他沮喪、疲倦、無精打采。然後我們介紹三個步驟的模式，「以真正的角度來看」，反駁災難性的思考：最壞的情形、最好的情形、最可能的情形。

你打電話回家好幾次，都沒有人接聽，你找不到你太太，你對自己說，**她對我不忠**。

這是最壞的情形。

現在，讓我們以真正的角度來看，最好的情況是什麼？

「她的耐心和鉢性從來沒有動搖過任何一秒。」

好，那麼什麼是最可能的情況？

「她跟朋友出去了，她今晚或明天會寫電子郵件給我。當我調防時，我太太會依賴她的朋友，因為我不在。我會緊張、憤怒，因為她去依賴別人；當我不在時，她會覺得寂寞和害怕。」

在指認出最可能的情況後，他們發展出一個專案來處理這種情況。然後在專業案例（一個士兵出任務沒有回來，你接到長官給你的負面評價）和個人例子（你的孩子在學校功課表現不好，你又不在家，不能幫他；你的配偶在處理家用財務上有困難）上練習這個技巧。

熱椅子：在現實中對抗災難性思考方式

當你需要立即處理一個問題時，你要用到這些技巧，例如站在升遷委員會的面前，離開先前的基地臨時被派去檢查一個爆裂物，展現你的戰鬥實力，或是在軍隊中度過緊張的一天後，開車回到家。

有三個策略可以在現實中挑戰這個災難或信念：收集證據，用樂觀的態度，以真正的角度來看。士官長們學習如何用這個技術，如何中途攔截改正這個不真實的錯誤念頭（一次只處理一個問題，自己操控情境，只負責自己應該負的責任）。這個技巧不是把每一個負面的思想都轉換成正面的思想，它的設計是暫時性的，使士兵能聚焦到對的方向，而不會因為這個不真實的想法和念頭，把自己或別人推到更危險的境地。負面的思想不是不處理，而是要找到對的時間和對的地點，因為從負面思想中我們也可以學到很多東西。例如，一位士官長說，他一直懷疑他太太是否真的愛他，這個負面情緒使他不能集中精神專注於一件事。他認為他這個想法來自冰山「我不是女人喜歡的那種男人」，所以在某個關鍵時刻去抵抗這種思想、把它趕走是很重要的，例如，很疲憊、需要好好睡一覺時，或在進行高危險的演練時。但是在適當的時機還是要去注意這個念頭，仔細評估它的價值，因為自欺欺人也是不對的，這個練習並不是教你把頭埋在沙裡，不去看真實性。

這個使心智堅強的技術也是「習得的樂觀」（learned optimism）的技術，可以抵抗習得的無助。還記得 CSF 的目標是移動整體創傷反應的分布曲線，走向回彈和創傷後成長，它同時也可防止 PTSD，因為 PTSD 正是落在這個曲線的尾端。PTSD 是一個很可怕的焦慮症和憂鬱症綜合體，而回彈力（樂觀）的訓練對兩者都有很清楚的預防效應。此外，在心智和體能適應訓練中，谷底百分之十五的士兵正是最容易受到 PTSD 傷害的人，事先給他們對抗的武器，他們就可以去避免憂鬱症和焦慮症的侵害了。最後，在二〇〇九年有一個研究回顧了一百零三篇 PTSD 的研究論文，作者為義大利的兩位研究者帕拉提（Gabriele Prati）和皮曹來尼（Luca Pietrantoni）發現創傷後成長主要的因素是樂觀，所以理論建議建立士兵心智強度應該使士兵朝向成長，同時也防止 PTSD。我們沒有駐足在理論上，因為陸軍會非常小心的測量所有的士兵。我們繼續往前。

尋找好東西

在整個上課的期間，士官長每天要寫感恩日記（又叫做三件好事日記），這個「尋找好東西」活動的目的是強化正向情緒；我們的理由是有習慣感謝別人、把功勞歸給別人的人，在健康上、睡眠上還有人際關係上會看到這樣做的好處，而且他們的表現會比較好。每天早上上 MRT 時，好幾個士官長分享他們前一天「找」到了什麼好東西，以及這件好事對他們的意義是什麼。從「我昨晚跟我太太聊得很好，我應用了在教室中所學的技巧，她告訴我這是我們談話談得最好的一次。」到「我停下來跟街上的遊民說話，我從他身上學到很多。」到「餐館的老闆沒有收我們晚飯錢，他說這是對陸軍表達致謝。」

隨著日子過去，這件好事變得更私人，最後一天的早上，一個士官長說：「我昨晚跟我八歲的兒子說話，他告訴我他在學校贏得一個獎，通常我只會說：『很好。』但是這次我用了我們昨天學的技巧，我問了他很多問題：『你領獎時，還有誰在那裡？得獎的感覺是什麼？你要把獎狀掛在哪裡？』

「我們講話講到一半時，我兒子打斷我說：『爸，這真的是你嗎？』我知道他的意思。這是我們說話說得最久的一次，我想我們兩人都感到很驚訝，不過這感覺真棒！」

性格強項

在教完心智強化的技巧之後，我們轉向去指認性格強項。《陸軍戰場手冊》（*Army Field Manual*）中描述了一個領袖的核心性格：忠誠、負責、尊敬、反省、服務、榮譽、正直和勇氣。我們溫習這些，然後請士官長們上網去做 VIA 測驗，再請他們把二十四個強項資料依強度順序排列列印出來帶到課堂上，我們界定「個人強項」，然後士官長把他們的名字貼在一張大的圖表上，每一張都代表一個強項，所以圖表上貼滿了如意貼，如意貼最多的那張圖就代表了士官長們最強的人格特質。士官長們尋找群體中相似的模式，討論哪些群體強項的剖繪反映出他們領袖的能力。這個活動之後，小組討論：「從這個強項的測驗中，你對自己多知道了些什麼？哪些強項是成為陸軍以後才發展出來的？你的強項對你完成一個任務或達到你的目標有什麼貢獻？你如何用你的強項去建構你的人際關係？你強項的副作用是什麼？你怎麼把它降到最低程度？」

然後我們把焦點轉移到用強項去克服挑戰。CSF 團隊的舒特上校（Jeff Short）提出一個個案研究，是他怎麼領導一一五師從路易斯安那州的波克堡（Fort Polk）到阿布葛拉伊布監獄（Abu Ghraib Prison）附近去設立一個野戰醫院，提供俘虜健康照護——包括住院和門診兩部分。在舒特上校描述設立野戰醫院和照顧戰俘的各種挑戰時，這些士官長把每個人的各種事蹟或這個團隊的各種行為用性格強項的方式記錄下來，例如野戰醫院需要一個「傷口真空吸器」（wound vacuum），但是那裡沒有，一個護士就展現了創造力的強項，拿舊的吸塵器做出了一個替代品來。

接著我們將士官長們分成小組，去做以小組為單位的作業，我們請他們用小組成員的性格強項去完成這個任務，最後士官長們寫下他們自己在「挑戰的強項」故事。有一個士官長描述他如何應用愛、智慧和感恩強項去幫助一個不服管教的士兵，這個士兵故意挑釁，引起衝突：士官長用他愛的強項去感化這個大兵，而其他的人卻避他唯恐不及，因為他充滿了敵意；士官長發現士兵的表現是因為他無法化解對他太太的憤怒，就把怒氣發洩到同袍身上，於是士官長用他智慧的強項，幫助這位士兵了解他太太的觀點；還跟他一起寫了一封信給他太太，感謝她在他三次調防中，必須獨當一面的辛勞。

建立強固的人際關係

最後的模組聚焦在如何強化與同儕和家人的人際關係，我們的目標是提供建構人際關係和挑戰干擾正向溝通的負面信念的工具。蓋博（Shelly Gable）博士表示，當一個人對別人做主動──建構式（相對於被動──破壞式）的回應時，他傳遞出了正向的經驗，愛和友誼都增加了。所以我們教導四種回應方式：主動──建構式的（利他的、熱心的支持）、被動──建構式的（了解和支持）、被動──破壞式的（忽略這個事件）和主動──破壞式的（指出這個事件的負面之處），用角色扮演來教他們這四種反應方式。第一組角色扮演是兩個很要好的士兵：

士兵詹森告訴士兵岡沙勒斯：「嘿，我太太打電話來說，她在基地找到一份很好的工作。」

主動──建構式：「好極了，是什麼新工作？她什麼時候開始上班？她有沒有說她是怎麼得到這個工作的？他們要求的條件是什麼？」

被動──建構式：「很好。」

被動──破壞式：「我兒子寄了一封好笑的信給我，聽著……」

主動──破壞式：「那誰要負責照顧你們的孩子？我才不相信保母，外面有那麼多保母虐待孩子的可怕故事。」

在每一個角色扮演之後，士官長們要填一張學習單，寫下他們自己過去典型的回應方式，然後寫出為什麼他們覺得很難去做主動——建構式的回應（例如很累，專注在自己的事情上面），以及他們怎麼利用自己的強項去保持主動——建構式的回應方式，例如：用好奇心的強項去問問題，用熱情的強項去做熱心的反應，用智慧的強項指出在這種情況下所能學習到的寶貴經驗。

然後我們教德威克醫生（Carol Dweck）的有效稱讚：當一個值得獎勵的行為出現時，你該怎麼說。例如，「我的體能訓練測驗拿了最高分」「我們沒有任何傷亡就清除了那幢建築物」「我被升做士官長了」，我們教士官長們如何稱讚這些特定的能力而不是冷冷的說：「幹得好」或「真不賴」。稱讚這個行為的細節讓士兵知道：(1) 長官有在看；(2) 長官有花時間了解哪一個士兵做了什麼；(3) 這稱讚是真誠的，而不是一般性的「幹得好！」

最後，我們教肯定式的溝通，描述被動（passive）、強勢性（aggressive）和肯定式（assertive）的溝通方式有何不同。每一種方式所用的語言、聲調、肢體語言和速度為何？每一種方式所傳遞出來的訊息是什麼？例如，被動方式送出來的訊息是：「我不相信你會聽我說」。我們從正向教育的研究中發現一個重要的關鍵是，去探索採用不同種溝通方式背後的冰山。一個深信「弱肉強食」、「只要暴露出弱點就會被人欺負」這種觀念的人，他的溝通方式會是強勢的；一個相信「抱怨是不對的」觀念的人，會有被動的溝通方式；一個相信

「他人可以被信任」的人，會有主動的溝通方式。

所以我們教肯定式溝通的五步驟模式是：

1. 指認並了解情境。
2. 客觀且正確的描述那個情境。
3. 表達關心。
4. 問其他人的觀點和意見，朝一個大家可接受的修正案方向前進。
5. 列出修正案所能帶來的好處。

士官長們用軍隊中的場景來練習這些技巧：你戰場上的夥伴開始酗酒，而且酒醉開車；你先生花大錢在你認為不值得的地方；你的同袍一直不知會你就拿你的東西。透過角色扮演，這些士官長指認出他們目前所遇到的棘手情境，然後練習用肯定式溝通方式來表達意見。有一個很敏感的區域就是他們怎麼跟自己的家人溝通，許多士官長說他們跟太太的溝通方式太強勢，跟子女的溝通方式又太命令式，因為從快速、命令式的工作環境轉換到民主式的家庭說話方式，對他們來說太難了。

有一個士官長在走廊上攔住我，跟我道謝：「假如我在三年前就學會這一套的話，我就不會離婚了。」

我在前面兩章中有談過，雖然我是想用我的研究來幫助士兵和軍中其他的人，但是還是有些媒體選擇從負面角度來看這件事，而且執意調查我的意圖想要指控我用科學去傷害人。有些批評者說這些是「洗腦」（brainwash），還說：「難道這些士兵不會希望他們的長官把最糟的情況都想過了以後，才送他們上戰場嗎？」負面思考的健康選擇不是正向思考而是批判性思考（critical thinking）。我們並不是教浮濫的正向思考，我們教的是批判性思考：一個思考的技術，使你區分出不理性的最糟情境和比較可能的情況——因為前者會使你因驚慌而不採取任何行動，後者使你計畫和行動。

其他的批評甚至影射我在老布希總統執政時期用我在「習得的無助」上的研究，去恐嚇、威脅、拷問戰俘和恐怖分子。這實在太不可思議了，我從來沒有協助過任何刑求逼供，在未來也不會去協助做這種事，因為我強烈反對凌虐，我譴責這種行為。

下面是我所了解的逼供爭議：聯合救援康復署（Joint Personnel Recovery Agency）曾經邀請我在二〇〇二年五月中旬去聖地牙哥的海軍基地做一場三個小時的演講，談美國士兵和美國的軍方人員如何可以用習得的無助的觀念去抵抗敵人的凌虐和逃避連續性的審問。

他們說，因為我是美國公民，沒有經過國家安全檢查（security clearance）的身家調查，所以他們不可以告訴我美國審問戰俘的方式；但是他們說，**他們的**方式並不殘暴。

然而，二〇〇九年八月三十一日，「人權醫生」（Physicians for Human Right，譯註：這是一九八六年由醫生發起的非營利組織）發表了一份聲明：「事實上，至少有兩次，塞利格曼把他習得的無助研究呈現給美國中央情報局（CIA）的承包審問者，這是根據檢察總長（Inspector General）的報告。」這是錯的，這些審問者指的應該是米契爾（James Mitchell）和簡森（Bruce Jessen），兩位跟 CIA 合作發展「強化」審問技術的心理學家。他們是我「習得的無助」演講當天台下的聽眾，那天的聽眾大約有五十到一百人之間。我並沒有對「他們」講，而是對聯合救援康復署所有的員工講；我說的是美國的官兵和軍方人員如何可以利用習得的無助來**躲避**（evade）敵人連續性的疲勞審問，我並沒有在任何其他場合把我的研究講給米契爾和簡森或任何跟這個會議有關的人員聽。

從那次演講之後，我並沒有再跟聯合救援康復署的人聯絡，也沒有跟米契爾或簡森有任何專業上的聯繫。我從來沒有承接政府合約（或任何合約）的案子去做任何有關刑求凌虐的事，我也不願去做這種研究。

我從來沒有研究過審問技術，我也從來不曾看過實際審問過程，我對這個主題只有文獻上得來的知識，我的印象是審問的目的在得出真相，而非審問者想聽的話。我想習得的無助的確會使人變得更被動、比較不反抗、比較願意配合。我不知道有任何證據可以有效的得到比較可靠的說真話的方式。我很難過，也覺得很恐怖，一個可以幫助這麼多人克服憂鬱症的良善科學會被如此的糟蹋。

大量推廣

坦白說，我們很擔心這些硬漢士官長會覺得回彈訓練太娘娘腔、太肉麻，但是他們沒有，更重要的是，他們很喜歡這個課程，我們很驚訝的發現他們給這個課程的評分是四．九分，其中賴維胥得到滿分五．〇。這是一個匿名的評分，所以他們不是要討好老師。他們的評語讓我們感動的流淚：

> 這是我加入陸軍以來，所上過最愉快，更重要的是，最有啟發性的課。
>
> 我很驚訝這個課程對我來說竟是這麼簡單，卻又這麼有效，我可以想像它對我的士兵、家人和整個陸軍會造成的影響。
>
> 這個課程可以拯救生命、婚姻，防止自殺和其他像部隊調防之後常發生的酗酒、藥物濫用等情形。它需要馬上傳播給士兵。
>
> 每一個士兵、每一個軍中的老百姓僱員、每一個家庭都應該來上這門課。
>
> 我已經在我的家庭生活中應用我所學會的這些技術。

這些是我們從所謂人見人畏、剽悍型大漢的新兵營士官長所得來的評語。

下面是我們大量推廣的計畫：二〇一〇年，每個月一百五十名士官長來賓州大學上八天的訓練課程，使他們變成訓練者，另外一大群的士官長會在他們的基地接受聯播的訓練課程。我們會選出成績最好的士官長做訓練助手，來協助賓州大學的訓練師，預計到二〇一〇年底我們可以訓練出兩千名的士官長，從裡面再挑選出一百名的種子教師訓練員。這些士官長每週要花一個小時做回彈的訓練。二〇一一年，我們會繼續賓州大學的訓練，同時移至各個基地去實作。在不久的將來，回彈的訓練會教給所有的新兵，陸軍將會有足夠的訓練師資。

當凱西將軍、柯能將軍和我對二星和三星的將軍做簡報時，他們的第一個問題是：「可以教我們的太太和孩子嗎？士兵的回彈能力直接影響到他的家庭。」凱西將軍因此下令所有的軍人家屬都可以上回彈的訓練課程，這會是柯能將軍多加的一份責任。所以我們設立了機動單位，由一個訓練領導員搭配一位種子教師訓練員到各個基地去教回彈技術，甚至用遠距教學的方式，教遠在德國和韓國的士兵和他們的家屬。

在這同時，我們接到很多「前線」實際在做的士官長的信。

下面是艾倫（Keith Allen）所寫的：

做為一個步兵，我習慣於接受非常具體的任務指示。當我接到命令我要去上 MRT 時，我很自然的問：我會學到什麼，我該期待什麼……。我被指示：打開心胸（keep an open mind）。做為一個士兵我把它解釋成：這可能是一個沒有價值的東西，但是上面命令我們要支援。

上課前，我心中預期的是一群心理學家講一些我聽不懂的東西，沒有任何相關的東西可以教。第一天上課時，我與陸軍士官辦公室的兩位同仁提早了半個小時到教室，希望在後排佔個好位子；我們很懊惱的發現人同此心，所有的學員都是這個想法，後排都滿了，剩下的空位都是前排。

我們只好坐下，我必須承認，我採取典型的不相信者姿勢：斜躺在椅子上，雙手抱在胸前，愛聽不聽。到了第二天，我發現自己正襟危坐，好好的在聽講。當我們進入「避免思想陷阱」時，我的身體向前傾，生怕漏掉任何一個字，非常驚訝我所接受到的訊息。當午餐的鈴聲響起時，我有點失望，怎麼這麼快就要吃飯了。

我發現有一些技巧是我已經本能的在做，我是透過經驗，成功的在用了，但是我發現在領導／同儕／士兵上還有很多我不知道的技巧，雖然我在服役多年中，常常碰到。

當討論轉向性格強項測驗結果的分析時，我熱切的期待討論。有些強項是我知道我有的，但是我很驚訝它們竟然不是在我單子上的頭幾項，經過誠實的反思（自我覺識）

及跟我太太談過之後，我了解我的強項的順序如何才是正確的，看到哪些能力比我自己想像還低時，我知道未來我該朝哪個方向努力。

從我回到單位後，我一直很成功的使用這些技巧，同樣重要的是，我發現我的家庭生活和睦了很多。我單位的一些決策是共同制定的，當我提出我的意見時，我現在會用堅定的語句去描述我如何達成我的決定。我的司令官和上級長官把我拉到旁邊，問我有關 MRT 的課程，其中有兩位會去上下一期的課程。我的兩個孩子（十五歲和十二歲）做了線上的 VIA 測驗，這對我們的互動幫助很大。我用主動——建構式的回應方式，帶我的孩子去解決問題，我們都覺得這是一個出乎意料之外的成功經驗。

康明斯（Edward Cummings）士官長寫道：

我是去年十一月去參加 MRT 的，從此，我感受到它對我的幫助，不只是在我的事業上，更重要的是在我私人生活上。我對陸軍的哲學是，假如你在家中是很快樂而且成功的，它只會在工作上幫助你。從這個課程一開始，我就學習如何把它用在我的私人生活上，它替我打開了新的門，使我能夠跟我太太說話，更重要的是我學會聽她說話。我發現我自己好幾次在做被動——建構式的反應，我不知道我事實上是在傷害我的婚姻。

在聆聽我太太訴說我過去認為是流水帳、無聊的生活細節後，我發現她的日子過得好了很多，而我們都知道「假如家庭主婦不快樂，沒有人快樂得起來」。

我發現我自己可以比較容易地處理工作上的難處了。過去，當事情沒有像我預期的那樣時，我會大發脾氣，通常是過度反應，現在我會慢下來，在做決定前先收集所有的資料。它幫助我冷靜下來，從不同的角度去看。我發現我有很多的冰山，現在我可以去處理這些冰山了。

我以前常想，我能不能像我父母一樣，維持三十六年的婚姻。現在我比較有信心，知道我可以。我以前一直很擔心我的事業，去思考我所做的許多不同的選擇，懷疑是否做了對的選擇，這選擇是否會讓我成功……現在我知道，不管未來發生什麼事，我都能夠比較好的去處理那個挑戰。有了這個知識以後，我也能夠比較好地去照顧我的士兵，我認為，假如你不能夠照顧你自己，你怎麼可能去照顧你的屬下？現在有許多新兵無法適應軍隊的生活，遠離他親愛的家人，我也曾經是這個樣子。假如我以前就上過這個課，有這個知識，我知道我會好過很多，能夠把挑戰處理得更好。現在有了這個知識，我知道當士兵來找我時，我可以用不同的技術，如 ABC 問題解決方式，或去指認出冰山，能夠幫助他們，盡我做領導的責任。

整個來說，這個課程是非常成功的課程。我跟我的家人和許多正在困境的朋友推薦它。正向心理學的應用真是太勁爆了！

陸軍和賓州大學不會只以學員的證詞為滿足，我們會用最嚴格的方式來檢視訓練課程的成果。麥克布萊德上校（Sharon McBride）和列斯特上尉（Paul Lester）現在正在進行一個大型的研究，因為 MRT 的課程是逐步大量推廣的，所以我們可以去評估那些參加過訓練課程的和那些還沒有參加過的士兵們的表現，這叫做「候補名單控制組」（wait-list control）的設計。在未來的兩年裡，至少有七千五百名士兵接受過他們士官長所教授的賓州回彈專案，我們會把他們和還沒有上過課的士兵相比較。麥克布萊德和列斯特要看這些課程是否有產生比較好的軍事表現、比較少的 PTSD、比較好的身體健康，最重要的，比較好的家庭生活和退伍後的平民生活。

這一章要在我坦白我對陸軍最深的感覺後才會結束。我認為美國是個了不起的國家，它給了我在歐洲被迫害至死的祖父母一個安全的港灣，使他們的孩子和孫子能夠茁壯成長；我認為美國的陸軍是個了不起的軍隊，它站在我和納粹煤氣室之間，所以我珍惜我與這些士官長、將軍在一起的日子，因為這是我生活中最充實、最感恩的天日。所有我的全方位士兵強健訓練計畫是無償給陸軍使用，當我跟這些英雄坐在一起時，〈以賽亞書〉（Isaiah 6:8）的話進入我的腦海中：

我又聽見主的聲音說：「我可以差遣誰呢？誰肯為我們去呢？」

我說：「我在這裡，請差遣我。」

第9章

正向身體健康：樂觀的生物基礎

樂觀和悲觀對病情有影響嗎？如果有，它的機制是什麼？

其他的正向心理變項，例如歡笑、熱情、高興對健康有影響嗎？

我們從心血管疾病、傳染病、癌症和所有原因的死亡率著手，

發現所有研究都指向一個結論：樂觀可以提供保護使人不得心血管疾病。

最重要的是這效果是兩極性的：樂觀保護人們，而悲觀傷害人們。

樂觀跟心血管健康有很強的聯結，悲觀跟心血管風險有很強的聯結；

正向情緒可以對抗感冒和流行性感冒，負面情緒會增加得這些病的機率；

高樂觀的人得癌症的機率可能比較低；

健康的人有著良好的心理幸福感，他們死於各種原因的機率比較低。

幸福感是原因嗎？它怎麼可能提供保護？

健康是身體、心理和社會關係幸福的完全狀態，它不僅僅是沒病而已。

——〈世界衛生組織憲章〉前言（一九四六年）

把醫學調轉個頭

我做了三十五年的心理治療師，我不是一個很好的治療師——我必須承認我比較愛講而不愛聽別人講——但是偶爾我也會做得很好，幫助我的病人去除他大部分的憂傷、焦慮和憤怒。我以為完成治療之後，她就會是一個快樂的病人了。

我有過快樂的病人嗎？沒有。如同我在第3章中說的，病人變得空虛。這是因為享受正向的情緒，能和你在乎的家人、朋友共同投入，找到生活的目的和生命的意義，在工作上有成就所需要動用到的技巧，和不沮喪、不焦慮、不憤怒是不同的技巧。這些病會阻礙我們得到幸福，但是它們不能使幸福變成不可能的事；同時，不悲傷、不焦慮、不憤怒也不能保證我們幸福。正向心理學最重要的一句話就是：正向心理健康不是沒有精神疾病而已。

我們最常看到的就是並沒有心理疾病，卻陷在生活中憔悴枯萎。正向心理健康是有正向的情緒，有全心投入，有意義，有好的人際關係，有成就。有好的心理健康並不僅僅是沒有毛病，它還必須是在圓滿豐足的狀態。

這跟佛洛伊德從西奈山（Mount Sinai）傳下來的智慧是相反的：佛洛伊德認為心理健康就是沒有心理疾病。佛洛伊德是哲學家叔本華（Arthur Schopenhauer, 1788-1860）的信徒，他們認為快樂是個錯覺（illusion），我們能夠有的最大希望就使悲傷和痛苦降到最低點。我要一再強調：傳統的心理學不是設計來製造幸福的，它是設計來減少悲傷難過的——這本身就不是一件容易的工作。

身體健康也接受了同樣的「智慧」：認為只要沒生病就算是健康。世界衛生組織（World Health Organization, WHO）和國家衛生研究院（National Institute of Health, NIH）雖然都以health為名，但是科學的健康研究領域幾乎不存在（順道一提，國衛院的名字有誤導，因為他們百分之九十五以上的預算都是用在減少疾病上）。正因為如此，所以詹森基金會（Robert Wood Johnson Foundation, RWJF）的馬肯豪卜特（Robin Mockenhaupt）和塔林尼（Paul Tarini）才會來找我談正向心理學。

「我們想請你把醫學調轉個頭。」詹森基金會先鋒研究組的主任塔林尼說。這個先鋒研究組就跟它的名字一樣，大部分詹森基金會的醫學經費是用在穩賺不賠的想法上，例如減肥，所以先鋒研究組的功能就是平衡基金會的開支，去投資不在主流醫學研究中的新想法和點子——這些想法可能會對美國人的健康和美國的健康照護有很大的貢獻。

「我們知道你在心理健康上的研究——知道有一些真正的、超越心理疾病治療的成果——我們想要你把它應用到身體健康上。」他繼續說：「身體健康也可能有正向的特質——健康資產——構成身體健康的真實情況嗎？有沒有一種狀態可以增長壽命，包括降低死亡率，當疾病真的來臨時有比較好的預後，減少終身健康照護開支？健康是一件真正存在的事，還是去除疾病以後的狀態？」

這些問題多到使我的心跳加快。我做的不過是整幅拼圖中的一小片而已：發現心理狀態——樂觀——可以預測，甚至可能可以減少生病，而一張引人興趣的全景正在浮現。這個研究在我與這兩位基金會人員談話之前四十年就開始了。

習得的無助理論的起源

我是一九六〇年代的中期發現「習得的無助」（learned helplessness）這個現象的三個人之一，另外兩人是梅爾（Steve Maier）和歐佛米爾（Bruce Overmier）。我們發現動物——狗、老鼠，甚至蟑螂——如果在一開始時，給牠們無能為力的情境（如難以逃避的電擊），時間久一點後，牠們會變得被動，逆來順受，最後放棄掙扎。在經驗到無助的打擊後，牠們會躺下來，接受命運的安排，不再想辦法逃走；但是同樣接受到電擊卻可以逃走的動物，不會變得無助，牠們會對習得的無助免疫。

人類跟非人類的動物反應一模一樣，人類的實驗是廣戶（Donald Hiroto）做的，結果被重複驗證過很多次。他們把受試者隨機分成三組，一組（可逃組）是給他很不舒服的噪音，但沒有到受傷害的程度，當噪音響起時，他們只要按面前的鈕，噪音就會停止，所以他們自己的行動使他們逃避了噪音的轟炸。第二組為不可逃組，是跟第一組**共軛**（yoke），他們跟第一組接受到同樣的刺激，但是不論他們怎麼做，噪音**不會**因為他們的動作而停止；這一組在定義上是無助組，因為他們的動作跟噪音的開關沒有任何的關係，噪音不會因他們按鈕（譯註：他們面前也有鈕，不過是無效的鈕，對照組的意思就是除了實驗的操弄，所有其他的條件要一模一樣）而有任何改變。習得的無助的操作型定義（operational definition）就是無論你怎麼做都不會改變事件。很重要的一點就是可逃組和不可逃組有著同樣程度的客觀壓力（同樣強度的噪音）。第三組是控制組，他們沒有接受任何的刺激。

請回頭再讀一遍上一段，確定你完全了解這個實驗設計，因為如果沒有弄清楚實驗設計，後面的章節對你沒有什麼意義。

第一部分是製造出習得的無助，第二部分展現它戲劇性的效果。第二部分是一段時間以後，在一個完全不同的情境中——一般來說，是三組人都要把手放到一個「穿梭箱」（shuttle box）裡，當把手放進箱子的一邊，很大的噪音會出現，如果把手移幾吋到另一邊去時，噪音就會停止。第一組（可逃組）和控制組的人很快就學會了移動手去逃避噪音，但是不可逃避組的人會不動，只是坐在那裡，直到噪音自己停止。他們已經學會了怎麼做都沒用，所以在第二部分他們也預期怎麼做都沒有用。

我聽過很多有關習得的無助的故事，當無助時，人會生病，甚至死亡，所以我在想這個無助的感覺可能可以深入身體，破壞健康和生命力。我同時也想到相反的一面：塔林尼的問題，心理的主控狀態——跟無助正好相反——是否也能深入身體，強化健康？

下面是這個實驗設計的理由：可逃避組、不可逃避組和正常控制組是習得的無助實驗的標準形式，其中控制組的人沒有任何先前壓力的經驗，所以它可提供實驗一個雙向的推論。習得的無助傷害這個人跟主控的經驗增強這個人的方式是一樣的嗎？「無助是否造成傷害？」的答案在於比較第一部分裡接受到不可逃避噪音的人跟不曾接受過任何噪音的控制組的人，假如在第二部分中不可逃避組的表現比控制組差，習得的無助就傷害了這個人。

另一極端的問題是「主控的經驗是否強化了這個人？」這個正向心理學的問題的答案在第二部分中可逃避組和控制組的比較上，假如可逃避組表現得比控制組好，那麼主控就有增強他們。請注意，無助組的表現比可逃避組的表現差，在科學上不如他們跟控制組的比較重要，因為無助組本來表現就會比主控組差——無論無助的經驗使人變弱，主控的經驗使人增強，或以上皆是。

但是塔林尼的問題是個很明顯的問題，明顯到經常被人忽略。根據佛洛伊德的和醫學的模式，心理學和醫學看這個世界是透過病理的鏡頭，只看到惡性事件的有毒效應。當我們問病理相反的問題：好的事件的強化效果時，心理學和醫學就得把它們的頭轉過來想了。的確，營養、免疫系統、福利、政治、教育和倫理都是聚焦在補救上，改正缺陷，但是沒有建立強項。

心理疾病

我是透過習得的無助才開始研究身體疾病的心理關係的。我想用上面的實驗模式來看身體健康的問題，我用的是老鼠和癌症。當時我的兩個研究生維辛坦納（Madelon Visintainer）和沃皮契里（Joe Volpicelli）把百分之五十致命率的腫瘤種進老鼠身體內，然後隨機把老鼠分派到三組去，第一組是有六十四次可逃避的電擊，第二組是所有條件都相同，只是無法逃避電擊，第三組是控制組，沒有電擊——這是第一部分。

第二部分是我們等待看哪些老鼠得了癌症死亡，哪些抵抗了癌細胞活下來。結果跟我們預期的一樣，百分之五十的控制組死掉了，控制組是沒有接受任何電擊的，但是牠們身上的腫瘤死亡率原本就是百分之五十。不可逃避組的老鼠有四分之三死掉了，顯現無助傷害了身體；可逃避組的老鼠只有四分之一死亡，表示主控權增進身體健康。

我應該提一下，這篇一九八二年發表在《科學》（*Science*）期刊上的文章，是我最後一次做的動物實驗，我要告訴你為什麼：在道德上，我是個愛動物的人，從小家裡就有養狗，牠們豐富了我的人生，所以我發覺我很不能夠忍受讓動物受苦。不管實驗的目的是什麼，即使是為了人道的目的我也不能，我所感興趣的題目用「人」來做實驗會比用動物來做直接得多，因為動物實驗結果要推論到人身上時，都會有外在效度（external validity）的問題。

這是一個極具關鍵性、卻被忽略的老問題。我會去念實驗心理學正是因為它是一個非常嚴謹的科學，內在效度（internal validity）很重要。做一個有控制組的實驗是內在效度的基本要求，這樣才能找出因果關係：是火引起水沸騰嗎？打開爐子開關，水煮沸了；沒有火（控制組），水就不開。一個不可控制的壞事件會使腫瘤生長嗎？給一組老鼠不可逃避的電擊，給另外一組同樣強度的電擊，把牠們跟沒有接受電擊的控制組比，受到不可逃避電擊的老鼠腫瘤長得比較快，因此，不可逃避的電擊使腫瘤長得快——但是這跟人類癌症有什麼關係？無助的感覺會影響人類癌細胞的生長嗎？這就是外在效度的問題了。

當外行人抱怨心理學的實驗用白老鼠和大學二年級的學生做時，那是外在效度的問題。它跟心理學家常不理睬的缺乏知識的抱怨不同，它是一個很重要的問題：人跟實驗室的老鼠有這麼多的不同，不可逃避的電擊跟你的孩子在划船意外中喪生有很大的不同。我們種在老鼠身上的腫瘤跟人身上的腫瘤也很不一樣，所以即使外在效度很完美——嚴謹的實驗設計，控制組設計得剛剛好，有足夠大的樣本群確保做到隨機分派，統計也無懈可擊——我們仍然不能有信心的做這個推論：不可控制的壞事件會使人的病情加劇。

不值得做的事，就不值得做好。

我認為建立外在效度比內在效度更重要。心理學系一般都會要求學生修完全部的內在效度——方法學——的課，這些課程全是內在效度，幾乎從來沒有觸碰到外在效度，通常這個問題是被當作外行人不懂科學是什麼而被忽略掉。幾百個心理學教授靠著教授內在效度餬口，很不幸的是，大眾對基礎科學的適用性常常抱持懷疑的，這是因為外在效度的規則不清楚。

實驗受試者的選擇通常是為了做實驗方便，而不是因為假如實驗成功的話，推論到人身上比較說得過去。假如在一九一〇年時電玩遊戲就發明的話，老鼠絕對不會進入實驗室；大二的學生也不會變成實驗者的選擇，假如網際網路在一九三〇年代就有的話。所以對我來說，避免外在效應的問題，盡量用人來做研究，在可以重複的情境下找真實世界的習得的無助、用真實世界的控制，這才是真正的科學。當然，有時候用動物來做也可以，但是動物實驗有其限制，就是上面我說的外在效度的問題；如果這個議題用人來做在道德上不可行，但是它對人類的益處會很大，這時動物實驗是可以接受的。我認為本書所討論的所有問題用人的實驗來做可以解釋得更好，所以現在，我回到這些議題上。

對上面所講述的習得的無助，我還得加上另一個重要的事實：當我們把不可逃避的噪音給人類、不可逃避的電擊給老鼠時，並不是所有的受試者都變得無助。大約有三分之一的人（三分之一的老鼠和三分之一的狗）是從來沒有變得無助的。一般來說，大約有十分之一的人（十分之一的老鼠和十分之一的狗）是一開始就無助了，他們根本不需要實驗室的操弄來使他們無助。因為這個觀察，導向後來的新領域叫做「習得的樂觀」（learned optimism）。

我們想知道哪種人從來不會無助，所以我們系統化的去看這些不會變得無助的人如何解釋不幸的事件。我們發現這些人認為發生在他們身上的不好事情只是暫時的、是可以改變的，而且只是這件事而已。當在實驗室中聽到不可逃避的噪音或求愛被拒絕時，他們就想，**它很快就會結束，我可以撐過的，這個情況只是目前而已**。他們很快就從打擊中回復過來，他們也不把辦公室的不順利帶回家中。我們稱這種人為樂觀主義者（optimists）。相反的，那種習慣性的想：**永遠就是這個樣子，它會毀了我所有的前途，我對這事無能為力**，這種人變成實驗室中習得的無助。他們不會從失敗中回彈，他們把婚姻中的問題帶到辦公室去，我們稱這種人為悲觀主義者（pessimists）。

所以我們設計問卷來測量樂觀和悲觀，用內容分析的技術給演講詞、報紙引述、日記，替總統、運動員和已過世不能做問卷的人的每一個「因為」的句子評分。我們發現悲觀的人比樂觀的人容易得憂鬱症，他們在工作上的表現沒有達到水準，在學校的表現也不好，在運動場、在他們的人際關係上障礙都比較多。

那麼樂觀和悲觀對病情有影響嗎？如果有，它的機制是什麼？其他的正向心理變項，例如歡笑、熱情、高興對健康有影響嗎？我會一種疾病、一種疾病的來討論，從心血管疾病、傳染病、癌症和所有原因的死亡率，按順序講下去。

心血管疾病

在一九八〇年代中期，舊金山有一百二十個人第一次心臟病發作，他們成為大型計畫「多重危險因素治療計畫」（Multiple Risk Factor Intervention Trial, MR FIT）研究的控制組。這個研究讓許多心理學家和心臟科醫生失望了，因為它發現訓練病人從A型性格（強勢、匆忙、有敵意）變成B型性格（隨和）對心血管疾病沒有任何的效用。然而這一百二十名控制組的病人卻引起賓州大學的研究生布肯南（Gregory Buchanan）和我極大的興趣，因為我們對他們第一次心臟病發的歷史知道得很詳細：心臟受損的面積有多大、血壓、膽固醇、身體質量指數（BMI）及生活型態，這些傳統心臟病的危險因子這個研究都有詳細的病歷紀錄。此外，這些人都經過訪談，他們的家庭、工作、嗜好都有紀錄，我們把他們訪試的錄影帶中每一個「因為」的句子拿來作悲觀和樂觀的分析。

在第一次心臟病發的八年半中，一半的人死於第二次心臟病發作，我們開啟密封的紀錄：我們可以預測誰會第二次心臟病發嗎？平常的那些危險因子都不能，高血壓不能，膽固醇不能，甚至病患心臟上次破壞到什麼程度都不能。只有樂觀，八年半前的樂觀態度預測了第二次的心臟病，十六個最悲觀的人裡，十五個過世了，而十六個最樂觀的人裡，只有五個人死亡。

這個發現在後來的大型心血管疾病研究中重複的被肯定，而且用的是不同的樂觀測量法。

退伍軍人署正常老化研究

一九八六年，一千三百零六位美國退伍軍人做了明尼蘇達多面向人格測驗（Minnesota Multiphasic Personality Inventory, MMPI），然後追蹤他們十年。在這期間，有一百六十二人發生心血管疾病。MMPI中有一個樂觀──悲觀的量表，可以很可靠的預測死亡率。抽菸、喝酒、血壓、膽固醇、家族病史和教育程度都有測量，焦慮、憂鬱和敵意這些都用統計的方式控制住，結果有最樂觀態度的人（即在中間數之上一個標準差，譯註：統計上中間數就是平均數，因個別差異而有標準差〔standard deviation〕，樣本群越和諧，標準差越少，如果樣本群南轅北轍，那麼標準差很大）比一般人得心血管疾病的機率少了百分之二十五，而最不樂觀的人（在中間數下面一個標準差）比中間數多百分之二十五心臟病的機率。這個趨勢很強，而且是連續性的，表示樂觀性越高，越能保護不得心臟病，而越不樂觀的人保護力越弱。

歐洲預期調查

一個從一九九六年到二〇〇二年追蹤兩萬名健康的英國人的研究，結果有九百九十四人死亡，其中三百六十五人死於心臟病。許多身體上和心理上的變項在研究開始時都有測量：例如抽菸、社會階級、敵意和神經過敏性格傾向。也用下面七個問題來測量主控權（mastery）：

1. 我對發生在我身上的事情沒什麼控制權。
2. 我實在沒有辦法去解決我的某些問題。
3. 我對生活中的許多重要事情無法有改變。
4. 我在處理生活中的問題時常覺得無助。
5. 有的時候，我覺得我是被強推著圍著生活轉。
6. 未來發生在我身上的事是決定在我自己手中。

7. 只要我下決心去做，我一般都可以做到。

這些問題是從無助到有主控權的連續性向度上的問題。心臟病的死亡率跟主控權有很大的關係，這是抽菸、社會階級及其他的心理變項維持不變，單看樂觀這個因素對結果的影響。高主控權的人（高於平均數一個標準差以上）比中間數的人少了百分之二十的死亡率，而那些有高無助感的人（比平均數低一個標準差）卻比一般人多百分之二十以上的心血管疾病死亡率。這個現象在其他死亡因素和癌症的死亡率中也是一樣，只是沒有那麼顯著，但是一樣有達到統計上的顯著水準。

荷蘭的男性和女性

自一九九一年開始，研究追蹤調查九百九十九位六十五歲到八十五歲荷蘭人的健康情形九年。在這段期間，三百九十七人死亡。在一開始時，研究者測量了他們的健康、教育程度、抽菸、喝酒、家族心臟病史、婚姻狀況、身體質量、血壓、膽固醇以及是否樂觀。以下是用一到三分的量表來回答是否同意的四個問題：

1. 我對生活還是有很大的期待。
2. 我對未來沒有很大的期望。
3. 我還是充滿了計畫。
4. 我常覺得生命充滿了承諾。

悲觀跟死亡率有很大的關係，尤其其他的危險因子都維持不變時。樂觀的人的心血管疾病死亡率只有悲觀的人的百分之二十三，悲觀的人心血管疾病死亡率佔整體死亡率的百分之五十五。很有趣的是：這個保護只有對特定樂觀（對未來的看法）的人有效，現在的情緒如「我常快樂的大笑」和「大部分的時候，我的心情都很好」並不能預測死亡率。

相反的，一九九五年，加拿大諾瓦斯科細亞健康調查（Nova Scotia Health Survey）中，一群護士對一千七百三十九名健康成人做正向情緒的評分（歡笑、快樂、興奮、熱切、滿足），在之後的十年裡，那些高正向情緒的人有比較少的心臟病，在正向情緒的五分量表上，每一分少百分之二十二的心臟病發生率。在這個研究中沒有測量樂觀，所以我們不敢說正向情緒是透過樂觀去影響身體健康。

荷蘭的樂觀影響力是一個連續性的趨勢，比較樂觀的人比較少死亡。這個發現顯現一個兩極的狀況：高樂觀程度的人死亡率低於平均數，高悲觀程度的人死亡率高於一般人。記得塔林尼的問題嗎？在這研究中，樂觀強化人們對心血管疾病的抵抗力，就好像悲觀減弱人們的抵抗力一樣（這是跟中間數、平均相比而言）。

憂鬱症是幕後真正的兇手嗎？一般來說，憂鬱症跟悲觀的相關非常高，而在很多研究中，憂鬱症同時也跟心血管疾病相關。所以你可能會想，悲觀的致命力也許是由於它增加憂鬱的關係。這個答案是否定的，因為即使把憂鬱這個變項保持統計上的不變，樂觀和悲觀一樣展現它們的效力。

女性健康倡導研究（Women's Health Initiative）

到今天為止，最大型的樂觀和心血管疾病關係的研究是一九九四年做的，他們追蹤九萬七千名健康的婦女八年。它跟一般的流行病學研究一樣，在一開始時調查參與者的年齡、種族、教育程度、宗教參與、健康、身體質量指數、喝酒、抽菸、血壓、膽固醇等，凡是有關心血管疾病的變項都做了登記。樂觀則是用另一個量表「生活方向測驗」（Life Orientation Test, LOT）加以測量，裡面的題目例如「在不清楚、不確定的情況下，我通常期待最好的會出現。」和「假如一件事有可能出錯，在我身上就會出錯。」很重要一點是，憂鬱症的症狀和它們所造成的影響也分別被測量。樂觀者（在鐘形曲線前端四分之一部分的人）死於心臟病的機率比悲觀者（在曲線後端四分之一部分的人）少了百分之三十。這個死亡率較低的趨勢不管在心臟病或其他所有死亡原因（包括癌症）中都比較低，而且橫跨整個樂觀的分布圖，表示樂觀保護女性而悲觀傷害她們，這是和平均數相比較。這個情形在控制了所有其他危險因素——包括憂鬱症症狀不變的情況——之下皆如此。

值得活下去的事物

還有一個和樂觀很類似，保護使不得心臟病的就是：ikigai（日文「生き甲斐」，生命的意義），意思是一些值得活下去的事物，它直覺上和生命圓滿度中的「意義」很相似（PERMA 中的 M）。三個日本 ikigai 的研究都指出高程度的 ikigai 會減低心血管疾病的死亡率，甚至在控制了傳統的危險因子和可察覺的壓力後，仍然如此。在一個研究中，沒有 ikigai 的男人和女人死亡率高出有 ikigai 的男人和女人一・六倍。在第二個研究中，有 ikigai 的男人死於心血管疾病的機率是百分之八十六，這是跟沒有 ikigai 的男人相比；女人也是一樣，但效果比較不顯著。在第三個研究中，高 ikigai 的男人相較於低 ikigai 的男人，只有百分之二十八死於中風的危險率，但是沒有看到和心臟病的關係。

關於心血管疾病的結論

所有樂觀和心血管疾病的研究都指向一個結論，就是樂觀跟心血管疾病有很高的相關，它可以保護使人不得心血管疾病。這個在控制所有的傳統危險因子例如肥胖、抽菸、飲酒過度、高膽固醇、高血壓後，仍然如此。它甚至在校正憂鬱症、可察覺的壓力和眼前暫時的正向情緒後，仍然如此。在不同的樂觀測量下，這效果仍然出現。最重要的是這效果是兩極性的：高樂觀保護人們，而悲觀傷害人們，這是跟一般平均數相比較的結果。

傳染病

你感冒通常要多少天才痊癒？對有些人來說，感冒大約七天就好了，但是也有人拖了兩、三個禮拜。有些人不會感冒，即使其他人都躺在床上了；更有人一年要感冒個六、七次。你的直覺反應可能是：「這一定是免疫系統不同的關係。」但是我要提醒你，免疫神話學（immunomythology）很猖獗。我真希望科學能夠證實免疫系統「比較強」的人能夠抵抗傳染病，但是能這樣說的證據還差得遠。然而很令人驚訝的是，心理狀態跟傳染病之間的關係卻是確定的。揭開情緒影響傳染病面紗的是心理學做得最好的實驗之一，領導人是個性靦腆且輕聲細語的卡內基——美隆大學（Carnegie-Mellon University）心理系教授科恩（Sheldon Cohen），他是少數成功地將生物學和心理學研究連接在一起，罕見的科學家之一。

一般來說，快樂的人比較少抱怨，也比較少報告病痛的症狀，比較健康。相反的，悲傷的人常常抱怨病痛，他們自己報告健康情形比較差。很可能兩者都有相同的生理症狀，但是他們看待這些身體症狀的態度不同。換個角度來說，這也可能是反映出症狀報告的偏差，悲傷的人一直在乎他的負面症狀，而快樂的人聚焦在好的方面（請注意，這個偏見並不能解釋樂觀——心血管疾病的發現，因為佐證的並不是心血管疾病症狀的報告，而是死亡證明書）。所以就科學的簡單主義原則（parsimonious），憂鬱的人比較痛、比較會感冒，快樂的人比較少痛、少感冒的觀察，就被當做不值得注意的東西，擱在一旁了。這是當時醫學科學的情況，直到柯恩教授出現。

柯恩有這個勇氣用鼻病毒（rhinovirus）讓自願受試者傳染到感冒。我用**勇氣**這個詞是因為這個實驗能夠通過卡內基——美隆的校內審查委員會（institutional review board, IRB，我下面會解釋），是一件不可思議的事。但是我們下面會看到，對這個研究通過了道德倫理審查我們應該感恩。

倫理道德和校內審查委員會

我對柯恩勇氣的欽佩和他竟然被允許去做這個實驗的感恩，是基於一個大家對美國今日科學桎梏情形的深切擔憂。自一九七〇年代開始，所有的科學家在做實驗之前，都得把他們的計畫送交道德委員會審查，通過了才可以做。這個組織就叫做校內審查委員會（簡稱IRB），而這個要求來自一些醜聞，病人和受試者並不知道他們所參與的實驗有什麼可能傷害他們的地方，即使知道也只是皮毛，沒有完全清楚明白。IRB的審查使學校避免被告，對一個資訊公開的社會，這也是合理的措施，但是在不好的方面，就是IRB非常的貴，以賓州大學來說（它只是美國幾百個研究型大學中的一個），每年花在IRB的錢超過一千萬美元。IRB需要很多很多的支持文件，我的實驗室每年得花五百個小時去填IRB所需要的表格。

這個委員會剛開始是警告人們做科學實驗可能會有傷害，但是現在已經發展成超越它原來目標的怪物了。每一次科學家想要試做一個先行測驗以確定是否值得大量做，她得提供耗費無數小時完成的文件給IRB，即使她要做的不過是快樂的問卷，也要如此大費周章。據我所知IRB在它四十年的歷史裡花了幾億的錢，甚至沒有挽救過一條生命，但是可怕的是，它對想要做可能拯救生命的科學會有寒蟬效應。下面就是據我所知在心理學的歷史中，一個最後拯救生命的研究，或許在整個醫學的歷史中也是，這個案例暴露出IRB的缺點。

史上最糟的瘋狂病大流行發生在哥倫布發現新大陸後的幾年，它持續肆虐直到二十世紀初，我們叫這個疾病一般性麻痺（general paresis）。它一開始會手腳軟弱無力，在那之前是古怪的症狀，後來就出現嚴重幻覺，最後全身癱瘓、神智不清、麻木、死亡。它的原因不明，但是有人懷疑是梅毒。這些麻痺的人染有梅毒的報告證據不足，因為有人感染到這個病卻堅決否認曾經得過梅毒，而且也沒有得到這個性傳染病毒的證據；大約百分之六十五的麻痺者有可見的梅毒症狀，只有百分之十的梅毒患者沒有麻痺症。這個證據只能說是可能，因為並非百分之百的麻痺者都有梅毒的病史，所以不能說梅毒是原因。

梅毒外顯的症狀是生殖器上有瘡口，幾個禮拜以後會消失，但是疾病其實沒有離開，它像麻疹一樣，終身免疫。一個曾經得過梅毒的人再次接觸到梅毒病菌時，他的生殖器不會再長瘡。

在實驗上只有一個方式可以找出這些麻痺者以前是否得過梅毒：注射梅毒螺旋體病菌到麻痺症者身上，假如沒有症狀（生殖器瘡）出現，他就是曾經得過梅毒，因為你不可能得梅毒兩次。德國的神經學家克瑞福特——艾賓（Richard von Krafft-Ebing, 1840-1902）做了這個關鍵性實驗，在一八九七年，他從梅毒瘡口中取出病菌注射到幾個麻痺症患者身上，這幾個人都絕口否認曾經得過梅毒。結果沒有一個人出現瘡，所以他們以前一定被傳染過。

克瑞福特——艾賓的實驗證實了十九世紀最普遍的精神疾病來自梅毒感染，很快地，這些人都接受抗梅毒的治療，千百個人的生命得以挽救。

這個實驗在今天就不能做，沒有任何一個校內審查委員會會通過這種實驗，更糟的是，沒有科學家——就算是最有勇氣的——願意提出這種計畫書給 IRB——不管她認為她可能拯救多少生命。

柯恩的研究，像克瑞福特——艾賓的一樣，值得鼓掌之處在他的勇氣，因為它也可以救很多人的性命：柯恩找出正向情緒是感染疾病的影響原因。在他所有的研究中，大量的健康自願者先是持續七天每晚接受面談，他們可以支領很高的受試者費，而且完整的被告知可能的危險，然而，許多 IRB 還是不願意放行，因為付的錢很高表示裡面一定有鬼，是被強迫來的。

從這些面試和測驗中，這個人一般的情緒——正向情緒和負向情緒——就可以被評分。正向情緒是觀察者評他「充滿了活力」「快樂」「輕鬆」「冷靜」「歡樂」，負面情緒是「悲傷」「沮喪」「不快樂」「緊張」「敵意」「拒絕」，請注意，這不是對悲觀／樂觀那種對未來特質的評定（例如，「我預期許多壞事會重複出現」），不是像醫學文獻中，情緒和心血管疾病之間的關係那種對未來的看法，這是當下的情緒狀態；其他可能的混淆變項（譯註：這是實驗心理學的用語，表示這個變項可能會影響實驗的結果，如果實驗者沒有控制它，會使實驗結果失去因果關係的確定性）也都測量了，如年齡、性別、種族、健康情況、身體質量、教育程度、睡眠、飲食、運動、抗體水準和樂觀。

然後，受試者把鼻病毒擠到鼻子中，隔離禁足六天讓感冒症狀發展出來。這個感冒症狀不是自我報告而已，因為這可能受到當事人有多愛抱怨的污染，而是直接取鼻涕來檢驗，還

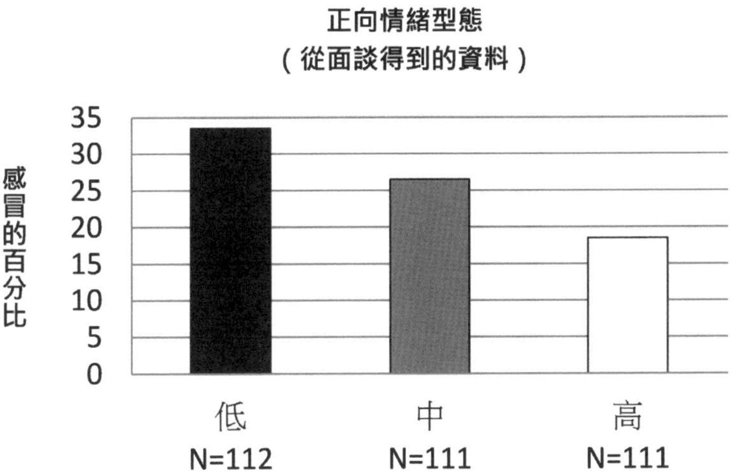

有檢查鼻塞（注射染劑到鼻腔去，看多久時間到達喉嚨）。這個結果漂亮極了，完全有決定性（參見左圖）。

有高正向情緒的人感冒的機率比一般正向的人低，一般正向情緒的人又比低正向情緒的人感冒的機率低。這個效果是雙向的，高正向情緒強化了志願者，而低正向情緒減弱了志願者，這都是與平均數、中間的人相比（參見下頁上圖）。

負面情緒的效果比較小，低的人有比較少的感冒率，很重要的一點是，正向情緒，而不是負面情緒，是這後面真正的驅力。

那麼正向情緒可以減少感冒的生物機制是什麼？因為自願者都被隔離，而且嚴密的觀察，他們的睡眠、飲食、腎上腺皮質醇（cortisol）、鋅、運動這些變項都被排除，關

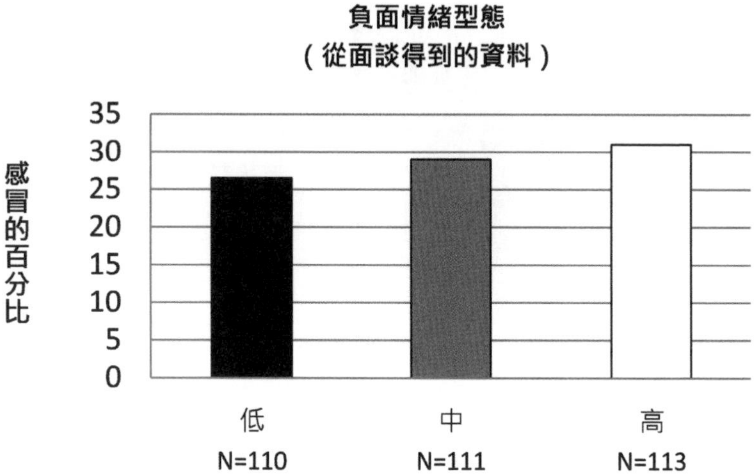
負面情緒型態
（從面談得到的資料）
感冒的百分比
35
30
25
20
15
10
5
0
低
N=110
中
N=111
高
N=113

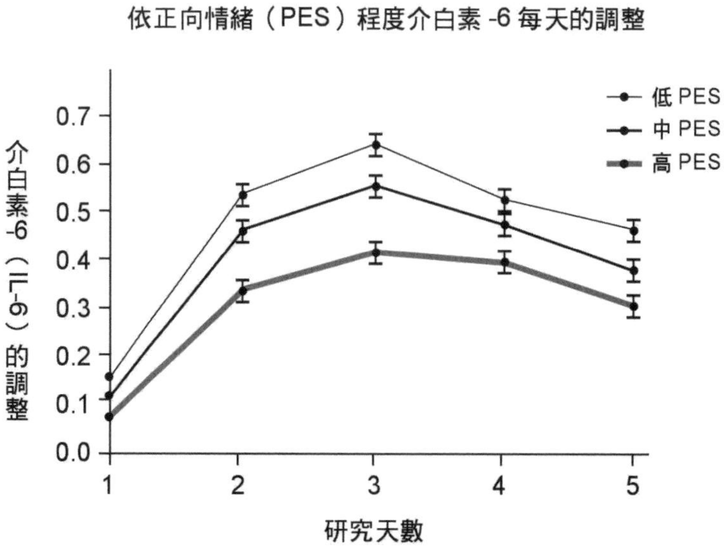
依正向情緒（PES）程度介白素 -6 每天的調整
介白素-6（IL-6）的調整
0.7
0.6
0.5
0.4
0.3
0.2
0.1
0.0
1
2
3
4
5
研究天數
低 PES
中 PES
高 PES

鍵的差別在引起發炎的蛋白質介白素-6（interleukin 6, IL-6，譯註：對人體內的免疫反應有很重要的調控功能）。

正向情緒（PES）越高，介白素-6（IL-6）越低，越不容易被感染（參見下頁下圖）。

柯恩用流行性感冒病毒和感冒病毒重複這個實驗，都得到同樣的結果：正向情緒型態是真正驅動的因素。此外，他排除了自我報告的健康情形、樂觀、外向、沮喪和自尊等差異。

癌症和所有原因的死亡率

正向心理狀態是萬靈丹嗎？在一九七〇年代，我第一次猜測無助和疾病之間的關係時，我就對這個心理（如樂觀）對生理的影響抱持著很謹慎的態度。尤其我很關心疾病的嚴重性，我認為致命的疾病和不治之症是不可能被心理狀態所影響。我寫道：「如果一台起重機落在你頭上，你再怎麼樂觀也沒有用。」

（「我恨希望」）艾倫瑞克

近年來澳洲一個研究提醒了我這一點。這個研究是說希望和樂觀對不能開刀的癌症病人，一點延長生命的效果都沒有。艾倫瑞克（Barbara Ehrenreich）最近出版了一本《正向偏執：無止盡的提倡正向思考如何削弱美國》（*Bright-Sided*），在書中她描述她的個人經驗，好心的醫護人員告訴她，假如她是比較正向的人的話，她的乳癌會好很多，於是她摒棄了正向心理學——她對快樂警察堅持她必須採取一個快樂的姿態來克服她的乳癌，感到憤慨。假裝正向情緒可以延長壽命一點道理也沒有的，我不知道有任何人會積極鼓勵病人去假裝幸福。她的書在英國出版時的書名叫做《笑，不然就死！》（*Smile or Die*）。

在《笑，不然就死！》出版後，我跟艾倫瑞克交換了很多意見，我寄給她剛剛出版的有關棒球員長壽的文章：一九五二年《棒球名人錄》（*Baseball Register*）上的照片中，球員微笑的強度預測了他們會活多久。那些顯現真心笑容（即杜鄉的微笑〔Duchenne smile〕）的比沒有笑的多活了七年。

「我想我是完了。」她在電子郵件中回我。

「我相信你的分析就像一個判斷錯誤、忽略證據的人一樣。」我回她信。下面是艾倫瑞克沒看到的一個重點：「心血管疾病、所有原因的死亡率、很可能包括癌症都不是假笑的函數，但是 PERMA 卻是，一些正向情緒，加上意義，加上正向人際關係，加上正向成就。你可能在第一項比較低（我自己就是），但是你還有很多其他的，你的書就是一件有意義和正向成就，所以——雖然有點諷刺——能夠像你這樣去攻擊正向，這本身就是一件正向的事（「正向」絕對是比強迫的微笑更廣義），所以你不會完了。」

在艾倫瑞克的書中，她沒有談到全部的科學文獻，但是她的書激發了一些文獻回顧，回顧者只從表面去解釋艾倫瑞克的結論，沒有深入了解。最過份的是薛莫（Michael Shermer），他是《懷疑論者》（*Skeptic*）雜誌的發行人，他說：「艾倫瑞克系統化的拆解並且破壞正向心理學背後的一點科學證據，以及正向思考有益健康的效應。證據很薄弱，統計上顯著性的程度很有限，少數的可見發現常無法被後來的研究重複證明，甚至得出矛盾的結果。」讀者可從本章中看到，證據是堅實的，顯著性很高，效應也是可以被後來的實驗一再的重複發現。

所以，先不管艾倫瑞克和薛莫的咆哮，我們先來看正向思考和癌症的證據是什麼。最完整的文獻回顧是二〇〇九年，《行為醫學年報》（*Annals of Behavioral Medicine*）所刊登的「樂觀與身體健康：後設分析回顧」（Optimism and Physical Health: A Meta-Analytic Review）。他們將八十三篇已發表關於樂觀和身體健康的論文拿來做後設分析。後設分析是一種統計分析方式，將所有在研究方法上嚴謹的研究拿來求平均。因為使用的研究方法不同，幸福心理學在存活率上的效應本來就會有相矛盾的結果，事實上，所有的社會科學研究都會有這種現象，這是科學進步的方式（譯註：社會科學不像自然科學，只要是人就會有變異性，當有相矛盾的結果出現時，它驅使研究者去比較實驗和使用的統計方式，找出不同的原因來，通常在尋求過程中，隱藏在背後的因素就出現了，科學也得以進步）。

這些研究者問：樂觀可以預測各種原因的死亡率到什麼地步呢？這些原因包括心血管疾病、免疫系統失功能，還有癌症。在這八十三個研究中，有十八個是關於癌症的，總共包括二千八百五十八位病人。結果發現越樂觀的人，癌症治療的效果越好，效果到達很強的顯著性。最近有個大型的研究，從女性健康倡導研究取了九萬七千二百五十三位受試者，測量她們是樂觀或「憤世嫉俗的敵意」（cynical hostility）對預測心血管疾病、癌症和其他所有原因的死亡率之間的關係。結果發現悲觀是心血管疾病死亡率的頭號殺手，這我們在前面已經談過了。很重要的是，悲觀和憤世嫉俗的敵意兩者都是癌症最顯著的預測者，尤其是非裔的美國婦女，不過這個效應小於它們對心血管疾病的效應。

艾倫瑞克請我幫她準備她新書的內容，我們兩個坐下來，面對面討論有關健康研究的文獻，後來還寄給她很詳細的論文參考書單。然而，艾倫瑞克並沒有把全部的論文放進去，她以她的看法選出最佳項目，例如少數沒有發現效果的論文，而把發現樂觀可以有效預測心血管疾病、其他疾病及癌症的研究丟在一邊不理。只挑對自己有利的論文講起來是不誠實，但是在跟生死有關的文獻上，只挑對自己有利的其實會給罹患癌症的婦女錯誤的印象，降低樂觀的價值。不給病人應有的希望我認為是危險的報導不當。

當然，現在還沒有隨機把病人放在「變樂觀」和「得癌症」這樣的實驗，所以，你是可以懷疑悲觀是否會引起癌症和死亡。但是那些控制了癌症其他危險因素的研究，還是有發現樂觀的病人病情比較好。這些證據足夠去支持一個隨機分派，有安慰劑控制的實驗（即病人吃藥，控制組吃糖片），在一個實驗中，悲觀的癌症婦女隨機分派到賓州回彈訓練中心接受樂觀訓練，或分派為給她們讀健康訊息的控制組，然後看她們的發病率、死亡率、生活的品質和健康照護開支，結果跟前面所述的一樣。

所以我對癌症文獻的看法是：它清楚指出悲觀是發展出癌症的一個危險因素。但是因為有一些癌症研究的文獻**沒有**發現顯著效應（雖然沒有任何一個研究發現悲觀對癌症的病人有益），所以我下結論說悲觀是癌症一個很可能、但比較弱的危險因素，它的效應比它對心血管疾病和其他原因的死亡率的影響少一點。

因此，我認為希望、樂觀和快樂在癌症還沒有很嚴重時，對病人是有益的。有一位讀者寫了一封信給我，對我在樂觀上限的那篇起重機砸在頭上的文章做回應，他說：「親愛的塞利格曼博士，有一台起重機落在我身上，但我今天還活著，完全因為我很樂觀。」

假如有一台起重機落在你身上的話，那些尋找各種死亡原因跟心理幸福感是否有關係的研究真的可以幫助你。倫敦大學（University of London）的兩位心理學家柴達（Yoichi Chida）和史台波投（Andrew Steptoe）最近發表了一篇非常完整的後設分析，他們找了三十五篇論文是從健康的自願者著手，另外三十五篇論文是從病人著手，一共七十篇論文去做後設分析。

他們發現心理的幸福感的確有保護作用。假如你現在是健康的，這個效果很強，那些有高幸福感的人比那些低幸福感的人少了百分之十八的機率死於任何原因。在從病人開始的研究中，那些高幸福感的人比低幸福感的死亡率少了百分之二；雖然很少，但是有達統計上的顯著性。至於死亡原因，幸福感會保護人們對抗心血管疾病、腎衰竭、愛滋病毒，但是在癌症上不顯著。

幸福感是原因嗎？它怎麼可能提供保護？

我可以推論出，樂觀跟心血管健康有很強的聯結，悲觀跟心血管風險有很強的聯結。我可以推論出，正向情緒可以對抗感冒和流行性感冒，負面情緒會增加得這些病的機率。我可以推論出，高樂觀的人得癌症的機率可能比較低。我可以推論出，健康的人有著良好的心理幸福感，他們死於各種原因的機率比較低。

為什麼？

要回答這些問題的第一步是先問：它們之間真的有因果關係嗎？還是只是相關？這是一個很重要的科學問題，因為有第三個變項，如慈愛的母親或是過多的血清張素（serotonin），可能是原因，因為慈愛的母親或高血清張素都會導致好的健康和心理幸福感。

沒有任何的觀察研究可以去除所有的第三變項，但是上面大部分的研究都去除了可能的混淆變項，他們用統計的方式來平衡人們在運動、血壓、膽固醇、抽菸和其他的可能混淆變項。

去除第三變項一個很好的方式便是隨機分派到實驗組或控制組。而在樂觀——健康的文獻中，只有一篇是這樣做的。十五年前，當賓州大學的新生入學時，我給全校做歸因型態問卷（Attributional Style Questionnaire），每一個人都做了（學生在被接受入學時，都非常配合）。布肯南和我寫了一篇最悲觀的百分之二十五新生的文章，這些學生都有憂鬱症的危機，因為他們的解釋型態分數非常的悲觀。我們隨機請他們加入兩個團體中的一個：八個禮拜的「壓力處理研討課」（stress management seminar），課程包括賓州回彈專案（PRP），我們在第5和第7章中有談到；或是沒有治療或介入的控制組。我們發現往後三個月這課程提升了樂觀程度，降低了沮喪和焦慮，正如我們的預期。我們同時也收集了學生在那段期間的健康情況：研討課組的學生身體比控制組的好，比較少生病症狀的自我報告，比較少去看醫生，也比較少到學生健康中心拿藥。上課組的看醫生多半是預防性的身體檢查，他們的飲食比較健康，也定期運動。

這唯一的實驗顯示是樂觀的改變增進健康，因為我們是隨機分派，因此去除了第三個變項。我們不知道這個因果關係在樂觀和心血管疾病之間是否存在，因為到現在為止還沒有人做過隨機分派的實驗，教病人樂觀來防止心臟病。

為什麼樂觀的人比較不容易生病

樂觀是如何作用，使人比較不容易生病？悲觀又是如何使人生病？這個可能性分三大類。

1. **樂觀者採取行動，有比較健康的生活型態**。樂觀者相信他們的行動有效用，而悲觀者認為他們做什麼事都沒有用，他們是無助的；樂觀者勇於嘗試，而悲觀者陷入被動的無助中。所以樂觀者會遵從醫生的囑咐，就像維倫發現的，當一九六四年，美國衛生部長提出抽菸跟健康的關係後，樂觀的人就放棄抽菸，但是悲觀的人沒有。樂觀的人比較會照顧自己。更廣泛一點的說，高生活滿意度的人（這與樂觀有高相關）比較可能節食、不抽菸、定期運動；根據一項研究，快樂的人睡眠比不快樂的人好。

樂觀的人不但遵從醫生的話，他們同時也採取行動，避開不好的事。而悲觀的人很被動，當龍捲風的警報響起時，樂觀的人比悲觀的人更積極去找避難場所，悲觀的人認為龍捲風是上帝的意旨。越多不好的事情發生在你身上，你的健康就越不好。

2. **社會支持**。越多朋友，生活中越有愛，就越少生病。維倫發現人們只要有一個朋友，可以半夜三點鐘打電話給他，跟他訴苦，而不會有罪惡感，這樣的人的健康情況會比較好。卡西歐波發現寂寞者的健康狀況比朋友多的差很多。在一個實驗裡，受測者在電話中讀一小段文章給陌生人聽，讀的聲音有的是很高興的，有的是很沮喪的，陌生人掛掉悲觀聲音的速度比樂觀聲音快。快樂的人有比較大的社交圈，而社交網絡的大小又跟老年的健康很有關係。憂愁的人可能想要朋友，但是朋友卻不喜歡憂愁的人，悲觀者的寂寞可能是走向疾病的路徑。

3. 生物機制。這裡有好幾個可能的生物機制，其中一個是**免疫系統**，羅汀（我在本書一開頭有提到她）、卡門——西格（Leslie Kamen-Siegel）、德懷爾（Charles Dwyer）和我在一九九一年合作，從樂觀的和悲觀的老年人身上抽血，看他們的免疫反應。樂觀者的血液對威脅有強悍的反應——比較多對抗感染的白血球，叫T淋巴細胞（T-lymphocytes）——我們把憂鬱症和健康這兩個混淆變項排除之後，仍然得到這個結果。

另一個可能性是**基因**，樂觀的人和快樂的人可能有可以打敗心血管疾病和癌症的基因。

再一個可能的生物原因是對**重複壓力**的病態循環反應。悲觀的人因為放棄對抗，所以受到比較多壓力的苦，而樂觀的人對壓力應付得比較好。重複出現的壓力，尤其是在無能為力的無助狀態下，身體會啟動壓力荷爾蒙腎上腺皮質醇和其他身體循環的反應，使血管壁受損，增加動脈粥狀硬化（atherosclerosis）。柯恩發現悲觀的人分泌比較多引起發炎的介白素-6蛋白質，這會造成更多的感冒。重複的壓力狀況和無助會啟動一連串的歷程，產生高濃度腎上腺皮質醇，和低濃度神經傳導物質兒茶酚胺（catecholamine），這會導致長期的發炎。比較多的發炎會造成心臟動脈粥狀硬化，在主控權上分數低而憂鬱沮喪上分數高的女性，大動脈上有比較嚴重的鈣化。無助的老鼠發展出動脈硬化的症狀比主控的老鼠來得快。

肝製造太多的**纖維蛋白原**（fibrinogen）會阻塞血管，這也是另一個可能的原因，越多的纖維蛋白原會導致更多的血管阻塞。有高正向情緒的人對壓力的反應，沒有像低正向情緒的人產生那麼多的纖維蛋白質。

心律不整（heart rate variability, HRV），很教人驚訝的，它是另外一個保護心血管疾病的候選人，心律不整是短期的心跳間隔變異。它一部分是由中央神經系統的副交感神經（迷走神經〔vagal〕）系統在控制，這個系統製造放鬆。越來越多的證據顯示心律不整的人比較健康，比較少心血管疾病，比較不沮喪，有比較好的認知能力。

上述的機制還未被仔細的驗證，它們都只是合理的假設，但是每一個都可以是雙向的：樂觀增加保護而悲觀降低。要知道樂觀是不是原因及它是怎麼作用的，最好的方法就是做樂觀介入（治療）的實驗。有一個很好但很昂貴的實驗很值得去做：找一大群自願者，隨機分派到樂觀訓練組或控制組，監控他們的行為、社交和生物的變項，然後看樂觀訓練組有沒有活得比較長、沒有死於心血管疾病。這又把我帶回詹森基金會。

以上全部——習得的無助、樂觀、心血管疾病及如何找出機制——在塔林尼來看我時，統統閃過我的腦海。「我們邀請你送兩份計畫書來，」在我們長談之後，塔林尼說：「一份是探索正向健康的觀念，另一份是樂觀介入防止心血管疾病死亡的提案。」

正向健康

在一段時間之後，我把計畫書送進去了。介入治療的計畫書動員了賓州大學醫學院的心臟科。我們提出隨機指派的賓州回彈計畫，在他們第一次發心臟病之後，教他們介入的課程。另一個計畫書是探索正向健康，這個計畫被批准了，因為一個界定很好的正向健康觀念應該先做。現在這個計畫已經進行了一年半，這有四個主軸：

- 界定正向健康
- 重新分析已有的長期追蹤研究
- 心血管健康資產
- 運動是健康資產

界定正向健康

健康是否不只是沒病？它可以用現在的正向健康資產來定義嗎？我們還不知道健康資產

（assets）到底是什麼，但是對於包括哪些可能我們有線索可循，例如樂觀、運動、愛、友誼，所以從以下三個可能的正向獨立變項開始。第一，主觀性的資產：例如樂觀、希望、健康良好的感覺、熱切的生命力和生活滿意度；第二，生物性的資產：例如在心律不整的上限之內、催產素（oxytocin）荷爾蒙、低纖維蛋白質和介白素-6以及端粒（telomere，可保護染色體的完整性）；第三，功能性的資產：例如和睦的婚姻、七十歲還可以一步跨三級台階快步行走而不會氣喘吁吁、朋友眾多、全心投入的嗜好、圓滿的職場生涯等等。

正向健康的定義是實證主義的，我們在調查這三類資產能夠增進下列**健康和疾病目標**的上限：

- 正向健康可以延長壽命嗎？
- 正向健康可以減少死亡率嗎？
- 正向健康的人，他們健康照護的開支比較低嗎？
- 會不會使心理健康比較好，比較少心理疾病？
- 正向健康的人是不是不只活得比較長，還同時有比較多年的良好健康？
- 正向健康的人在當疾病終於來臨時，是否有比較好的預後？

所以正向健康的定義是可以真正增進健康和疾病目標的主觀性、生物性和功能性的資產。

重新分析已有的長期追蹤研究

正向健康的定義會從實證的數據中浮現，我們已經開始重新分析六個大型長期追蹤研究的疾病預測力——這些研究原始的目標是危險因素而不是健康資產。在強項研究做得最好的彼得森的領導下，加上哈佛年輕的教授庫伯詹斯基（Laura Kubzansky），她重新分析心血管疾病的危險因素來看它的心理支撐，我們現在問：這些重新以資產的角度來分析的研究，能夠預測上述的目標嗎？雖然現有的數據是聚焦在負面上，這六個研究中也隱藏了一些正向的數據，直到現在這些數據都被忽略；例如，有一些測驗有問到快樂的程度、婚姻滿意度，我們將會看到這些主觀性的、生物性的和功能性的測量最後浮現出什麼樣的健康資產。

彼得森在設法建立個人強項做為健康的資產。一九九九年，一個正常老化研究（Normative Aging Study）召募了兩千名男性參與，在計畫開始當時他們都很健康，每三到五年追蹤一次他們的心血管疾病狀況，每一次也做一些心理問卷，其中一份是明尼蘇達多面向人格測驗（MMPI），我們從那裡拿到「自我控制」的測量結果。彼得森發現，維持其他的變項不變（甚至控制了樂觀）時，對健康資產有最大貢獻的是自我控制：有最高自我控制的男人，死於心血管疾病的機率降低了百分之五十六。

這只是讓我們看到如何比較健康資產和危險因素的一個例子。我們同時也做健康資產跟危險因素「量」的比較，例如，我們估算在樂觀量表上，前面四分之一的人所享有心血管疾病的好處，大約等於不要一天抽兩包菸。此外，這些資產中有沒有哪一個是最能預測目標的？假如真的有這個最佳的健康資產的活，可以實證的來界定正向健康對某一種疾病的潛在預測能力。

一旦一個單獨的正向獨立變項被肯定為健康資產之後，正向健康就會把它當做介入治療的項目；例如，假如樂觀、運動、和諧的婚姻或是心律不整在曲線的前面四分之一可以減低心血管疾病的死亡率，那麼，這些就變成介入干預的目標。除了用隨機指派的方式找到的拯救生命的實用價值之外，有控制組的設計還可以獨立出原因。正向健康於是就用量化方式找出這種正向干預介入是否符合成本效益（cost-effectiveness），把它和傳統的干預介入相比較（如降低血壓），也把正向健康干預法和傳統干預法兩者綜合起來用，來看它的成本效益。

軍隊的數據：國家寶藏

我們預期跟軍方的合作會變成所有未來長期研究的「母親」，因為大約有一百一十萬名士兵做了GAT，測量了所有的正向心理和健康資產，加上他在軍旅生涯所有的危險因素，這是一份非常珍貴的科學資料。我們會把他們在軍中表現的紀錄，和他們一生的醫療紀錄綜合起來加入GAT的資料中，這一套軍方數據資料包含：

- 健康照護的使用
- 疾病診斷
- 藥物
- 身體質量指數
- 血壓
- 膽固醇
- 意外和不幸事故
- 戰鬥和非戰鬥的受傷
- 體形
- DNA（需要用這來指認屍體）
- 工作表現

所以我們可以測試非常大的樣本群，來看哪一類健康資產（主觀的、生物的和功能的）

最終可以預測下面的目標（可以單獨來看，也可以綜合來看）：

- 某特定疾病
- 藥物
- 健康照護的使用
- 死亡率

這表示我們能夠很確定的回答以下的問題：

- 情緒上很適應的士兵有沒有比較少感染到疾病？（這可以用抗生素的用量來測量）有沒有比較好的預後？（這可以用用藥的長短來測量）當然，這是在控制其他跟健康有關的變項情況下問的問題。（譯註：讀者會發現本書用到很多統計的名詞，也用到很多統計的方法，其中最多的就是用回歸〔regression〕和多變項分析〔multiple analysis〕，當研究發現有這麼多變項都跟我們要的結果有關係時，怎麼知道哪一個變項最重要？一個統計方式就是讓其他變項保持不動〔holding constant〕，單獨看某一變項的效應有多大，所以本書中會一直出現「控制○○不變」的句子）。

- 對婚姻滿意的士兵他的健康照護支出有沒有比較低？
- 社交功能良好的士兵有沒有從生產、骨折或心臟病、中風的情況中回復得比較快？
- 「超級健康」的士兵（在主觀、生物和功能三個類別上得分都最高者）是不是最少生病、最不需要健康照護、生病時也最容易康復？
- 心理健康的士兵有沒有比較少發生意外，在戰場上比較不會受傷？
- 心理健康的士兵調防時，有沒有比較少因為非戰役的受傷、生病和心理衛生的原因而撤防離開部隊就醫？
- 指揮官的身體健康會不會感染到他的下屬？假如會的話，是否為雙向的感染（包括好的和壞的健康感染）。
- 用性格強項所測量出的某個強項是否可以預測比較好的健康和比較低的疾病支出？
- 賓州回彈專案可以拯救生命嗎？可以在戰場上和自然發生的疾病中拯救生命嗎？

在我寫這本書的時候，我們已經在重新分析六個研究的數據，並且把詹森基金會的努力和美國陸軍的全方位士兵強健計畫結合起來，請繼續收看。

心血管健康資產

我剛剛參加過高中畢業五十年同學會，令我驚訝的是，我的高中同學身體都非常好，五十年前，六十七歲的老人是坐在前廊的搖椅上等死的，現在他們在跑馬拉松。我在同學會上講了一小段我們預期的死亡率：

現在一個健康的六十七歲男人預期可以再活二十年。所以不像我們的父親輩和祖父輩，六十七歲幾乎已到他們生命的盡頭，對我們來說，只是走到最後的二十五年而已。有兩件事可以做，讓我們最有機會參加畢業七十年的同學會：第一是對未來期待，不要沉溺在過去中，要往前看；不要再為你個人的未來工作，要為你家人的未來、這所學校（阿班尼高中〔The Albany Academies〕）和你最認同的主張而工作。第二就是運動。

這就是心血管健康科學最新狀況的總結。有沒有一套主觀的、生物的和功能的健康資產可以增強你對心血管疾病的抵抗力，使你比一般人更好？有沒有一套主觀的、生物的和功能的資產使你在得到心臟病時，有比別人有更好的預後？這些重要的資訊在以往的心血管疾病研究中被忽略了，因為過去是聚焦在第一次心臟病發作後，疾病如何減弱我們的抵抗力。樂觀做為心血管疾病健康資產所帶來的良好效益是一個好的開始，心血管健康委員會（Cardiovascular Health Committee）的目標就是擴大我們對健康資產的知識。

這個委員會在我執筆的當下正在運作，由美國疾病管制中心（Center for Disease Control, CDC）心血管流行病組的主任拉巴斯（Darwin Labarthe）所領導，這對我來說是生命週期的完成。拉巴斯是我念大學時的偶像：當我一九六〇年成為普林斯頓大學的新鮮人時，他是四年級的學生會主席；在我進大學的第一天，他給了我一場終生難忘的演說，談為國家服務的榮譽和行為。後來他成立了普林斯頓的威爾森會館，這個沒有種族宗教限制的非俱樂部組織，它是普林斯頓大學生的家和避風港；當我追隨他的腳步接管威爾森會館時，我只能從一個學生的角度來崇拜他，五十年後能夠跟他一起共事是我個人極大的光榮。

運動是健康的資產

「誰應該來做運動委員會的主席？」我問佛勒（Ray Fowler）。

我們很少有人能夠如此幸運的在五十歲以後還能找到導師，佛勒在我一九九六年接美國心理學會主席時就是我的導師。他在我之前做了十年的主席，卸下主席一職後則擔任執行長，學會真正的權力所在。因為過去一直都在純樸無邪的學術圈，在我主席剛上任的頭兩個月，我被心理治療師小圈圈的政治內鬥弄得滿頭包，因為我想說服私人開業的心理治療師加入以證據為主的治療方式（譯註：這是為什麼大部分的學術界人士看不起臨床開業的心理治療師，因為他們沒有以證據為本的治療法是見人說人話，見鬼說鬼話，從治療師變成了江湖郎中，塞利格曼在做美國心理學會主席時，最大的貢獻就是改革心理治療這個區塊）。很快地，我就成為他們心目中的「麻煩鬼」（deep shit）了。

我向佛勒求救，他用他軟軟的美國南方阿拉巴馬州口音給了我最好的政治忠告：「這些委員會的人有表決優勢，美國心理學會是一個政治地雷區，在過去的二十年裡，他們都在埋地雷，你不可能用交易領導（transactional leadership）的方式——他們是交易領導的大師，你要用轉型領導（transforma-tional leadership）才行。你的工作是用你的創造力替心理學轉型，想出新的點子領導美國心理學會。」

這個忠告，加上我五歲的女兒告訴我不要做一個壞脾氣的人，還有大西洋慈善基金會的協助，我開始了正向心理學。從那以後，我一直依賴他，尋求他的忠告。

佛勒博士是個七十九歲的馬拉松跑者，有著傳奇的意志力。三十年前，他是個沮喪的、過胖的沙發馬鈴薯。後來他決定改變自己，雖然他從來沒有長跑過，卻在第二年就去參加了波士頓馬拉松。他現在不到五十五公斤，全身都是肌肉；每年夏天美國心理學會開年會時，都會舉辦一場十六公里的馬拉松，他永遠是他那一組的冠軍（他謙虛的說，因為他那一組的人數越來越少，他就出線了）。現在這個馬拉松就叫做佛勒馬拉松。

二〇〇八年一月，我到澳洲吉蘭小學主持正向教育計畫時，佛勒是當時的訪問學者，有一個非常炎熱的黃昏，他跟吉蘭的老師們講運動和心血管疾病的關係，給他們看數據，每天走一萬步的人得心臟病的機率低了很多。在他講完以後，我們禮貌性的拍拍手，鼓掌致謝，但是我們第二天都去買了計步器，就如尼采告訴我們的，好的哲學家總是說：「改變你的生活！」

對於我的問題，誰應該做運動委員會的主席，佛勒說：「馬帝，沒有人比布萊爾（Steve Blair）更適合。我所有關於運動的知識都來自於他，想辦法說服

調整過的危險比例：依所有原因，心血管疾病和癌症死亡率
4060 個 60 歲以上的成人，989 人死亡

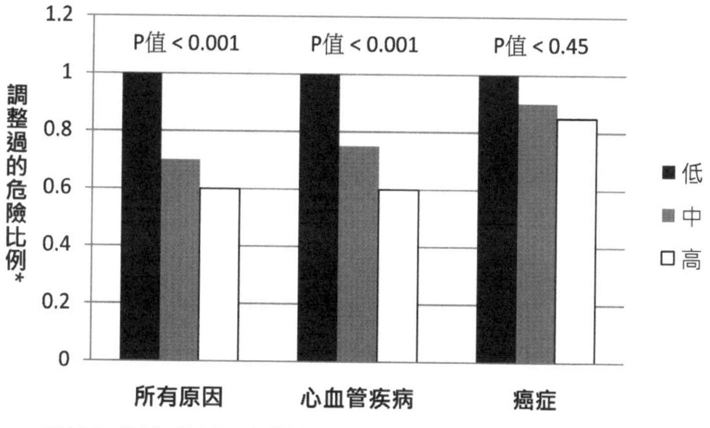

*依年齡、性別、檢查年、身體質量指數、抽菸、喝酒、不正常的運動心電圖反應、心肌梗塞、中風、高血壓、糖尿病、癌症、高膽固醇、家族心血管或癌症病史，和運動時最高心跳率的百分比做調整。（資料來源：Sui 等人，《美國老人醫學會期刊》〔*JAGS*〕2007）

他去擔任主席。」

我問了布萊爾，他點頭了。布萊爾像佛勒一樣全身都是肌肉，但是他不像佛勒瘦得像根竹竿，布萊爾身形像顆茄子，他一百六十公分不到，體重超過八十五公斤，是長跑者，還是競走者。假如你看他的側面，你會說他肥胖，而他的研究正是肥胖——運動的爭議。

健身VS.肥身

美國有很多大胖子，多到可以說是一種流行病。政府每年花很多的錢在這上頭，詹森基金會也花了很多錢去阻止這個流行病的傳播。肥胖跟糖尿病有關，是糖尿病的原因之一，基於這個原因，政府花了很多錢讓美國人不這麼胖。然而，布萊爾相信，真正的問題是在不運動，他說問題不在體重，在於動得不夠。他的理由是：體適能差跟所有原因的死亡率有很高的相關，尤其是心血管疾病。

這些（和許多其他的）資料很清楚的顯現，六十歲以上男性和女性體適能好的在心血管疾病上有比較低的死亡率；在所有原因的死亡率上，體適能高的也比體適能中度的低，中度又比體適能不好的更低。但是這個趨勢不見得適用在癌症上。缺乏運動跟肥胖是雙胞胎、連體嬰，胖的人不愛動，瘦的人動來動去。

那麼，哪一個才是真正的殺手？肥胖還是不動？

多變項＋體脂肪百分比：依所有原因死亡率調整過的危險比例
2603 個 60 歲以上的成人，從有氧運動追蹤研究（ACLS）來看

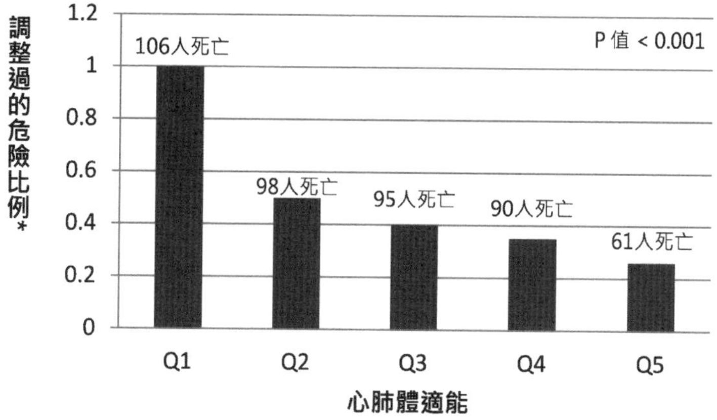

*依年齡、檢查年、不正常的運動心電圖、健康情況基準線及身體脂肪的百分比做調整。（資料來源：Sui 等人，《美國醫學會期刊》〔*JAMA*〕2007; 298;2507-16）

綜合心肺體適能和體脂肪百分比：依所有原因的死亡率
2603 個60 歲以上的成人，從有氧運動追蹤研究來看

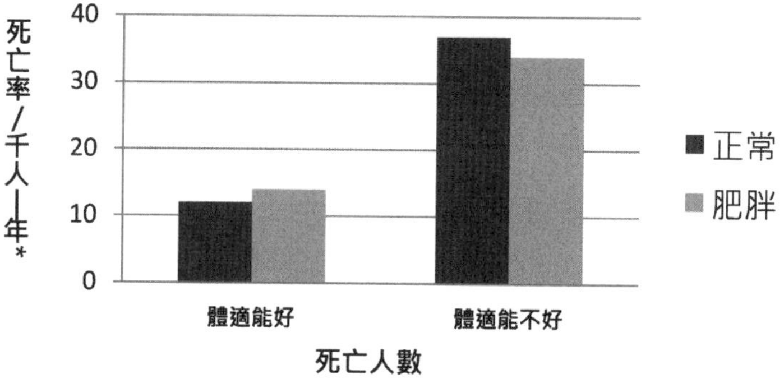

*該死亡率依年齡、性別和檢查年做調整。（資料來源：Sui 等人，《美國醫學會期刊》〔*JAMA*〕2007; 298; 2507-16）

有一大堆的文獻指出肥胖的人死於心血管疾病的比例比瘦的人高，而這些文獻是很仔細的調整了抽菸、喝酒、血壓、膽固醇等等。很不幸的是，很少有調整到運動。但是布萊爾的研究就有，下頁是一個代表作：

這是體適能從低到高五個等級的所有原因死亡人數，體脂肪、年齡、抽菸等等維持不變所得到的結果。體適能越好，死亡率越低。這表示兩個人——一個人在體適能曲線的最上面五分之一處，另一個在最下面的五分之一處——的體重一樣，卻有著非常不同的死亡率。一個體適能好的胖子比體適能不好的胖子，死亡率低一半。

以上資料顯示正常體重和肥胖的人（不論體適能高或低）的死亡率：在體適能不好的那一組，正常人和肥胖者有著同樣高的死亡率，在這裡，胖和瘦沒有關係；在體適能高的那一組，胖和瘦的人都有著低的死亡率，胖但體適能高的人只比瘦而體適能高的人危險率高一點而已。我在這裡要強調的是**胖但體適能好的，有低的死亡率**。

布萊爾下結論說，肥胖流行病最大的部分是沙發馬鈴薯流行病，他們不動。肥胖對死亡率有貢獻，但是不運動也有，現在還沒有足夠的數據來說誰的貢獻比例比較高，但是現有的數據已足夠要求所有未來和死亡有關的研究，都要調整運動這個變項。

對一般程度的胖子，下面是重要的結論：大部分的減肥節食是騙術，美國去年一年就有五百九十億的騙款。你可以用任何一本暢銷的減肥食譜，在一個月內減掉百分之五的體重，問題是百分之八十到百分之九十五的人在接下來的三到五年裡會胖回來，甚至比以前更胖，就像我一樣。節食會使你瘦下來，但通常只是暫時的，因為大多數的人不能堅持下去，同時，節食不能使你更健康，這是重點。

相反的，運動不是騙術，用運動減肥的人會持久的瘦。運動是習慣，它會自我維持，習慣運動的人不運動會很難受；但是節食不會。運動可以減低你的死亡率，但是卻不會使你瘦很多，因為一般持續的運動只會使你少掉不到兩三公斤的體重。

就像樂觀是心血管疾病主觀性的健康資產，運動是功能性的健康資產。只要中度的運動就能增加健康，減少死亡率，而沙發馬鈴薯有差的健康和高的死亡率。運動對健康和疾病的益處，即使在最化約主義者的醫學領域現在終於也被接受了，這個領域過去對不是藥丸或開刀的治療法都非常的抗拒。二〇〇八年，美國衛生部長的報告，推薦成人每天走一萬步（真正的危險在每天走不到五千步的人，假如你是屬於這個類別的話，我要強調，你會早死，我沒別的比較好聽的話來描述）。你可以游泳、跑步、跳舞、舉重，甚至透過練瑜伽或其他很多的方法做到相當於一萬步的運動量。

我們現在要做的是去找出新的方法來使人們離開沙發，不過，我並不空等新方法的出現，我找到了一個對我很有用的方法。在布萊爾演講完之後，我不但去買了一個計步器，同時開始走路（我放棄了游泳，二十年來我每天游一千公尺，始終找不到使我不覺厭煩的游泳方式）。我在網路上成立了一個計步器行走團體，佛勒和布萊爾都是成員，另外還有十幾個人，從十七歲到七十八歲，從唐氏症成人到講座教授，我們每天晚上彼此**報告**今天走了多少步，假如沒有走到一萬步，你會覺得自己是個失敗者；當我在上床之前，發現自己今天只有走九千步時，我就會出去，繞著社區走到一萬步才上網去報告。我們用這種方式互相增強，瑪格麗特報告說她走了兩萬七千六百九十二步，我傳給她一個簡訊「哇！」；我們也互相給對方運動的**忠告**：我的左腳踝痛了兩個禮拜，我的走路夥伴告訴我，可能我的球鞋太緊了。他們是對的，「買一台跑步機，」MAPP 第一屆的學員米勒告訴我：「這樣你可以一邊在網路上打橋牌，同時在跑步機上走路！」我們因同樣興趣而結交為**朋友**，我認為這種網路上的同好團體是拯救我們性命的新手法。

我在二〇〇九年新年許了個願：我今年要走五百萬步，這表示我一天平均要走一萬三千七百步。到十二月三十日時，我超越了五百萬步，得到網友們的「哇！」「真是我們的榜樣！」的讚語。這個運動的團體如此有效，所以我現在開始試節食的團體。在過去的四十年裡，我總是在試著減肥，而每年都失敗，我知道我自己是屬於那個百分之八十到百分之九十五減肥又復胖的一群，我決心再減一次。我在二〇一〇年初的體重是九十七公斤，我開始每天向我的網友報告我吃了多少卡路里，以及我每天走多少步。昨天，我吃了一千七百零三卡路里，走了一萬一千三百五十一步。今天，二月十九日，這是我二十年來第一次，體重降到九十公斤之下。

第10章

幸福的政治和經濟

假如你要的是生活滿意度，你應該花多少寶貴的時間去追求金錢？

在財富和快樂這個主題上有許多的研究，都同意下列兩點：

錢越多，生活的滿意度越高；

但是賺更多錢很快就到達了生活滿意度的最高點，然後開始下降。

當把生活滿意度依收入而畫圖時，有一些很有意思的不尋常出現了：

拉丁美洲國家國民，普遍比他們低 GDP 所應該有的快樂程度更高；

丹麥、瑞士和冰島是在收入的頂端，他們比他們高 GDP 所應有的更快樂；

印度加爾各答的窮人比聖地牙哥的窮人更快樂。

這些地方有很充沛的東西是其他地方匱乏的，

這給了我們一些關於幸福應該是什麼的線索。

在正向心理學背後有政治。它不是左派或右派的政治，左派和右派是手段方法上的政治——國家權力VS.個人權力，但是，剝到核心，兩者都致力於相同的目的：更多物質上的富裕，更多財富。正向心理學是個政治運動，它沒有鼓吹哪個方式，但是它著重在目的，它的目的不是財富或征服，而是幸福。物質上的富裕對正向心理學是有關係的，但是只在它增進幸福上。

金錢之外

人匯集財富是為了什麼？我認為它應該為幸福而服務。但是在經濟學家的心目中，財富是為了製造更多的財富，評量政策的成功就是看它增加了多少財富。經濟的教條是用國內生產毛額（GDP）告訴我們這個國家做得有多好。每份報紙都有相關篇幅是專門談論財經的，經濟學家在資本主義的世界裡享有永久的地位。選舉時政客們的競選海報都是講他們為經濟做了什麼，或他們要為經濟做什麼；我們常在電視上聽到失業率、道瓊指數（Dow Jones average）及國家債務；媒體的報導都是來自一個事實；經濟的指標是嚴酷的，到處看得到而且每天更新。

在工業革命的時代，經濟的指標是讓別人看到這個國家做得如何一個非常好的方式。那個時候，能夠讓人們滿足基本的生存要求：食物、住屋、衣服都不是容易的事，滿足這些需求就跟累積更多的財富步調一致。然而，當社會越繁榮，財富越不能顯示這個社會的實際表現。基本的物資和服務現在變得到處都有，在二十一世紀，許多已開發國家，如美國、日本和瑞典，經驗到充沛——可能是過度充沛——的物資和服務，除了金錢財富以外的因素現在在這個社會的表現上，扮演了很重要的角色。

在二〇〇四年，狄納（Ed Diener）和我發表了一篇論文〈超越金錢之外〉（*Beyond Money*），把 GDP 的缺點寫出來，讓大家看到一個國家做得如何不應該從 GDP 來看，而應該從這個國家的國民有多快樂、對生命有多投入，以及做的事情多有意義來看——應該測量國民的幸福感。今天，財富和生活品質的差異已經明顯到刺眼的地步了。

GDP 和幸福的分歧

GDP 測量所製造的和所消耗的貨物和服務的量，任何量的增加都會增加 GDP，它不管這個量會不會減低生活的品質。每一次一件離婚案發生，GDP 就上升；每一次兩輛汽車相撞，GDP 就上升；人們吞下越多的抗憂鬱症藥丸，GDP 就上升得越多；更多的警察保護和更長的工時，就會使 GDP 上升，雖然這會降低生活的品質。經濟學家稱這為「很遺憾的」

（regrettables）。香菸販賣、賭場的盈餘是包括在 GDP 中的；有些專業，如法律服務、心理治療和藥廠是人活得越不快樂，他們業績越高。這不是說律師、心理治療師和藥廠是壞的，而是說 GDP 在增加貨物和服務的量時，它是盲目的，它不管人們是在痛苦中、還是欣欣向榮。

幸福和 GDP 之間的差異可以被量化：美國人的生活滿意度有五十年沒有任何提升，雖然 GDP 上升了三倍。

更可怕的是，不幸福的感受並沒有因為 GDP 上升而下降，甚至比以前還更糟：在過去的五十年裡，美國人憂鬱症比率上升了十倍。每一個富有的國家差不多都是如此，很重要的是，貧窮國家卻不是如此。焦慮的比率也上升了，我們國家的社會連結下降了，同樣下降的是人與人的信任關係，以及和政府機構的信任關係，而信任是幸福感最主要的預測因素。

財富與快樂

財富和快樂究竟是什麼關係？你真正關心的是這個問題：假如你要的是生活滿意度，你應該花多少寶貴的時間去追求金錢？

在財富和快樂這個主題上有許多的研究，有的是比較國家和國家，也有的是在某一個國家之內比較窮人和富人，這些研究都同意下列兩點：

1. 錢越多，生活的滿意度越高，如下圖所示。

圖中每一個圓圈代表一個國家，圈圈越大，人口越多。橫軸是二〇〇三年人均 GDP（這是目前所能拿到最完整的資料），它測量兩千種物價的貨幣購買力；縱軸是國民平均生活滿意度。大部分非洲下撒哈拉（sub-Saharan，譯註：撒哈拉沙漠以南之非洲地區）國家是在左邊的底線，印度和中國是靠左的兩個大圓圈，西歐國家在右上角，美國是個大國在右上角頂。人均 GDP 越高，生活滿意度越高。請注意，斜度在貧窮國家群中很陡，錢越多、生活滿意度越高很強的聯結在一起。

2. 但是賺更多錢很快就到達了生活滿意度的最高點，然後開始下降。

假如你仔細看這張圖表，你會看到這個趨

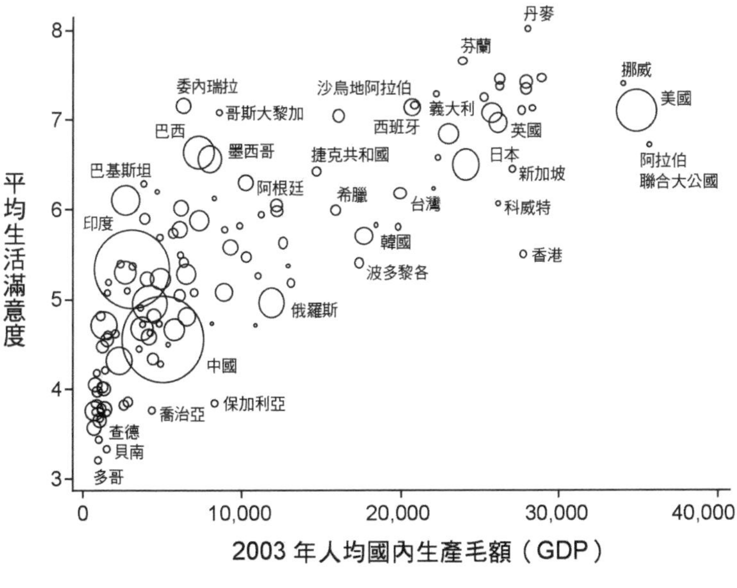

勢；但是如果你只看一個國家之內的比較，而不看國與國的比較的話，你會看得更清楚。在安全網下面，錢越多，生活滿意度越高，兩者是手牽手的；在安全網之上，就需要越來越多的錢才能產生更多一點的快樂，這就是著名的「伊斯特林矛盾」（Easterlin paradox）。最近，我在賓州大學的兩位年輕的同事吳爾夫斯（Justin Wolfers）和史蒂文生（Betsy Stevenson）挑戰它。他們認為更多的錢會使你更快樂，沒有滿足的頂點。假如這是真的，這對公共政策和你的生活就有很大的影響。下面是他們很聰明的說法；假如你重新畫上面那張圖，就是財富增加而生活滿意度下降的這張圖，你把絕對收入（absolute income）換成對數收入（log income），就會發現這個曲線變成一條一直上升的直線，沒有終點。所以雖然窮人增加一百美元的收入，他的生活滿意度會比富人增加兩倍，但是用對數一轉換，它就變成一條直線了。

這只是個戲法，但是它很有啟發性。一開始看，你可能看到一條沒有止盡的直線一直上升，假如你要得到最大的生活滿意度，你就該去賺更多更多的錢，不管你已經有多少錢。或者，假如公共政策的目標是要增加國家的快樂，它應該要製造更多更多的財富，不管它已經有多少財富。它的問題在對數收入沒有心理的意義，也對你（或政府）應該怎樣去追求財富也沒有任何的指導力。這是因為你的時間是一條直線（並不是對數），而且很珍貴，因為時間就是金錢；而且因為你可以選擇用你寶貴的時間比較好的追求幸福，而不是用它去製造更多的金錢——尤其是你已經在安全網之上了。請想一想你要怎麼利用你的時間去得到明年最大的快樂：假如你的收入是一萬美元，放棄六個週末休假去找到第二份工作，使你再多賺一萬美元，你的快樂會上升很多；假如你的收入是十萬美元，放棄六個週末去賺一萬美元，你的快樂其實會下降，因為你放棄了你跟家人、朋友相聚的時間，而這會蓋過一萬元（甚至五萬元）所能帶給你的快樂。下頁的表格會讓你看到金錢財富對快樂沒有上限。

什麼？最有錢的三百個美國人沒有比一般的亞米許人或因紐特人更快樂？至於快樂可以隨對數收入一直上升，我高中的政治學老師米吉利（David Midgley）曾經對我說：「正確，但是沒有得分。」

幾乎所有的收入和快樂的研究中，他們用的測量不是「你有多快樂？」而是「你對你的生活有多滿意？」在第1章中，我把後面這個問題一切為二，解釋我為什麼主張從快樂理論演變到幸福理論。「你對你的生活有多滿意？」有兩個部件，要看你在回答這個問題時，你是在什麼樣的心情之下，以及你當時對你生活情況的評估。我放棄快樂理論的主要原因是這個回答百分之七十的變項跟心情有關，只有百分之三十是評估，我不認為當下的心情應該是正向心理學的全部；它同時也是因為心情和判斷力這兩個部件受到收入不同的影響：增加收入會增高你對你生活環境的評估，但是它不太會影響你的心情。再看那張各國比較圖就更加確定這一點，有五十二個國家在一九八一年到二〇〇七年之間，維持了它的主觀幸福（subjective well-being, SWB）。其中，我很高興報告，有四十五個國家的 SWB 上升了；有六

不同群體的生活滿意度（狄納和塞利格曼，2004）*

名列《富比世雜誌》最有錢的美國人	5.8
賓州的亞米許人（Amish）	5.8
北格陵蘭島的因紐特人（Inughuit）	5.8
非洲馬賽人（Masai）	5.7
瑞典的概率樣本（Probability Sample）	5.6
國際大學學生樣本（2000 年 47 個國家）	4.9
伊利諾州的亞米許人	4.9
印度加爾各答（Calcutta）貧民窟居民	4.6
加州佛瑞斯諾（Fresno）遊民	2.9
印度加爾各答人行道上遊民	2.9

*針對「你對你的生活滿意」做回應，完全同意7分，完全不同意1分，4分是持平。

個，都是東歐國家，SWB 下降了。很重要的是，SWB 是分成快樂（心情）和生活滿意度（評估），把這兩個分開來看時，生活滿意度隨收入上升，而心情是隨著這個國家的忍受度上升。所以快樂跟隨收入上升並沒有通過嚴格的檢驗：真相是你的判斷和你的環境是跟著你的收入上升，這一點不奇怪，但是你的精神並沒有隨著收入多而更快樂。

當把生活滿意度依收入而畫圖時，有一些很有意思的不尋常出現了，這些不尋常給了我們一些暗示，在收入以外的好生活是什麼。哥倫比亞、墨西哥、瓜地馬拉和其他拉丁美洲國家國民，比他們低 GDP 所應該有的快樂程度更高；整個前共黨國家都比他們 GDP 所應該有的更不快樂；丹麥、瑞士和冰島是在收入的頂端，他們比他們高 GDP 所應有的更快樂；印度加爾各答的窮人比聖地牙哥的窮人更快樂；猶他州的人比他的收入所認為的更快樂。這些地方有很充沛的東西是其他地方匱乏的，這給了我們一些關於幸福應該是什麼的線索。

所以我下結論說 GDP 不應該再是這個國家做得多好的唯一指標，不只是生活的品質和 GDP 之間有令人警惕的差異。跟隨這個測量而來的政策會變成只是再增加錢而已，假如同時也測量幸福的話，政策會改變去增加幸福感。假如狄納和我在三十年前建議用幸福來替代或補充 GDP 的話，經濟學家會把我們笑死，他們會很正確地說，幸福不能夠被測量，或至少不能被任何像收入一樣有效度的東西測量。這句話現在已經不正確了，我會在本章終結時再談到它。

金融衰退

在我寫這本書的時候（二〇一〇年前半年），世界上大部分國家都正在從一個突然發生的恐怖經濟崩潰中復原，至少我是很受驚嚇的。我已經到了快退休的年齡，有一個太太、七個小孩要養，我的積蓄只剩下一年半前的百分之四十，怎麼不叫人擔心？這是怎麼回事？這是誰的錯？當股票下跌時，我聽到替罪羔羊：貪婪、缺乏控管、肥貓總裁笨到被底下的年輕人做了手腳都沒有察覺、布希總統、副總統錢尼（Richard Bruce Cheney）、聯準會主席葛林斯班（Alan Greenspan）、炒短線、買空賣空、房地產不法抵押、腐敗的證券公債評量。當有八十五年歷史的貝爾斯登證券公司（Bear Stearns）總裁吉米・凱恩（Jimmy Cayne）還在打橋牌時，他的公司已經燒成灰燼了。我對這些的了解（除了吉米打橋牌以外）並沒有比我的讀者多，然而有兩個罪魁跟我的研究很有關係：沒有道德感和過度樂觀。

道德的價值

「我們要為經濟衰退負責，馬帝，是我們給了這些學生 MBA 的羊皮，然後他們去華爾街扮起豺狼，造成這些災難。他們替自己賺了很多錢，但是他們知道，這些交易長期來看對公司不利，對國家的經濟也不利。」我的朋友溫德（Yoram Jerry Wind）說。

溫德是賓州大學華頓商學院（Wharton School of Business）的講座教授，他對大學裡的政治鬥爭有很好的判斷，對國際財政情勢則是更佳的判斷者，「教授們可以防止這種事情再度發生，我們應該把倫理道德加入商學院的課程中。」

倫理道德？

假如溫德的分析正確的話，金融衰退是由數學天才和貪婪的經紀人所造成的，他們賣那些明知以後會崩盤的衍生性金融商品（derivatives）、炒短線，這個課程對他們會有幫助嗎？這些問題難道不是對道德原則的無知所造成的嗎？我認為這個概念放了道德所不能承擔的重量在德道上，卻沒有放足夠的重量在價值上。當一個母親衝進火場去救她的孩子時，她不是因為道德原則的關係，這不是道德所產生的行為；她衝進火場是因為她的孩子生命有危險，孩子的生命對她來說比什麼都重要，因為她愛她的孩子。普林斯頓大學的哲學家法蘭克福（Harry Frankfurt）在他那篇棒極了的文章〈我們所在乎東西的重要性〉（*The Importance of What We Care About*；編按：後來以同名出版成《事關己者》一書）中認為，了解我們在乎什麼是哲學上一個沒有去問的重要問題。

道德和我們在乎的東西並不是相同的事情。我可能是道德推論專家，是品德哲學的大師，但是假如我真正在乎的是和幼童性交，我的性侵行為還是會被人看不起。道德是你用到你所在乎的東西之上的規則，你所在乎的東西——你的價值觀——比道德還要基本。並沒有哲學領域專門來談我們在乎的東西，心理學裡也有同樣的問題。一個人怎麼會變得喜歡橋牌，或是乳房，或是歛財，或是綠化世界呢？這正是我整個職業生涯所研究的東西，而我還不夠深入。

有一些東西是我們本能的需求：水、食物、房屋、性。但是大多數我們在意的東西是後天學習來的，佛洛伊德把我們學習而來的喜歡的東西叫做精神能量投注（cathexis）：當一個中性的事件發生，如看到一條蛇跟車門夾到你的手同時發生，你負面的情緒能量就產生了，蛇變成滔天的罪人。當一個以前是中性的事件跟一個極樂的事件配對時，正向的情緒能量就出現了：一個小男孩被他的姐姐用腳替他自慰，他以後就變成戀腳癖，對女人的腳產生能量投注，於是他成為賣鞋人，這使他達到生活的滿意度。現代人格心理學之父奧波特（Gordon Allport）把這結果叫做「動機功能自主化」（functional autonomy of motives）：郵票本來只是一小張彩色的紙，它是中性的，但是對集郵者來說，卻變成無價之寶，非要收藏到不可。奧波特和佛洛伊德觀察到這些，但是他們沒有辦法解釋這現象。

我的解決方式是用巴夫洛夫制約（Pavlovian conditioning）中「準備好」（prepared）的觀念。一隻聽到鈴聲就可以喝到糖水、但是同時腳上會被電的老鼠，牠只會對鈴聲恐懼，但還是繼續喜歡糖水；但是當同樣的鈴聲和糖水是和嘔吐配對在一起時，牠會對糖水厭惡，對鈴聲不在乎——這叫做嘉西亞效應（Garcia effect），是一位特立獨行的心理學家嘉西亞

（John Garcia）在一九六四年發現的。這個實驗很重要，推翻了學習理論的第一個定律，也推翻了英國聯結學派（associationism）的主張：當一個刺激跟另一個刺激同步出現時，心智會把它們聯結在一起。我曾去餐廳吃牛排，上面有牛排醬，回家後我上吐下瀉了一整天，雖然後來我知道是由感冒病毒所引起的腸胃炎，但是我從此不再吃那種牛排醬，而我對用餐當時所播放的華格納（Richard Wagner）歌劇《崔斯坦與艾索德》（*Tristan and Isolde*）卻沒有覺得厭惡，照樣喜歡聽（批評我的人說這是自從「最後的晚餐」以來最被宣傳的一頓飯。譯註：塞利格曼把這件事寫到書中，因為他的書在美國很暢銷，所以看過書的人都知道這件事）。學習是有生物選擇性的，演化替刺激物準備好了——味覺和生病（病從口入），但是鈴聲和生病不會連在一起。演化有「準備好」的恐懼制約只要一次就成功，如把原來是中性的蜘蛛和手遭電擊配對時，則從此看到蜘蛛就害怕，而且即使停止電擊，這恐懼還是沒有消除，蜘蛛一出現，受試者會立刻全身緊張，這講起來是不理性的，因為電擊已經停止了。所以容易學（一次就會），很難消除和不理性是心理能量投注和動機功能自主化的特性。

我認為準備好的學習可能不見得是特定物種的（所有的小猴子只要看過一次老猴子看到蛇的驚嚇表情，從此就怕蛇），它很可能是在某一家庭中基因的遺傳：某個家庭會對某樣東西特別的害怕，同卵雙胞胎得憂鬱症的機率高於異卵雙胞胎，他們其他人格方面的相似性也比異卵雙胞胎高。所以喜歡摸乳或集郵來產生能量宣洩可能是有生物上的準備好和遺傳性：

很容易學會、很難消除，在認知雷達之下（譯註：自己不見得知道為什麼）。這是我的猜測，但是我認為這是一個對的方向，我會朝它去走。

所以，假如給華頓的研究生——那些只在乎馬上發財的 MBA——上十堂道德課，不會有效的。這不是道德的問題，而是他們在乎什麼。但是價值觀的課可能也起不了什麼大作用，因為不管價值觀從何而來，它不是來自課堂的講授和回家的指定閱讀。

我跟溫德的談話是在我們走去課堂時在路上說的，他請我在他的課堂上對他的學生演講，那是一堂創造力和行銷的課。正好在這之前一週，我去西點軍校講同樣的主題。這兩組學生之間的差異太大了，我不是指分數或 IQ 或成就，這兩所學校都名列全世界最挑剔的學校榜，我是說他們在乎的事，這兩組學生在價值觀上幾乎沒有重疊的地方。華頓的 MBA 在乎的是賺錢，西點軍校的學生在乎的是服務國家。這些學生選擇申請並被這兩所學校接受，從一開始就和他們所在乎的東西有關，假如我們的商學院想避免貪婪和短期炒作的經濟後果，他們必須在選學生的時候就得選有比較廣闊的道德體系和比較長期投資心態的學生。

假如要在華頓商學院開新的課，它不應該是道德，它應該是正向企業（positive business）。它的目標應該是增廣 MBA 們所在乎的東西範圍，我們稱為「正向成就」（positive accomplishment），即幸福的元素之一。一個正向企業的課會說幸福來自正向情緒、全心投入、正向成就、正向人際關係和意義；假如你只在乎成就，你是不會幸福的。假如我們要我們的學生生命圓融完滿，我們必須教他正向企業裡面的人必須耕耘意義、全心投入、正向情緒和正向人際關係，以及賺錢。正向企業的新底線是這種對獲利的看法，加上意義，加上正向情緒，加上投入，加上正向的人際關係。

這是對像我這種在最近的金融衰退受害者的教訓。當我眼睜睜的看著我一生的積蓄一天一天的變少時，我在想假如股票市場再垮多一點的話，對我和家人的影響。幸福理論說得到幸福有五條路徑：正向情緒、全心投入、尋找意義、正向人際關係和成就。我的生活在這五個方面會因財富的大量消失而受影響嗎？我整體的正向情緒當然會下滑，因為我們購買了很多正向情緒：高級餐廳的食物、戲劇院的票、按摩、冬天時到有陽光的地方避寒、我女兒穿的漂亮衣服，但是我人生的意義和我的投入應該不會改變，因為它來自歸屬感和服務——對一個我認為比我自己還大的東西上：以我的情況，我用寫作、研究、領導和教書來增加世界的幸福。比較少的錢其實不會影響這個。我的親密關係可能反而因此而增加：一起煮晚餐、全家一起讀劇本、學習如何按摩而不是讓人按摩，冬天時在火爐邊烤火，大家一起縫製衣服。不要忘記共同的經驗比物質更能帶給人們幸福感。我的成就也不會受到影響：即使沒有人付我錢，我也會寫這本書（事實上，我已經寫了一大部分，才告訴出版社我在寫這本書）。

改變生活型態是件很辛苦的事，但是當真正仔細去推敲時，我發現我的幸福和我家人的幸福其實並沒有減少許多。這次金融衰退我這麼恐懼原因之一是我間接算是一九二九年經濟大蕭條時代（the Great Depression）的孩子，我的父母那時很年輕，當經濟大蕭條發生時，他們對未來的看法永遠的改變了。他們總是告訴我：「馬帝，去做醫生，人們總會需要醫生，這樣你永遠不會匱乏。」一九二九年華爾街股市崩盤時，並沒有什麼安全網，人們真的挨餓，生病不能看醫生，連吃藥的錢都沒有，孩子們輟學，去找任何可以找到的工作。我母親沒有完成高中學業，因為她要養家，我父親找了一個最安全的公務員工作，代價是他永遠沒有辦法一圓他政治家的夢。二○○八至二○○九年的經濟衰退儘管非常糟，但是每一個國家在經濟大蕭條之後都已建立了安全網：沒有人挨餓，醫療照護都還在，教育也都還是免費。知道這些使我的心比較安，至少不會在清晨四點鐘嚇醒。

樂觀和經濟

除了道德，另外一個經濟崩潰的罪魁是樂觀。普林斯頓大學的康納曼教授（Danny Kahneman），也是唯一以研究幸福得到諾貝爾獎的心理學家，他非常在乎人們如何稱呼他，他不認為自己是正向心理學家，也要求我不要這樣稱呼他，但是我認為他是。他對樂觀很矛盾。一方面，他並沒有反對樂觀——事實上，他稱樂觀為資本主義的引擎（engine of capitalism），但是另一方面，他控訴那些過度自信和樂觀幻想的人，說：「他們去做他們根本不會的事，只是因為他們相信自己會成功。」幻想的樂觀正是康納曼所提出「計畫的謬論」（planning fallacy）的表親。計畫者長期性的低估成本，高估盈餘，因為他們忽視跟他們計畫類似的專案的統計基準線。這種樂觀可以用練習來改正，他認為投資者可以系統化的記下過去相似投資真正的收入，然後很真實的去複誦，使記憶久固。這個練習跟「以真正的角度來看」（putting it in perspective）是相同的：我們在全方位士兵強健計畫中用它來校正負面「幻想的」悲觀。

要再次提到（「我恨希望！」）艾倫瑞克，她對樂觀沒有任何矛盾。在她的書上〈正向思考如何破壞經濟〉（How Positive Thinking Destroyed the Economy）那一章中說，二〇〇八至二〇〇九年經濟崩潰的罪魁是正向思考（她同時也說樂觀是共產主義社會控制的主要工具，但是在最後關頭約束了她自己，沒有說樂觀是希特勒或賈霸〔Jabba the Hutt，譯註：電影《星際大戰》中的大反派〕的主要工具）。她說美國電視名嘴歐普拉、電視佈道家歐斯汀（Joel Osteen）和羅賓斯（Tony Robbins），促使老百姓去買他們能力不能夠負擔的東西；那些商務教練（executive coach）把正向思考灌輸到那些企業總裁的大腦，讓他們覺得經濟會蓬勃成長；學術界——她把我和《綠野仙蹤》（*Wizard of Oz*）裡的巫師連在一起——則給這些叫賣的小販一些科學的道具。艾倫瑞克告訴我們的是我們需要真實，不要樂觀。的確，她整本書都是叫人接受現實，不要太積極。

這是空泛的。

認為經濟崩潰原因出在樂觀是錯的，一百八十度的大錯。應該說，樂觀使市場上漲，悲觀使它下滑。我不是經濟學家，但是我認為股票（以及貨物的價錢）上揚是當人們對未來樂觀，而股票下跌是因為人們對未來不看好（這有點像布朗克斯〔Bronx〕飲食法：想要減肥，就吃少一點，想要變胖，就吃多一點）。股票或衍生性金融商品並沒有真正的價值，使可以獨立於投資者的預期和知覺之外：你對這張紙未來價錢的看法，強烈的影響這張紙的價錢和價值。

因果循環式和非循環式的真實

真實有兩種：一種是不受人類想法、慾望、冀求或預期的影響。有一種獨立的真實是當暴風雨來襲時，飛行員決定他要飛往哪裡；另一種獨立的真實是當你決定要去念哪一所研究所，考慮到：你跟教授相處得有多好，是否有足夠的實驗空間，你是否負擔得起學費；還有一種獨立的真實是當你求婚被拒絕時，她的拒絕是有真實性的。在上面這些例子中，你的思想和你的希望不能影響真實性。在這些情況中，我是絕對贊成敏銳的實在主義。

另外一種真實是受到預期和看法的影響、甚至在某些時候是因為預期和看法而決定的；這也是索羅斯（George Soros）這位金融家和慈善家所謂的「有因果循環的真實」（reflexive reality）。市場價格是個有因果循環的真實，它受到看法和預期極大的影響。股票的價格的真實性永遠是在事實的後面（股票跌了，你就被貼標籤說是過度自信的樂觀者，股票漲了，你現在是天才，而太早賣的我，被貼標籤為不夠自信的悲觀者）。你願意花多少錢買這張股票其實並不只是你看這張股票的真正價值，你還判斷未來市場對這張股票的看法，它的未來價值。當投資者對股票的未來價值很樂觀時，股票會大漲；當投資者對股票的未來價格的看法很悲觀時，股票會大跌。經濟就崩潰了。

我要很快的告訴你，樂觀和悲觀並不是全部的故事，有些投資者還是很在乎基本的投資規則。就長期來看，這些基本原則穩定股票的價格範圍，股票的價格是圍繞著這基本的核心價值在起伏，但是炒短線的價格就嚴重受到樂觀和悲觀的影響了。但是即使在這裡，我還是相信真實是因果循環的，基本盤的價格是受到市場對未來基本盤預期價格的影響，假如你不願說它是被未來價格所決定的話。

衍生性金融商品也是如此（商品價格和服務更是如此）。試想房地產的衍生物——這是這波不景氣受害最深的一個產業。當投資者對付得出房貸很樂觀時，抵押品的價值（房價）會上升；抵押者付房貸的能力不是真實的能力，它是你所看到你可以付得起的能力，跟銀行拍賣的條件很有關係，跟你看到這房子未來的價錢及房貸的利息都有關係。當投資者對未來房價很悲觀時，房子價格就下滑了，銀行抽緊銀根，不容易貸到款，要付的利息現在超越未來賣房子時所能得到的價錢，因此你願意讓它被法院拍賣的意圖也提高了。所以驅動力其實是投資者對房地產未來價格的看法，和他認為房貸償付的未來能力。這些看法是一種自我實現的預言，而且它影響物理學家海森堡（Werner Heisenberg）所謂的「不確定原則」，即無力償還房貸。當投資者對房屋抵押的價值樂觀時，房地產市場會上揚。

所以宣稱樂觀引起經濟崩潰是不對的，原因正好相反，樂觀使股票上升，悲觀使股票下降，悲觀的病毒使經濟崩盤。

艾倫瑞克的錯誤是她混淆了會影響真實的樂觀和不會影響真實的樂觀。對明年費城能否看到全日蝕，我的希望是一點影響也沒有；然而，對於股票未來的價值，投資者的樂觀和悲觀會強烈的影響市場。

艾倫瑞克勸人接受真實背後真正的動機比錯誤建構的經濟學還更陰險。她不只是要得了乳癌的婦女去接受這個疾病的事實，她還混淆了樂觀與「裹了糖衣」的希望，和「對憤怒與恐懼的否認」。逃避的樂觀就已經是不好了，逃避醫療上的忠告更可能會致命，因為從上一章中，我們看到樂觀跟健康有因果的關係。艾倫瑞克追求的幸福是一個外在的幸福，是跟隨著階級、戰爭和金錢而來的幸福，這是一觸即崩成粉末狀的。馬克思主義（Marxism）的世界觀必須忽略一個很大的因果循環的真實性，也就是一個人的想法和感覺會影響他的未來。正向心理學的科學其實就是這種因果循環式的真實性。

下面就是一個會影響你生活的循環式真實性：你怎麼看待你的配偶。紐約州立大學水牛城校區（State University of New York at Buffalo）的莫蕾（Sandra Murray）做了一個婚姻關係的研究，她仔細測量你對你配偶的看法：他有多英俊、多仁慈、多幽默，對家有多忠誠及有多聰明。然後她以同樣的問題去問你最好的朋友：假如你對你配偶的看法跟你最好朋友的看法一樣，這個差異是零，那麼你是非常真實的人；假如你的分數比你的朋友高，那麼這個差距是正向的，假如你比你的朋友悲觀，這個差距是負向的。而婚姻的強度是這個差距有多正向的函數：對配偶的看法越正向的人，婚姻越好。這個機制是你的配偶知道你的錯覺，他想辦法達成你的錯覺，不使你失望。樂觀主義愛人，悲觀主義傷人。文獻把健康和婚姻放在同一個基石上，也就是說，悲觀會使健康不良，樂觀使健康更好。

假如這個真實性是不受你預期所影響，那麼我完全贊成真實性；當你的預期會影響真實性時，這個真實性不信也罷。

百分之五十一

我們在前面看到，財富對生活的滿意度有實質上的貢獻，但是對快樂或好心情沒有太大影響。同時，GDP 這個財富最好的測量標準卻跟幸福感有很大的差異，而傳統上，繁榮跟財富是畫上等號的。我現在想要建議一個更好的目標和更好的方式來測量——把財富和幸福合併起來，我稱之為「新富裕」（New Prosperity）。

當國家很窮、在打仗、有飢荒或瘟疫時，它第一關心的當然是減少損害，維持國防。人類歷史上到處可見這樣的災難窘境，此時，國內生產毛額的確是這國家強盛最好的指標。只有在極少數人類歷史上，一個國家承平、富裕，人民吃飽飯、很健康、社會和諧時，人民的眼光會往上看（譯註：中國人說的衣食足而知榮辱）。

十四世紀中葉義大利的翡冷翠（Florence）就是這種情況，在一四五〇年左右，翡冷翠變得非常富有，主要是梅迪奇家族（Medici）會投資的關係。那時翡冷翠是承平、富裕、和諧、人民吃得好，至少跟它的過去和大部分的歐洲地區相較起來。當居民討論如何應用這筆財富，將軍們提議用它做軍款去征服別的國家，幸好柯西莫公爵（Cosimo the Elder）贏了，翡冷翠把它的盈餘投資在美育上，它給了我們兩百年後稱之為「文藝復興」的成就。

世界上富有的國家——美國、歐盟、日本和澳洲——現在就像當年翡冷翠的情況：和平、富裕、有足夠的糧食、人民健康、和諧。我們該怎麼投資我們的財富？我們的文藝復興會是什麼？

從後現代主義者（post-modernists）的觀點，歷史不過是一件壞事緊接著另一件壞事，我認為後現代主義者被誤導了，也在誤導別人。我認為歷史是人類進步的紀錄，除非你被理想主義所蒙蔽，不然不可能沒看到這個進步。從有紀錄的人類歷史看起來，人類其實一直不停的在進步，做為一個經濟大蕭條和猶太人大屠殺（Holocaust）的遺孤，我很清楚這些障礙，我也很清楚繁榮的脆弱，以及幾十億人來不及享受人類進步的花朵。但是你不能否認，即使在二十世紀，人類歷史上最血腥的一個世紀，我們打敗了法西斯主義（fascism）及共產主義，我們學習如何去餵養六十億人口，我們創造了普及教育和普遍性的醫療照護；我們的購買力上升了五倍，我們延長了人類的壽命，我們開始減少污染，照顧這個地球，我們的種族、性別及種性偏見改正了許多。暴君的時代已經過去了，民主的時代開始生根。

這些經濟、軍事和道德的勝利是二十世紀驕傲的遺產。二十一世紀會留下什麼給後世子孫呢？

我在二〇〇九年六月國際正向心理學學會第一次世界大會（first World Congress of the International Positive Psychology Association）的會議上問這個問題。這個會議大約有一千五百人來參加，包括科學家、教練、老師、學生、健康照護人員及行政官員們，大家聚在費城聆聽最新的研究報告和如何實施正向心理學。在董事會議上，賓州大學 MAPP 計畫的主持人帕維斯基（James Pawelski）提出了這個問題：「要怎樣做才能使我們的計畫像甘迺迪總統（John Kennedy）把人送上月球那樣偉大？我們的登月計畫是什麼？正向心理學的長期任務或使命是什麼？」

這個時候，劍橋大學幸福研究所的所長哈波特傾過身來，遞給我一份她為這個大會準備的論文，我在第1章提過她的研究，我用她的研究來做這一章的結尾。哈波特和蘇調查了二十三個國家四萬三千名成人，這是相當有代表性的取樣。他們測量生命圓滿度，從有沒有高的正向情緒，以及在下面六個額外特質中任何三項是很高的：自尊、樂觀、回彈力、生命力、自主權和正向人際關係。

這些正是對圓滿嚴格的定義。他們的三個核心元素（正向情緒、投入和意義）是從真實的快樂理論而來，另外加上其他的元素——最重要的，正向人際關係——這就跟幸福理論非常接近了。我會建議把成就也加上，使它在正向情緒的上限，而投入、意義、正向人際關係、正向成就是我對圓滿的定義。

請注意，這些標準並不是主觀的。當測量幸福被社會科學所接納（雖然還不是完全被接納），在我的朋友賴雅德的領導下，心情好不好可以成為生活滿意度的判準（賴雅德鼓吹測量快樂的一個共同尺度），我們就可以用它帶給人們多少快樂來評估一個政策是否成功。比起只測量 GDP，快樂的測量是一大進步，這正是真實的快樂理論所鼓吹的，光追求 GDP 是不夠的。然而第一個問題是：快樂是一個純粹主觀的目標，它缺乏客觀的測量。正向人際關係、意義和成就則具有主觀和客觀的部分，它不僅是你對你的人際關係感覺怎樣，還包括他們對你的感覺；它不只是你自己認為的意義，而是你的確歸屬於一個比你更大的事物並且為它服務；它不僅是你對你所為的驕傲，還包括你有沒有真的達到你的目標，這些目標有沒有真的對你在乎的人或世界造成影響。

只用快樂量尺去評估政策的第二個問題在於，沒有顧及內向和低正向情緒的人，你少算了世界一半的人口。一般來說，內向的人在他們交新朋友或去國家公園遊玩時，不會像外向的人感到那樣多的正向情緒，也沒感到那麼大的愉悅，這表示假如我們只計算蓋一座公園會帶給我們多少的快樂，我們會少算了內向人的票。測量多少附加的幸福——附加的快樂加上投入、加上意義、加上人際關係、加上成就——那麼提出的政策就不只是比較客觀，而且比較民主。

我期待看到激烈的辯論和卓越的改善，對於如何更正確嚴密的測量幸福，以及平衡主觀的標準和客觀的標準。這些棘手的問題有真實的意義和重要性：例如，如何調整一個國家的收入差異，在正向情緒分數上如何調整福樂和愉悅的份量，如何看待把孩子養育好的重要性，如何看待志工的工作，如何看待綠色空間。在決定什麼是幸福指標的政治和實證的角力上，很重要的一點是記得幸福不是我們人類唯一在乎的價值，我絕對不是說幸福是決定公共政策唯一的影響項目。我們在乎公義、民主、和平和容忍，這只是其中幾個可能會（也可能不會）跟幸福有關的項目。但是未來呼喚我們用幸福而不是金錢去決定公共政策，這個測量是我們給後世子孫的禮物。

我們的禮物不只是測量圓滿，而是超越圓滿本身，我低估了追求圓滿的下游好處。本書大部分是關於這些下游的好處：當一個人生命圓滿，健康、有生產力和祥和安心就跟著來。把這個放在心上，我現在來告訴你，正向心理學的長期任務。

到西元二〇五一年時，世界上百分之五十一的人都會生命圓滿。

就像我了解達到這個目標可以帶來極大的益處，我也了解這個挑戰有多巨大。心理治療師一對一的治療或團體治療會有所幫助；老師把幸福原則融入教學的正向教育會有所幫助——當學生的幸福感上升時，老師擔心學生中輟的焦慮沮喪會降低；教軍人如何從挫折中反彈回來會有所幫助——PTSD 的發生率會降低，因為正向心理學、創傷後成長會變得普遍，這些年輕的士兵有比較好的心理適應，也會變成比較好的公民；不純粹以盈利為目標的正向企業會有所幫助；比較好的人際關係和生命的意義也會有所幫助；以增加多少幸福感來評判政府施政而不單用 GDP 增加了多少的觀念會有所幫助；正向運算也會幫助——很可能是關鍵性的幫助。

但是即使有正向運算的幫助，它還是不足以達到百分之五十一。目前全球三分之一的人口集中在中國和印度，這兩個大國現在的 GDP 都在成長，所以幸福必須也在那裡生根。最初的正向心理學大會是二〇一〇年八月在中國和印度召開的，如何使價值觀不同於西方的亞洲在財富之外還能有圓滿幸福感，我無法預言，但是快樂是會感染的，它比沮喪或憂鬱還更有感染力，朝著正向目標盤旋而上的迴旋梯一定會出現。

尼采把人類的成長和人類歷史分成三個階段：他叫第一個階段「駱駝」（Camel），駱駝只會坐在那裡哀鳴，不會反抗，只能接受，人類歷史的頭四千年是駱駝。第二階段他叫「獅子」（Lion），獅子對貧窮說「不」，對暴君說「不」，對瘟疫說「不」，對無知說「不」；自從一七七六年美國建國以來，或甚至英國一二一五年「大憲章」（Magna Carta）之後，歐洲的政治可以看成一個一路喊著「不」的掙扎往上的歷程，它的成效不可否認。

假如獅子吼真的有效會怎樣？假如人類可以成功地對失功能的生活條件說「不」時會怎樣？尼采告訴我們發展的第三個階段：「重生」（Child Reborn）。這個孩子問：「我們可以對什麼說Yes？每一個人可以肯定的是什麼？」

我們可以對更多的正向情緒說 Yes。
我們可以對更多的全心投入說 Yes。
我們可以對更好的人際關係說 Yes。
我們可以對生活中更多的意義說 Yes。
我們可以對更多的正向成就說 Yes。

我們可以對更多的幸福說 Yes。

〈附錄〉個人強項測驗

我先描述24個強項每一項的定義。我的定義會很簡單扼要，僅僅為使你能夠辨認出這個強項，我的目標只是要讓你有清楚的概念就好。在每一個強項的描述後面，有一份自我評量的量表讓你填，它包括我從整份問卷中特別挑選出來、兩個最具有區辨力的問題（完整問卷可在 www.authentichappiness.org 的網站上看到）。你的答案會將個人的強項像網路版那樣依序排列出來。

智慧和知識

第一個美德群是智慧，它包括六條展現智慧的路徑和它必須有的先備知識。我把它們依發展的程序排列寫出，從最基本的「好奇心」到比較成熟的「觀點見解」。

1 好奇心／對世界的興趣

對世界的好奇心使我們對不符合我們先前概念的經驗和事件，抱持開闊的胸襟去接受它。好奇的人對於他喜歡和引起他興趣的問題，不會滿足於模稜兩可的解釋。好奇心可以是特定的（例如，只對迷你玫瑰花有興趣），或是廣泛的對每一件事都睜大眼睛去看。好奇心是主動去觀看新奇的東西，被動的吸收訊息並不算好奇心（例如，沙發馬鈴薯在按電視遙控器）。在好奇心向度的另一端是無聊。

假如你不打算用網路上的個人強項問卷，那麼就請回答下列兩個問題：

(1)「我對這個世界充滿了好奇心」這句話：

5 非常適合我　4 適合我　3 持平　2 不適合我　1 非常不適合我

(2)「我很容易感到無聊」這句話：

1 非常適合我　2 適合我　3 持平　4 不適合我　5 非常不適合我

把這兩項分項加起來，寫在這裡______；這是你的好奇心分數。

2 熱愛學習

你喜歡學新的東西，不管是在教室中還是在生活中。你一直都喜歡上學、閱讀和博物館——不管任何地方，只要有機會學，你都喜歡。有沒有哪一個領域的知識是你特別擅長的？你在這方面的知識有沒有使你社交圈中的人特別尊敬你？或甚至社交圈以外的人也尊敬你？即使是在沒有外界誘因的情況下，也喜歡學習？例如，對郵局的工作人員來說，熟記郵遞區號不是他們的強項，因為這是他們工作必備的條件之一。

(1)「每次學會新的東西時，我都很高興」這句話：

5非常適合我　4適合我　3持平　2不適合我　1非常不適合我

(2)「我從來沒有特意去參觀博物館」這句話：

1非常適合我　2適合我　3持平　4不適合我　5非常不適合我

把這兩項分數加起來，寫在這裡＿＿＿＿；這就是你的熱愛學習分數。

3判斷力／批判性思考／廣闊胸襟

把事情仔細的想過，從各個角度來檢視它是你性格中很重要的一個特質。你不會很快的下結論，你只憑證據來做結論，你也可以改變你的心意。

我對判斷的定義是客觀的和理性的檢視資訊，從對自己好也對別人好的觀點來做決定。在這個情況下，判斷跟批判性思考是同義詞。它涵蓋真實性，是許多憂鬱沮喪的人常會犯的邏輯錯誤的相反詞：例如過度的個人化（「都是我的錯」）、非黑即白的兩極化思考方式。這個強項的相反是只肯定你已經相信的東西，只聽得進你想聽的話。不把你想要的和你需要的與真實世界的事實混淆，是健康人格很重要的一個部分。

(1)「當有需要時，我可以是一個很有理性的思考者」這句話：

5非常適合我　4適合我　3持平　2不適合我　1非常不適合我

(2)「我常很快的下決定」這句話：

1 非常適合我　2 適合我　3 持平　4 不適合我　5 非常不適合我

把這兩項分數加起來，寫在這裡＿＿＿；這是你的判斷力分數。

4 獨創性／創造力／實用智慧／街頭智慧

當你面對你想要的東西時，你善於找到新的、恰到好處的行為去達到你的目的，你很少滿足於去用大家都在用的方式。這個強項的類別包括大家認為的創造力，但是不限於傳統的藝術表現，這項強處又稱為「實用智慧」，比較坦白的說法是普通常識，甚至更直率一點的話，就是「街頭智慧」。

(1)「我喜歡去想新的方式來做事情」這句話：

5 非常適合我　4 適合我　3 持平　2 不適合我　1 非常不適合我

(2)「我的朋友大部分都比我有想像力」這句話：

1 非常適合我　2 適合我　3 持平　4 不適合我　5 非常不適合我

把這兩項的分數加起來，寫在這裡＿＿＿；這是你的獨創性分數。

5 社會智慧／個人智慧／情緒智慧

社會和個人智慧是對於自己和別人的知識。你了解別人的動機和感覺，你可以對他們做回應。社會智慧是能夠注意他人之間的差異的能力，尤其是他們的情緒、氣質、動機和意圖——然後根據這個差別採取不同的行動。這個強項不可與內省、心理學上的心智或反芻相混淆，它顯現在社交技能上。

個人智慧是對你自己的感覺有細緻的了解，而且能夠用這個能力去了解並引導你的行為。高曼（Daniel Goleman）把這兩個強項合稱為「情緒智慧」（Emotional Intelligence），這個強項是其他強項（如仁慈和領導能力）的基礎。

這個強項的另一個層面是找到適合自己的利基（niche）：把自己放在最能發揮自己技能和興趣的地方。你有沒有依據你的最強項能力去選擇你的工作、你的親密關係、你的休閒活動？你的薪水是因為你在做你最會做的事情而得到的報酬嗎？蓋洛普民調公司（Gallup Organization）發現稱職者可以馬上回答這個問題：「你的工作可以讓你每天都去做你最拿手的事嗎？」麥可・喬丹（Michael Jordan）是一個很爛的棒球手，但卻是籃球天王，因為他選對了利基。要去找出適合你的利基，你必須先找出你的最強項，不管這些強項和美德是什麼。

(1)「不管什麼樣的社交場合，我都能適應的很好」這句話：

5 非常適合我　4 適合我　3 持平　2 不適合我　1 非常不適合我

(2)「我對別人的感覺不太敏感」這句話：

1 非常適合我　2 適合我　3 持平　4 不適合我　5 非常不適合我

把這兩項的分數加起來，寫在這裡＿＿＿＿；這是你的社會智慧分數。

6 觀點見解

我用觀點（perspective）來形容這個類別最成熟的強度：智慧。別人會來找你，請求你用你的經驗來幫助他們解決問題，得到正確的觀點。你看世界的方式對別人和對你自己都有意義。有智慧的人是生活中最重要、破解難題的專家。

(1)「我總是能看到事情的整體樣貌」這句話：

5 非常適合我　4 適合我　3 持平　2 不適合我　1 非常不適合我

(2)「很少人來找我給忠告」這句話：

1 非常適合我　2 適合我　3 持平　4 不適合我　5 非常不適合我

把這兩項分數加起來，寫在這裡＿＿＿＿；這是你的觀點見解分數。

勇氣

勇氣是指在很惡劣的情況下，用意志力去面對不確定的未來。這個美德是普遍被人所景仰的，每一個文化都有這種英雄。我把堅持、毅力和正直包括在勇氣中，因為它們是到達這個美德的三條路。

7 英勇和勇敢

面對威脅、挑戰、痛苦或困難時，你不會畏縮。英勇不僅僅是你身體的安危受到威脅、你在水深火熱時的表現，它還包括理智或情緒上的堅持，不管情況是多不討好、多困難或多危險。過去這些年來，研究者進一步區分了道德勇氣和身體的勇敢，另外一個區分勇氣的方法是以是否恐懼來劃分。

一個勇敢的人能夠區分出情緒上的和行為上的恐懼成分，抵抗想要逃走的行為反應，面對恐懼的情況，無視於主觀的和身體上的反應帶來的不舒服。無懼、大膽和魯莽不是勇敢，面對危險、不顧恐懼、勇敢去做才是真正的勇氣。

勇氣的概念已超越歷史中戰場上的或身體上的英勇，現在包括道德勇氣和心理上的勇氣。道德勇氣是你明知會被人罵，甚至會對自己不利仍堅持你的立場。一九五五年羅莎・派克（Rosa Parks）在阿拉巴馬州蒙哥馬利城（Montgomery）坐在公共汽車的前排座位上，拒絕坐到後面去，就是一個美國的典範。揭發不法的事（whistle-blowing）是另外一個例子。心理上的勇氣包括在面對嚴重的災難時，保持泰然甚至愉悅的態度，在嚴厲的磨難或難以擺脫的病痛中，保持尊嚴。

(1)「在面對強烈的反對時，我常常堅持我的看法」這句括：

5非常適合我　4適合我　3持平　2不適合我　1非常不適合我

(2)「我常被痛苦和失望所壓倒」這句話：

1非常適合我　2適合我　3持平　4不適合我　5非常不適合我

把這兩項分數加起來，寫在這裡＿＿＿＿；這是你的勇氣分數。

8堅持／毅力／勤勉

你有始有終，一個有毅力的人面對困難的工作，會把它做完。他把它「了結，送出門」，而且在做的時候不抱怨，神情愉悅。你說你會去做，你就會去完成它，而且只會多做，從來沒有少做。毅力並不是執著的堅持不可能的目標，真正有毅力的人是很有彈性和務實的，而且不是完美主義者。野心有著正向和負向的意義在內，但是它的慾望層面是屬於這個強項類別的。

(1)「我從來都是有始有終」這句話：

5非常適合我　4適合我　3持平　2不適合我　1非常不適合我

(2)「我在工作時，常會分心」這句話：

1非常適合我　2適合我　3持平　4不適合我　5非常不適合我

把這兩項分數加起來，寫在這裡＿＿＿＿；這是你的毅力分數。

9正直／真誠／誠實

你是一個誠實的人，不僅說真話，而且過著真誠的日子；你是純樸不虛假的人，你是真正（real）的人。我所謂的正直和真誠其實不只對別人說真話而已，它還包括表現你自己——你的意圖和承諾——是誠摯的，說到做到，一言既出，駟馬難追。如同莎士比亞所說的：「要對自己實在……也不致對人虛假。（To thine own self, be true... and thou canst not then be false to any man.）」

(1)「我說到做到，從不食言」這句話：

5 非常適合我　4 適合我　3 持平　2 不適合我　1 非常不適合我

(2)「我的朋友從來不認為我是腳踏實地的人」這句話：

1 非常適合我　2 適合我　3 持平　4 不適合我　5 非常不適合我

把這兩項分數加起來，寫在這裡＿＿＿＿；這是你的正直分數。

人道和愛

這些強項在跟別人正向社會互動時，會顯現出來，這裡的別人包括朋友、家人、認識的人，甚至陌生人。

10仁慈和慷慨

你對別人很仁慈和慷慨，對別人的要求，你從來不會因為太忙而拒絕。你喜歡為別人服務，即使你並不很認得他們也沒有關係。你有多常把別人的事當做你自己的事來做？這類別的人格特質，其核心為承認別人的價值，這個價值可以跟你自己的價值一樣。仁慈的類別包括很多把別人的利益放在你自身利益之前的行為。你有沒有為你的家人、朋友、工作同仁甚至陌生人承擔責任？同情心和同理心是這個強項的兩個條件。加州大學洛杉磯分校（UCLA）的心理學教授泰勒（Shelley Taylor）在討論男性對災難的戰或逃的反應時，把這個類別分成兩半，認為女性對威脅的反應被稱之為照顧和友善（tending and befriending）

(1)「我上個月自願去幫一個鄰居的忙」這句話：

5非常適合我　4適合我　3持平　2不適合我　1非常不適合我

(2)「我很少對別人的好運像對我自己的好運一樣興奮」這句話：

1非常適合我　2適合我　3持平　4不適合我　5非常不適合我

把這兩項分數加起來，寫在這裡＿＿＿＿；這是你的仁慈分數。

11愛與被愛

你很珍惜你跟別人的親密關係，別人對你也是一樣的一往情深嗎？假如是的話，就是你有這個強項的證據。這個強項不只是兩方的羅曼蒂克（傳統文化相親的婚姻比兩方浪漫的婚姻效果更好，是很令人驚奇、嚮往、著迷的事情），我並不贊同親密關係越多越好的看法。

一般來說，男生比較容易愛人而不太容易被愛——至少在美國的文化中是如此。維倫追蹤哈佛大學一九三九到一九四四年畢業班學生六十年的生活資料，這些人現在都八十歲了，維倫每五年跟他們面談一次，在他最近的一次面談中，一位退休的醫生把維倫請到他的書房中，給他看他的父母在他五年前退休時寫給他的感恩信。「你知道，直到現在我都沒有拆開來看。」他說話時，眼淚流下面頰。這個人可以愛別人一生，卻完全不能接受別人的愛。

(1)「我生命中有一些人，他們在乎我的感受和幸福，就像他們在乎他們自己的一樣」這句話：

5非常適合我　4適合我　3持平　2不適合我　1非常不適合我

(2)「我對接受別人的愛有困難」這句話：

1非常適合我　2適合我　3持平　4不適合我　5非常不適合我

把這兩項分數加起來，寫在這裡＿＿＿＿；這是你愛與被愛的分數。

公平正義

這個強項顯現在公民活動中，它超越一對一的關係，是你跟比較大的團體，如你的家庭、你的社區、你的國家及這個世界的關係。

12公民權／責任／團隊精神／忠誠

你在團體中是個卓越的分子。你是個忠誠和投入的團隊分子，你總是做你應該做的部分，你為了團隊的成功非常努力。這一組的強項反映出你在團體中工作的有多好。你有盡力嗎？即使它跟你自己的有不同，你仍然很看重團隊的目標嗎？你尊敬那些在權威地位的人，如老師、教練嗎？你有認同你的團隊嗎？這個強項不是無目的的自動服從，而是尊敬權威，這是個不流行的強項，但是很多父母都希望他們的孩子能夠有。

(1)「當我是團體中的一分子時，我表現得最好」這句話：

5非常適合我　4適合我　3持平　2不適合我　1非常不適合我

(2)「我常猶疑自己要不要犧牲小我以完成大我」這句話：

1非常適合我　2適合我　3持平　4不適合我　5非常不適合我

把這兩項分數加起來，寫在這裡＿＿＿＿；這是你的好公民分數。

13公平和公正

你不會讓你的個人感情影響對他人升遷的決定，你給每一個人同樣的機會。你在日常行事上是否依照道德的標準？你是否把別人的福利當做你自己的一樣？即使對方你並不認得，你也能秉公處理？你認為同樣的個案應該有同樣的處理方式嗎？你很容易把你個人的偏見放到一邊去嗎？

(1)「我一視同仁，不管他是誰」這句話：

5非常適合我　4適合我　3持平　2不適合我　1非常不適合我

(2)「假如我不喜歡這個人，我很難公平的去對待他」這句話：

1非常適合我　2適合我　3持平　4不適合我　5非常不適合我

把這兩項分數加起來，寫在這裡＿＿＿＿；這是你的公平分數。

14領導能力

你在組織活動和把它實現出來方面，表現得很好。一個人道的領袖必須先是有效率的領袖，注意到每一個細節，確定每一個人都有做他分內的工作，在完成團體目標的同時，與隊友保持良好的人際關係。一個有效率的領導更能有效的處理各個團隊之間的關係，用堅定的態度去確定整個團隊只有好事沒有壞事發生。例如，一個人道的國家，領袖會原諒他的敵人，並把他們納入跟他的同志同樣的道德範圍內；他沒有歷史的包袱，對錯誤負責任，並且崇尚和平。你可以想想南非前總統曼德拉和南斯拉夫屠夫米洛塞維奇。人道領袖的人格特質在軍隊司令、企業總裁、工會主席、警察局長、校長、舍監，甚至學生會主席這些領導人身上都可以看到，必須具備這些人格特質才可能成為領袖。

(1)「我總是能在不必多嘮叨的情況下，使人們一起共事」這句話：

5 非常適合我　4 適合我　3 持平　2 不適合我　1 非常不適合我

(2)「我對計畫團隊活動不太在行」這句話：

1 非常適合我　2 適合我　3 持平　4 不適合我　5 非常不適合我

把這兩項分數加起來，寫在這裡______；這是你的領導能力分數。

節制

節制是個核心的強項，它是指合宜的、謙虛的表達出你的愛好和需求。自制的人不是壓抑動機，而是等待機會去滿足它們，使不傷害自己或他人。

15自我控制

你可以視情境是否恰當，輕易地控制你的慾望、需求和衝動。只是知道它是不是正確還不夠，你必須把這個知識化成行動。當一件不好的事發生時，你能夠調適你的情緒嗎？你能修正並且持平化你負面的感覺嗎？即使在環境無法支持下，你能夠產生正向的情緒嗎？

(1)「我能控制我的情緒」這句話：

5 非常適合我　4 適合我　3 持平　2 不適合我　1 非常不適合我

(2)「我幾乎無法持續進行節食的計畫」這句話：

1 非常適合我　2 適合我　3 持平　4 不適合我　5 非常不適合我

把這兩項分數加起來，寫在這裡＿＿＿＿；這是你自我控制的分數。

16 謹慎／小心

你是個小心謹慎的人，你不說、也不做以後會使你後悔的話或事情。謹慎是等到所有的表決都確定了，才說明這次行動的方向。一個謹慎的人是有遠見的人，他們可以為了長期的成功抵抗短期的衝動。在這個危險的世界裡，所有父母都希望他的孩子有謹慎小心這個強項，父母一再叮嚀孩子：在操場、汽車上、派對中、感情甚至事業的選擇上，「不要受到傷害」。

(1)「我避免會造成身體傷害的活動」這句話：

5 非常適合我　4 適合我　3 持平　2 不適合我　1 非常不適合我

(2)「我有的時候在交朋友和親密關係上，做了不好的選擇」這句話：

1 非常適合我　2 適合我　3 持平　4 不適合我　5 非常不適合我

把這兩項分數加起來，寫在這裡＿＿＿＿；這是你的謹慎分數。

17 謙虛

你不去尋求別人的注意，寧可讓你的成就自己說話。你不認為自己有什麼特別，別人卻看到你的成就，並且稱讚你的謙虛。你很真誠不做作，謙虛的人不把他們自己的光榮和失敗看成重要的事，在一個更大的格局裡，你的成就和你的痛苦其實並沒有什麼了不起，不足以引起別人的注意。從這個看法而來的謙遜並不是虛偽的展現，而是來自內心真實的自我。

(1)「當別人稱讚我時，我便轉換話題」這句話：

5 非常適合我　4 適合我　3 持平　2 不適合我　1 非常不適合我

(2)「我常常吹噓我的成就」這句話：

1 非常適合我　2 適合我　3 持平　4 不適合我　5 非常不適合我

把這兩項分數加起來，寫在這裡＿＿＿＿；這是你的謙虛分數。

超越

我用超越做為最後一群強項的代表。我本來想用精神心靈（spirituality）——這個詞在歷史上並不討喜——但是我又怕「精神上」的這個特定強項會和非宗教的強項（如熱忱和感恩）相混淆，所以我用了超越。這裡指的是一種情緒的特長，使你能延伸出去，超越你原來的連接，到比較大、比較永久性的事物上面：如對其他的人、對未來、對演化、對神或對整個宇宙這些超越自我的目標。

18感受美和卓越

你會停下腳步，聞玫瑰的香味，你會欣賞美、卓越和任何領域超群的技能。不論是大自然還是藝術，數學還是科學，甚至每天發生的事，你都能看到它美好的一面，欣賞它、感恩它。欣賞大自然或藝術中的美感就是美好生活重要的材料。當這感覺很強烈時，它是伴隨著敬畏和驚喜的感受：無論是觀看球技的精彩表現，目睹人類道德的最高境界或美德的發揮，這些都會點燃你極樂的情緒。

(1)「上個月，我因看到音樂（藝術、戲劇、電影、運動、科學或數學）的卓越表現而感到欣喜欲狂」這句話：

5非常適合我　4適合我　3持平　2不適合我　1非常不適合我

（2）「去年我沒有創造出任何美的東西出來」這句話：

1 非常適合我　2 適合我　3 持平　4 不適合我　5 非常不適合我

把這兩項分數加起來，寫在這裡＿＿＿＿；這是你欣賞美的分數。

19 感恩

你意識到發生在你身上的好事情，你從來沒有認為理當如此。你永遠都有時間去對別人表達你的謝意。感恩是對別人道德人格特質的欣賞，就像情緒一樣，它是一份驚奇喜悅的感覺，對生命本身的感謝。當別人對我們好時，我們很感恩，但是我們更因其他好人好事而感恩：就像英國歌手艾爾頓・強（Elton John）所唱的〈世上有了你，人生多美好〉（*How wonderful life is while you're in the world*）。感恩也可以針對非個人和非人類來源——上帝、大自然、動物——但是不可以對自己感恩。當你有懷疑時，只要記得這個字來自拉丁文的gratia，意思是恩典（grace）就好了。

（1）「不論事情多小，我都會說謝謝」這句話：

5 非常適合我　4 適合我　3 持平　2 不適合我　1 非常不適合我

（2）「我很少停下來算算自己有多幸運」這句話：

1 非常適合我　2 適合我　3 持平　4 不適合我　5 非常不適合我

把這兩項分數加起來，寫在這裡＿＿＿＿＿；這是你的感恩分數。

20希望／樂觀／對未來憧憬

你對未來總是預期最好的會出現，你的計畫和工作都是圍繞著這個心態，並確定它會實現。有希望、樂觀和對未來的憧憬是對未來的正向觀點強項群。預期好的事情會發生，覺得你如果夠努力，好事就會實現，以好心情去計畫未來的一切使你的生活有目標。

(1)「我永遠看光明面」這句話：

5非常適合我　4適合我　3持平　2不適合我　1非常不適合我

(2)「我對自己想做的事情很少有周詳的計畫」這句話：

1非常適合我　2適合我　3持平　4不適合我　5非常不適合我

把這兩項分數加起來，寫在這裡＿＿＿＿＿；這是你的樂觀分數。

21靈性／有目標／信仰／宗教

你對宇宙的意義和目的有著強烈的信仰。你知道自己在大我中的地位在哪裡，你的信仰塑造你的行為，而這又是你慰藉的來源。在經過半個世紀的忽略後，心理學家又開始研究精神上和宗教上的議題，不再忽略它們對人們信心的重要性。你對生命哲學、宗教有沒有特殊的看法，使你在大我的宇宙佔一席之地？你有因依附到比你自己更大的大我上而使生命有意義嗎？

(1)「我的生命有很強的目的性」這句話：

5 非常適合我　4 適合我　3 持平　2 不適合我　1 非常不適合我

(2)「我沒有感受到生命的呼喚」這句話：

1 非常適合我　2 適合我　3 持平　4 不適合我　5 非常不適合我

把這兩項的分數加起來，寫在這裡＿＿＿＿；這是你的靈性分數。

22 寬恕與慈悲

你原諒對你不好的人，你總是給人們第二次機會。你的人生指導原則是慈悲而不是報仇。寬恕代表著傾向社會的行為，它發生在一個被別人侵犯或被傷害過的人內心。當人們選擇寬恕時，他們的動機和行為會變得正向（例如比較仁慈、比較慷慨）和少負面（例如比較不逃避、不記仇）。這時如果可區分已經準備好的寬恕（forgivingness）和對特定違反者或犯行改變的寬恕（forgiveness）兩者的不同，很有幫助。

(1)「事情過去了就算了，我不去計較它」這句話：

5 非常適合我　4 適合我　3 持平　2 不適合我　1 非常不適合我

（2）「我堅持要報仇」這句話：

1 非常適合我　2 適合我　3 持平　4 不適合我　5 非常不適合我

把這兩項分數加起來，寫在這裡＿＿＿＿；這是你的寬恕分數。

23 活潑頑皮和幽默

你喜歡歡樂，並把歡樂帶給別人，你很容易看到世界的光明面。到現在為止，我們所列出的強項聽起來都是有點嚴肅的正當行為：仁慈、靈性、勇敢、正直，不過，最後的兩個強項是最有意思的，你喜歡玩嗎？很幽默嗎？

（1）「我總是盡量把工作和遊戲混在一起」這句話：

5 非常適合我　4 適合我　3 持平　2 不適合我　1 非常不適合我

（2）「我很少說什麼有趣的事」這句話：

1 非常適合我　2 適合我　3 持平　4 不適合我　5 非常不適合我

把這兩項的分數加起來，寫在這裡＿＿＿＿；這是你的幽默分數。

24 熱忱／熱情／熱切

你是個充滿熱情的人，全心全意投入你在做的事情上。你會不會在早上起床，就迫不及待的開始新的一天？你帶到工作的熱情有沒有感染到別人？你是否常覺得被激勵？

(1)「我全心投入我所做的每一件事」這句話：

5非常適合我　4適合我　3持平　2不適合我　1非常不適合我

(2)「我常常悶悶不樂」這句話

1非常適合我　2適合我　3持平　4不適合我　5非常不適合我

把這兩項的分數加起來，寫在這裡＿＿＿＿；這是你的熱忱分數。

總結

現在你已經得到你的分數，並且知道它們的意義了。你可以從網站上看到常模，也可以把你自己的分數加起來，如果你是用本書的題目作答的話。請把你24個強項的分數寫在下頁表中，然後依據分數的高低排序。

一般來說，你會有五個或五個以下的項目是在9或10分，這些就是你最強的特質——至少就你自己的自我報告而言。把它們圈出來。你同時也會有幾個只有4到6分（或是更低）的低分項目，這是你的弱點。

個人強項統計

□ **智慧與知識**

1. 好奇心 _____
2. 熱愛學習 _____
3. 判斷力 _____
4. 原創性 _____
5. 社會智慧 _____
6. 觀點見解 _____

□ **勇氣**

7. 勇敢 _____
8. 毅力 _____
9. 正直 _____

□ **人道和愛**

10. 仁慈_____
11. 愛 _____

□ **公平正義**

12. 公民權 _____
13. 公平 _____
14. 領導能力 _____

□ **節制**

15. 自我控制 _____
16. 謹慎 _____
17. 謙虛 _____

□ **超越**

18. 美的欣賞 _____
19. 感恩 _____
20. 希望 _____
21. 靈性 _____
22. 寬恕 _____
23. 幽默 _____
24. 熱忱 _____

國家圖書館出版品預行編目（CIP）資料

邁向圓滿：掌握幸福的科學方法&練習 /
馬汀.塞利格曼(Martin Seligman)著；洪蘭譯.
-- 二版. -- 臺北市：遠流, 2019.05
面；　公分
譯自：Flourish : a visionary new understanding of happiness and well-being
ISBN 978-957-32-8549-6（平裝）
1.幸福　2.快樂　3.自我肯定

176.51　　108005517

邁向圓滿　暢銷新版 A3355
掌握幸福的科學方法 & 練習

作　　者——馬汀・塞利格曼（Martin E. P. Seligman）
譯　　者——洪蘭
策　　劃——吳靜吉

副總編輯——陳莉苓
校對・行銷——陳苑如
封面設計——江儀玲

發 行 人——王榮文
出版發行——遠流出版事業股份有限公司
104005臺北市中山北路一段11號13樓
郵　　撥——0189456-1
電　　話——2571-0297　　傳真——2571-0197
著作權顧問——蕭雄淋律師

2019年 5 月 1 日 二版一刷
2024年 3 月 1 日 二版三刷
售價新台幣 380元（缺頁或破損的書，請寄回更換）

遠流博識網
http://www.ylib.com　　e-mail:ylib@ylib.com

邁向圓滿

邁向圓滿

邁向圓滿

邁向圓滿